갈릴래아 사람의 그림자

이야기로 본 예수와 그의 시대

이 도서의 국립중앙도서관 출판시도서목록(CIP)은
서지정보유통지원시스템 홈페이지(http://seoji.nl.go.kr)와
국가자료공동목록시스템(http://www.nl.go.kr/kolisnet)에서
이용하실 수 있습니다. (CIP제어번호 : CIP2019028408)

DER SCHATTEN DES GALILÄERS.
Jesus und seine Zeit in erzählender Form
by Gerd Theißen
© 1986 Gütersloher Verlagshaus,
a division of Verlagsgruppe Random House GmbH
Korean Translation © 2019 by VIA Publishing
c/o Time Education C&P Co., Ltd.
All rights reserved.
The Korean language edition published by arrangement with
Verlagsgruppe Random House GmbH, Germany
through MOMO Agency, Seoul.

이 책의 한국어판 저작권은 모모 에이전시를 통해
Verlagsgruppe Random House GmbH사와의 독점 계약으로
㈜타임교육C&P에 있습니다.
저작권법에 의해 한국 내에서 보호를 받는 저작물이므로
무단전재와 무단복제를 금합니다.

Der Schatten des Galiläers

갈릴래아 사람의 그림자

이야기로 본 예수와 그의 시대

게르트 타이센 지음 · 이진경 옮김

| 차례 |

서문을 대신하여   / 9

1. 심문   / 11
2. 협박   / 29
3. 안드레아의 결정   / 49
4. 조사   / 63
5. 광야공동체   / 83
6. 처형에 대한 분석   / 105
7. 예수는 위험분자인가?   / 127
8. 나자렛 탐문   / 151
9. 아르벨라 동굴에서   / 169

10. 폭력과 원수 사랑 / 189

11. 가파르나움에서의 갈등 / 213

12. 국경 사람들 / 241

13. 한 여인의 반박 / 261

14. 예수에 대한 보고와 은폐 / 283

15. 성전 개혁과 사회 개혁 / 317

16. 빌라도의 두려움 / 339

17. 누구의 책임인가? / 359

18. '사람'에 대한 꿈 / 381

후기를 대신하여 / 405

부록: 예수와 그의 시대에 관한 주요 자료들 / 407

옮긴이의 말 / 422

작중 지명·인명 표기 / 427

일러두기

- 역자 주석의 경우 *표시를 해 두었습니다.
- 성서 표기와 인용은 원칙적으로 『공동번역개정판』(1999)을 따르되 원문과 지나치게 차이가 날 경우에는 대한성서공회판 『새번역』(2001)을 따랐으며 한국어 성서가 모두 원문과 차이가 날 경우에는 옮긴이가 임의로 옮겼음을 밝힙니다.
- 인명과 지명 등의 표기가 다를 경우 『공동번역개정판』을 기준으로 하되 『새번역』의 표기를 병기했으며, 성서 표기가 일반적 용례와 크게 다른 경우에는 이를 따랐습니다(예: 마르코(마가), 띠로(두로), 아우구스투스(아우구스토, 아구스도)). 이를 한눈에 볼 수 있는 표는 이 책 427쪽에서 확인할 수 있습니다.
- 단행본 서적의 경우 『 』표기를, 논문이나 글의 경우 「 」, 음악 작품이나 미술 작품의 경우 《 》표기를 사용했습니다.
- 본서의 원어는 독일어로 되어 있으나 편의상 독자의 이해를 돕고자 할 때는 영어나 라틴어를 썼음을 밝혀둡니다.

1세기 팔레스타인 지도

서문을 대신하여

친애하는 동료, 크라칭어님께,

편지 감사합니다. 당신이 들은 그 소식은 사실입니다. 저는 지금 예수 이야기를 쓰고 있습니다. 당신은 이 원고를 절대 출판하지 말라고 당부하십니다. 학자로서의 명성을 잃어버리지는 않을까, 제가 쓴 신약성서 주석의 평판도 나빠지지 않을까 염려하고 계십니다. 하지만 저는 책을 출간할 작정입니다. 역사 자료와는 무관하며 판타지로 채색된, 예수에 대한 그렇고 그런 소설을 쓰고 있다면 당신의 염려가 정당할지도 모르겠습니다. 하지만 안심하셔도 됩니다. 저는 예수에 관해 무언가를 쓸 때 분명한 자료에 근거하지 않은 내용을 쓰는 데 불편함을 느끼는 사람입니다. 제가 예수에 관해 대학에서 학생들을 가르치며 말했던 내용 외에 다른 내용은 이 이야기에 담겨 있지 않습니다.

하지만 전체 틀이 될 줄거리는 자유롭게 지어봤습니다. 중심인물 안드레아는 실존 인물은 아니지만, 예수 시대에 살았을 법한 사람입니다. 저는 그에 관한 이야기를 하기 위해 여러 사료를 참고했습니다. 우리는 소설 속 인물인 안드레아를 통해 당시 팔레스타인에 살았던 사람들의 삶을 생생하게 다시 만나게 될 것입니다.

당신은 여전히 물으시겠지요. 독자들이 '문학과 진실'이라는 이 복잡한 창작물의 속성을 이해할 수 있을까, 창작된 것과 역사적인 것을 구별할 수 있을까 하고 말입니다. 저는 독자들이 창작된 이야기와 역사 자료를 구별할 수 있도록 제가 사용한 자료들을 각주에 충실히 밝혀 두었습니다. 물론 독자들은 자유롭게 각주를 건너뛰고 읽을 수도 있겠지요. 이 부분은 독자들의 자유로 남겨두고 싶습니다.

당신은 이 책을 통해 의도하는 것이 진정 무엇이냐고 물으십니다. 제 목표는 하나입니다. 이야기 형식을 빌려 예수와 그가 살았던 시대에 관한 하나의 상을 그려내는 것, 지금까지의 연구 결과에서 벗어나지 않으면서도 이 시대를 사는 우리가 이해할 수 있도록 그때 그 시대를 표현해내는 것, 바로 그뿐입니다. 제가 이야기라는 형식을 택한 이유는 역사 연구를 이해하는 데 어려움을 겪는 독자들에게 학문 지식과 논증을 더 쉽게 전달하기 위해서입니다. 이제 이야기의 첫 번째 장을 당신께 보내도 되겠지요. 당신의 의견이 궁금합니다. 다 읽으신 뒤 제가 품고 있는 뜻을 이해하실 수 있다면 얼마나 기쁠까요. 기대를 가득 담아 편지를 드립니다.

인사를 건네며,

게르트 타이센

제1장 · 심문

 감옥은 어두웠다. 조금 전까지만 해도 혼돈에 빠진 사람들이 내 주위에서 서로를 밀쳐대고 있었다. 지금은 나 혼자 남았다. 머리가 울리고 팔다리가 아팠다. 우리 곁에 서 있던 사람들, 나중에 알게 된 사실이지만 그 로마 군인들은 위험해 보이지 않았다. 그들은 우리와 함께 시위했고 소리를 질렀다. 숨겨둔 몽둥이를 꺼내 우리를 마구 내리치기 전까지 우리는 그들이 로마의 첩자일 것이라고는 생각지 못했다. 대다수는 도망쳤지만 몇몇은 밟혀 죽었으며 몇몇은 군인들의 몽둥이에 흠씬 두들겨 맞았다.
 나는 도망칠 어떤 이유도 없었다. 티몬과 말코스를 데리고 그저 우연히 길을 지나던 중이었다. 내 관심을 끈 건 시위가 아니었다. 시위대 속에 있던 바라빠였다. 모든 게 혼란해지고 비명과 구타, 호각소리와 짓밟는 발길이 뒤엉킨 그 혼돈 속에서 모든 것이 무너지고 있을 때, 나는 그에게 다가가려 했다. 정신을 다시 차렸을 때 나는 티몬과 함께 구금돼 있었다. 말코스는 어디로 갔을까? 무사히 도망친 걸까?

어둠 속에 웅크리고 앉아 있었다. 온몸에 통증이 느껴졌다. 내가 느끼는 이 아픔은 몽둥이와 사슬 때문만은 아니었다. 온몸에 경련을 일으키게 하는 그 이상의 것, 바로 잔인한 폭력 앞에서 느끼는 굴욕감 때문이었다. 앞으로도 계속해서 굴욕을 당하리라는 두려움. 나는 무력하게 폭력 앞에 내던져질 것이다. 보초 한 명이 감옥 밖에 나타났다 사라졌다. 나는 목소리를 들었고, 곧 누군가 문을 열었다. 사슬에 묶인 채 심문을 위해 밖으로 끌려 나왔다. 예루살렘에 있는 로마 지방장관praefectus의 관저 어딘가였다.* 장교 한 명이 내 맞은편에 앉았고 기록관이 심문 내용을 기록했다.

"그리스어를 할 줄 아나?" 첫 번째 질문이었다.

"교육받은 사람들이라면 모두 그리스어를 합니다."

심문하는 그 남자의 얼굴은 이목구비가 선명했다. 그의 눈은 나를 집요하게 관찰하고 있었다. 상황이 달랐다면 난 그에게 호감을 느꼈을지도 모르겠다.

---

* 한국어 성서는 빌라도의 지위를 '총독'으로 번역한다. 하지만 '총독'에 해당하는 정확한 라틴어는 '프로콘술'proconsul이다. 당시 총독, 즉 '프로콘술'은 시리아 같은 큰 속주에 파견되었으며 유대와 같은 작은 속주에는 '프로쿠라토르'procurator나 '프라이펙투스'praefectus 같은 행정관들이 파견되었다.

"이름이 뭔가?"

"요한의 아들 안드레아입니다."

"어디 출신이지?"

"갈릴래아(갈릴리)의 세포리스입니다."

"직업은?"

"과일과 곡물을 파는 상인입니다."

장교는 잠시 뜸을 들이며 기록관이 모든 이야기를 깃털 펜으로 긁어 써 내려갈 동안 기다렸다. 이윽고 심문이 이어졌다.

"무슨 일로 예루살렘에 왔나?"

"오순절 축제에 참여하기 위해 왔습니다."

그는 내 눈을 뚫어질 듯 쏘아보며 말했다.

"그런데 왜 빌라도에 반대하는 시위를 했지?"

"저는 시위에 참여한 적이 없습니다. 그저 우연히 시위대 사이로 떠밀려 들어갔을 뿐입니다."

내가 시위대 속에서 오랜 친구를 알아봤다고 말했다면? 난 그럴 수 없었다. 바라빠는 로마인을 증오하는 사람이었다. 분명 로마의 수배명단에 들어 있을 것이다. 어떤 식으로든 그와 연결되어서는 안 됐다.

"너는 시위대에 끼어 있었으면서도 빌라도에게 돈을 주지 말라고 외친 적은 없다고 발뺌하려는 건가?"

나는 거짓말을 했다. "도대체 무슨 소린지 모르겠습니다."

그는 경멸하듯 웃었다. 로마 지방장관 빌라도는 예루살렘에 새로운 수도 시설을 건설하기 위해 성전 금고에서 돈을 빼내려 했다.[1] 예루살렘에 체류하는 사람 중에 그 소문을 모르는 사람은 없었다.

"시위대에서 멀찍이 떨어지라는 명령을 알고 있었을 텐데?"

나는 서둘러 대답했다. "무장한 사람은 단 한 명도 없었습니다. 군인들이 개입하기 전까지 모든 게 평화로웠습니다."

"웃기는 소리. 그 시위대는 우리 로마에 반대하고 있지 않았나. 의심해 볼 여지가 있겠어. 그리고 너는 유대인과 이방인 사이의 다툼에 연루된 적이 있지 않나? 혹시 우리가 이미 널 알고 있는 거 아니야?"

"무슨 다툼 말입니까?"

"네 나이 또래의 흥분하기 좋아하는 혈기왕성한 놈들이 서로 뒤엉켜 싸운 다툼 말이다. 가이사리아(가이사랴)에서의 경우처럼 보통 바보 같은 장난에서 시작해 거리의 살육으로 끝나지."[2]

---

[1] Josephus(요세푸스), *De Bello Judaico*(유대 전쟁사), 제2권 제9장, 4. 175~177을 참조하라. "얼마 후 빌라도는 또다른 소란을 야기했다. 그는 약 4백 스타디온 거리에서 물을 끌어오는 수로공사를 위해 '고르반'이라고 불리는 성전 보물을 처분했다. 군중들은 이 일에 몹시 격분해서 빌라도가 예루살렘에 오자 소리를 지르고 비난하며 그의 재판석 주위로 몰려들었다. 빌라도는 유대인들의 이런 동요를 예상하여 로마 병사들을 일반인으로 변장시켜 군중 속에 미리 투입했으며 칼을 사용하는 대신 곤봉으로 선동자들을 진압하라는 명령을 미리 전달해놓았다. 그가 재판석에 앉아 군인들에게 약속한 신호를 보내자 갑자기 진압이 시작되었다. 많은 유대인이 맞아 죽었고 도망치다가 동족의 발에 밟혀 죽은 사람도 많았다. 많은 사람의 죽음 때문에 충격을 받은 유대인들은 말을 잃고 잠잠해졌다." 『유대 전쟁사』(나남)

[2] 요세푸스는 유대 전쟁 직전인 AD 66년에 일어난 가이사리아의 폭동에

"제 고향 세포리스는 평화롭습니다. 주민들 대부분이 유대인이지만 그리스식으로 교육을 받았습니다."

"세포리스라고? 세포리스에는 폭동이 없었나? 헤로데Herod 대왕이 죽은 뒤 반란이 일어났을 때 어땠지? 그 도시는 테러리스트 소굴이야!"[3] 그는 별안간 고함을 질렀다.

"그건 진실이 아닙니다. 33년 전 팔레스타인 전역에서 로마인과 헤로데 당원들에 대항한 봉기가 있었죠. 폭도들은 기습적으로 우리 도시를 정복하고 주민들을 로마에 대항하는 전쟁에 강제로 가담시켰습니다. 우리 도시는 그에 따른 대가를 톡톡히 치러야만 했습니다. 로마의 퀸틸리우스 바루스Quintilius Varus 장군이 군대를 보내 우리 도시를 정복한 후 불태우고 주민들을 살육하거나 노예로 팔아버렸죠. 끔찍한 재앙이었습니다."

어떻게 하면 심문관의 주의를 다른 곳으로 돌릴 수 있을까? 세포리스에서 봉기가 일어났을 때 모든 이가 죽임을 당한 것은 아니었다. 몇몇은 피신에 성공했고, 그중에 바라빠의 아버지도 있었다. 바라빠는 내게 그 이야기를 자주 해주곤 했다. 바라빠

대하여 보도한다. (*De Bello Judaico*, 제2권 제14장, 4,284~5,292) 가이사리아는 유대인 헤로데가 건설했는데 그는 도시에 이방 신전들을 마련했으며 이로 인해 비유대인들 역시 도시에 대한 권리를 요구할 수 있게 되었다. 시민권과 관련된 논쟁은 이미 AD 50년대에도 진행되었다. 하지만 이 논쟁에는 훨씬 더 오래된 이유들이 있었을 것으로 보인다.

[3] 세포리스의 봉기에 대해서는 *De Bello Judaico*, 제2권 제4장, 1,56을 참조. 퀸틸리우스 바루스가 도시를 파괴하고 그 주민들을 노예로 삼은 것에 대해서는 같은 책, 제2권 제5장, 1,68을 참조하라.

때문에 이들이 나를 심문한 건 아닐까? 그들이 우리 우정에 관해 무엇을 알 수 있었겠는가? 무슨 일이 있어도 바라빠와 관련된 이야기로부터 화제를 돌려야 한다. 나는 다시 한번 강조했다.

"세포리스의 모든 주민이 봉기에 대한 대가를 톡톡히 치렀습니다. 바루스 장군 역시 유명을 달리했지요. 얼마 지나지 않아 게르마니아에서 제3군단과 함께 전사했으니 말입니다."

"세포리스 사람들은 아주 기뻐했겠지!" 장교의 목소리는 분노에 가득 차 있었다.

"아니요, 우리는 기뻐할 겨를조차 없었습니다. 주민 대다수가 노예로 팔려갔거나 죽었습니다. 도시는 폐허가 된 들판과 같았습니다. 헤로데의 아들 안티파스Herod Antipas가 재건한 도시가 바로 지금의 세포리스입니다. 안티파스는 로마인들에게 우호적인 사람들을 데려다 그곳에 정착시켰습니다. 저희 아버지도 그때 세포리스로 왔지요. 세포리스는 이제 완전히 새로운 도시입니다. 갈릴래아 사람들에게 물어보십시오. 그들은 세포리스를 친로마 도시로 여깁니다. 저는 바로 그 세포리스 출신입니다."[4]

"샅샅이 조사해보면 알게 되겠지. 한 가지 질문만 더 하지. 그 도시에서 네 가족은 어떤 입장을 취하고 있지?"

"저희 아버지는 데쿠리오decurio, 시의회 의원입니다."

세포리스의 체제는 그리스 도시처럼 조직되어 있었다. 시민

---

[4] 세포리스는 유대 전쟁 당시 거의 모든 갈릴래아 지역과는 달리 친로마적이었다. Josephus, *Vita*(자서전), 65.346 참조. 『하바드판 요세푸스』(달산)

들의 민회와 의회, 선거와 관직이 있었다. 나는 로마인들이 공화국의 도시와 그곳에 사는 부유한 자들을 지원하고 있다는 사실을 알고 있었기에 이를 넌지시 암시했다.

"아버지가 세포리스의 시의회 의원이라면 틀림없이 부자겠군. 아버지의 직업은 뭐지?"

"저처럼 곡물 상인입니다."

"누구와 거래하지?"

"갈릴래아 사람들은 가이사리아, 도르(돌), 프톨레마이스(돌레마이), 띠로(두로)와 시돈 등 지중해 연안 도시에 농산물을 공급합니다. 저는 가이사리아에 주둔하는 로마 보병대에 곡물을 군납했습니다."

"그것도 확인해보도록 하지. 안티파스와도 거래하나?"

"물론이죠. 갈릴래아에 그만큼 재산이 많은 사람은 없습니다. 예전에는 세포리스에 관저도 있었습니다. 저는 일 때문에 그의 밑에서 일하는 관리들과도 자주 만납니다."

나는 나를 심문하는 이 장교가 헤로데 안티파스에게 관심이 있음을 알아챘다. 장교는 물었다.

"세포리스 사람들은 헤로데 안티파스를 어떻게 생각하지?"

"도시 사람들은 그를 신뢰합니다. 반면에 시골 사람들은 헤로데 당원들에 대해 여전히 의구심을 갖고 있습니다."

장교는 심복에게서 문서 하나를 건네받았다. 재빨리 훑어 읽는 것 같더니 미심쩍은 눈빛으로 나를 쳐다보며 말했다.

"이건 네 노예 티몬을 심문한 기록이다. 언뜻 보기에도 다른 부분이 많군. 너는 정말로 너희가 헤로데 안티파스의 충실한 추종자라고 주장하려는 건가?"

젠장, 이자들이 티몬을 심문했구나. 노예를 심문할 때는 고문도 했겠지. 티몬은 어쩔 수 없이 나와 내 가족에 대해 아는 대로 답했을 것이다. 피가 거꾸로 솟는 듯했고 두려움이 몰려왔다.

"자, 말해봐. 헤로데 안티파스에게 무엇이 불만이지?"

나는 단언했다. "그렇지 않습니다. 우리는 그의 통치를 지지합니다. 세포리스와 티베리아(디베랴)의 모든 명망가는 그를 지지할 겁니다."

"그렇다면 왜 너희 집 사람들은 그를 웃음거리로 삼나?"

"예?"

"너희 노예 티몬이 이미 이실직고했단 말이다. 너희들이 안티파스를 허수아비 왕, 흔들리는 갈대, 여우라고 부른다고."

나는 속으로 안심했다. 그리고 미소를 띠며 말했다.

"사람들은 언젠가 그가 헤로데 왕의 후계자가 될 사람이라고 말했습니다. 하지만 헤로데는 여러 차례 유언을 바꿨지요. 안티파스는 왕위도 왕국도 상속받지 못했습니다. 가장 크고 비옥한 영토도 갖지 못했죠. 고작 아버지의 땅 중에서 사분의 일, 갈릴래아와 페레아(베뢰아) 지역만을 얻었을 뿐입니다."

"지금은 언젠가 그 모든 것을 되찾을 꿈을 꾸고 있다?" 갑자기 방안에 침묵이 맴돌았다. 기록관마저 쓰기를 멈추고 나를 바라봤다.

"아마도요. 그는 한 번쯤은 그런 꿈을 꾸었을 겁니다."

"그럼 '흔들리는 갈대'는?"

장교는 나보다 안티파스를 중요하게 여기고 있음이 분명하다. 안도감이 들었다. 그렇다면 이자는 나에게서 안티파스에 관한 정보를 캐내려는 건가? 어느 정도 확신이 들면서 나는 말을 이었다.

"'흔들리는 갈대'는 상투적인 표현입니다. 10년 전 안티파스가 티베리아에 별궁을 지어 수도를 이전했을 때 사람들은 그를 비웃었습니다. 티베리아는 티베리아스Tiberias 황제를 기리기 위해 그가 세운 도시가 아닙니까? 비난이 빗발쳤지요. 세포리스 사람들도 수도를 옮긴 일을 좋게 생각하지 않았습니다. 지방보다는 수도에서 사업이 더 잘되니까요. 그래서 안티파스는 세포리스에서 더 욕을 먹었던 겁니다."

"그게 '흔들리는 갈대'와 무슨 상관인가?"

"안티파스는 새 수도에서 동전을 주조했습니다. 보통 동전에는 지도자의 얼굴이 새겨져 있지요. 하지만 유대인의 법은 사람이나 짐승의 형상을 그런 것에 새기는 일을 금하고 있습니다. 그래서 안티파스는 갈릴래아 호숫가에 있는 자신의 새 수도를 상징할 만한, 위험하지 않은 무언가를 찾았던 겁니다. 그게 바로 갈대, 흔들리는 갈대였습니다. 첫 번째 동전에는 바로 그 갈대가 새겨지게 되었지요. 자기 얼굴이 새겨져 있어야 할 그 자리에 말입니다. 그래서 사람들은 안티파스를 '흔들리는 갈대'라고 조롱합니다. 이리저리 흔들리는 모습이 그의 평소 모습을 떠올리게도 하고요. 그게 다입니다."[5]

"안티파스가 누구와 누구 사이에서 흔들린다는 거지?"

"세포리스와 티베리아 사이에서 흔들리고 있지요."

"단지 도시들 사이에서만?"

"여자들 사이에서도 흔들리고는 합니다."

"헤로디아Herodias와 관련된 불미스러운 사건을 말하는 건가?"

"네, 첫 번째 부인인 나바테아 공주와 헤로디아 사이에서 흔들렸던 일 말입니다."

"안티파스는 나바테아인과 로마인 사이에서도 흔들리지 않는가? 그는 나바테아 왕의 딸과 결혼했으니 말이야."

아하, 이제야 로마인들이 흔들리는 안티파스에게 관심을 두는 이유를 알았다. 난 침착하게 사실 그대로를 말했다.

"아닙니다. 안티파스는 자기 아버지 헤로데와 마찬가지로 완전히 친로마 사람입니다."

"하지만 어떻게 동전에 초상을 새겨넣는 것을 반대하는 엄격한 유대인인 동시에 로마에 친화적인 사람일 수 있나?"

"유대인들은 다 그렇게 합니다."

"정말? 티몬은 너희 집 작은 방에 우상이 있다고 말했는데."

---

[5] 실제로 티베리아 도시의 창립 주화에는 헤로데 안티파스의 상징으로 갈대가 들어 있다.

나는 당황하며 말했다. "그, 그건 어떤 이방 상인 친구가 저희 집에 선물한 것입니다. 우리는 선물을 거절해서 그의 마음을 상하게 하고 싶지는 않았습니다."

"흥미롭군. 집에 우상을 숨겨두었단 말이지."

"안티파스도 자신의 궁전에 짐승 조각상을 두고 있습니다.[6] 그리고 당신께서도 아시는 것처럼 그의 형 필립보(빌립)Herod Philip는 자신의 동전에 황제의 얼굴을 새겨 넣었죠."

"짐승 조각상? 그게 정말인가?"

"제가 직접 봤습니다. 그 조각상들은 새로 지은 티베리아 궁전에 있습니다. 부유한 사람들은 자기 집에서는 공공장소에서보다 유대교 법을 더 유연하게 적용하곤 하지요."

"그렇다면 이 사실을 세상에 공개하면 어떻게 되지? 안티파스가 몰래 우상숭배를 한다, 그리고 세포리스 주민의 상당수 역시 더 나을 게 없다!"

"조각상은 신이 아닙니다. 수공업자들이 만든 것이죠. 단지 물건일 뿐입니다. 하나의 '물건'이 우리 옆에 서 있다 하더라도 우상숭배를 한 것은 아닙니다."

"이해가 안 되는군. 사람들은 조각상을 통해 각기 다른 신을

---

[6] 유대 전쟁 초기에 폭도들은 헤로데 안티파스 궁전에 있는 짐승 조각상들을 파괴했다. 이 조각상들은 유대인들의 공분을 낳았다. 요세푸스는 예루살렘에서 이 조각상들을 제거하라는 임무를 받았다. 그러나 그가 티베리아에 왔을 때에는 이미 폭도들이 조각상들을 파괴한 다음이었다. (Josephus, *Vita*, 12,65 이하)

숭배하지 않나?"

"우리는 결코 인간이 만든 것을 섬기지 않습니다. 신은 보이지 않기 때문입니다. 인간은 자신을 위해 신의 형상을 만들 수 없습니다."

침묵이 흘렀다. 장교는 생각에 잠긴 채 나를 바라봤다. 지금 상황에서 유대인은 다른 민족과 다르다고 강조한 게 옳은 일이었을까? 내 앞에 있는 저 로마 장교 역시 다른 민족인데도? 마침내 그가 차분하게 말했다.

"너희가 어떻게 형상 없는 신에 이르게 되었는지 그 연원을 설명하는 이야기를 들은 적이 있다. 아주 오래전 이집트에 전염병이 돌았을 때 파라오(바로)는 암몬Ammon 신에게 신탁을 청했고, 신은 자신이 증오하는 너희 유대인을 제거하여 왕국을 깨끗하게 하라는 교시를 내렸다지. 파라오는 이집트에 살던 모든 유대인을 광야로 추방했고 말이야. 유대인들은 짐승들처럼 광야를 헤매며 살았지. 그러나 그때 너희 중 하나, 모세라는 이름을 가진 이가 신이 개입해줄 것을 기다리지 말고 다른 민족의 도움도 바라지 말라고 촉구했다는 거야. 자기 자신의 힘으로 눈앞에 닥친 불행을 극복해야 한다는 주장인 게지.[7] 이 이야기를 들었을 때 문득 이런 생각이 들었다. 과연 너희 유대인은 도대체 신을

---

[7] 출애굽 이야기에 대한 반유대적 버전은 여러 가지 판본들로 존재한다. 여기에 기술된 버전은 Tacitus(타키투스), *Histories*(역사), 제5권, 3에 나오는 이야기를 자유롭게 재구성한 것이다. 『타키투스의 역사』(한길사)

하나라도 믿고 있긴 한 건가?"

우리 경전 이야기를 비꼬면서 그가 의도한 건 무엇이었을까? 나를 도발하려는 것일까? 우리 종교에 관심이 있어서? 그럴 리 없다. 그렇다면 뭐라 답해야 할까? 막연하고 모호하게 대답해야 하나? 그도 나도 이해할 수 없는, 그 누구도 파악할 수 없는 신, 아무도 모르는 신에 대해 무슨 이야기를 한단 말인가? 그때 이런 생각이 뇌리를 스쳐 갔다. 근본적인 문제에 대한 논쟁으로 그를 혼란하게 한다면 바라빠에게 쏠릴 지도 모를 그의 관심을 돌릴 수 있을 것이다. 나는 대담하게 이야기하기 시작했다.

"우리 신은 다른 민족의 신과 다릅니다. 보이지 않는 신은 강한 자들의 편이 아니라 광야로 내몰려 쫓겨난 자들의 편입니다. 그는 권력자들과 결탁하지 않으며, 약한 자들과 고통을 함께 나눕니다."

나는 장교가 놀랐음을 알아챘다.

"너는 신들이 로마제국의 편이라는 사실을 의심하는 건가? 신이 로마제국을 편들지 않았다면 어떻게 제국이 이처럼 넓게 확장될 수 있었겠나? 작은 도시에서 시작해 세계 제국이 된 이 로마를 어떻게 설명할 수 있단 말이냐?"

"다른 민족은 신이 승자의 편이라고 생각합니다. 하지만 우리는 아닙니다. 보이지 않는 신은 패배한 자들의 편에 선다고 확신합니다."

장교는 경악한 표정으로 나를 쳐다보았다. 그의 목소리는 쥐어 짜내는 것처럼 들렸다.

"너희 신앙에는 지상의 모든 권력에 반항하는 뭔가가 담겨 있구나. 하지만 그런 너희 역시도 다른 민족처럼 로마제국 안에 자리 잡을 수 있다. 우리의 사명은 세계에 평화라는 질서를 부여하고 정복한 자들을 보호하며 고집스럽게 반항하는 자들과 싸우는 것이기 때문이지.[8] 이 땅과 세계 모든 곳에서 말이다."

그는 잠시 멈췄다가 말을 이어갔다.

"네 사건은 시간이 좀 더 필요할 것 같군. 진술을 확인해보고 나서 기소 여부를 결정하겠다."

심문은 끝났다. 다시 감옥으로 돌아왔다. 이것은 다음의 사실을 의미했다. 기다려야 한다는 것. 나에 대한 조사가 끝나려면 어느 정도의 시간이 필요할까? 처음에는 낙관적이었다. 나는 로마인과 좋은 관계를 맺고 있는 유력한 집안 출신이 아닌가. 그러나 불안이 가시지 않았다. 티몬이 무슨 이야기를 했을까? 그는 바라빠에 관해 입을 다물었을까? 티몬이 바라빠를 직접 만난 적은 한 번도 없지만, 내가 한 말 중에서 바라빠에 관해 들었을 수도 있을 것이다. 바라빠와의 관계가 묻혀버린다면 문제 될 일도 없을 텐데. 그렇게만 된다면!

예감이 좋지 않았다. 내 운명은 우리 민족 전체가 맞닥뜨리게

---

[8] 로마의 시인 베르길리우스Vergilius(BC 70~19)는 이 말로 로마제국의 세계사적 사명을 규정했다. Vergilius(베르길리우스), *Aeneis*(아이네이스), 제6권, 852~853행. 『아이네이스』(숲)

될 어두운 운명의 전조처럼 보였다. 빌라도를 반대하는 시위에서 나타났듯이 유대인과 로마인 사이의 이 긴장은 결국 로마에 대한 봉기에 다다를 때까지 고조되겠지. 말로 다 할 수 없는 재난, 전쟁과 압제가 우리 땅을 뒤덮어버릴 것이다.[9] 이 재난에 견준다면 내가 갇힌 일은 사소할 뿐이다. 하지만 이런 생각이 위로가 되지는 않았다. 빌라도의 어두컴컴한 감옥에서 기다리는 시간은 끝이 없는 것처럼 느껴졌다. 길고도 끔찍했다.

---

[9] 실제로 이 땅에는 전쟁의 그림자가 여러 차례 드리웠다. AD 40년 가이우스 칼리굴라Gaius Caligula 황제가 자신의 입상을 성전에 세우려고 했을 때 많은 유대인이 무기를 들었다. 하지만 41년 황제가 갑작스럽게 사망한 덕분에 전쟁은 일어나지 않았다. 그리고는 AD 66년 큰 봉기가 일어났다. 초기에 반란자들은 시리아 속주의 총독 케스티우스 갈루스Cestius Gallus와의 싸움에서 성과를 얻었으나 그 후 베스파시아누스Vespasianus와 티투스Titus가 이끈 두 차례의 대 출정으로 진압되었다. AD 70년 예루살렘이 정복되었고, AD 73년(혹은 74년)에는 반란자들의 최후 보루였던 마사다 요새가 함락되었다. 처음 요세푸스는 반란군 편에 선 유대인 장교로 이 전쟁을 치렀으나 포로로 잡힌 이후에는 로마 편에 서서 로마인들과 함께 전쟁을 체험하고 이에 관한 대 저작 『유대 전쟁사』를 집필했다.

친애하는 크라칭어님께,

첫 장에 대한 의견을 보내주셔서 감사합니다. 당신은 예수에게로 이어지는 흔적이 없어 아쉬워하고 계십니다. 조금만 기다려 주십시오. 예수의 시대를 묘사할 때 저는 모든 역사가가 했던 작업, 즉 시대 상황을 설명함으로써 역사의 한 현상을 이해할 수 있도록 만드는 작업을 하고 있습니다. 예수에게 있어 이 상황이란 유대교를 감싸고 있는 사회, 종교적 세계입니다.

복음서는 일방적인 모습만을 전달합니다. 복음서는 예수와 관련된 유대교의 개혁 운동에서 하나의 종교가 생겨나고, 이 새로운 종교가 자신의 모태였던 유대교와 경쟁하던 시기(AD 70~100년경)에 기술됐습니다. 따라서 빈번하게 유대교에 대한 왜곡된 상을 제공합니다. 성서만 읽는 독자는 예수가 유대교에 얼마나 깊이 뿌리내리고 있는지 깨닫지 못하지요.

더군다나 복음서는 은연중에 예수가 당시 팔레스타인 역사의 중심에 서 있었다고 믿도록 만듭니다. 하지만 그는 팔레스타인 역사의 주변 인물일 뿐입니다. 1세기 팔레스타인 연구에 전념한다고 해도 예수의 흔적을 만나기란 쉽지 않습니다. 역사가가 경험한 이 사실을 독자들도 알아야 합니다. 하지만 이것이 끝은 아닙니다. 예수에게로 가 닿는 흔적이 곧, 상당히 많이 등장하리라는 점을 당신께 약속드립니다.

당신의 편지를 보니 책을 더 읽고 난 뒤 최종적인 판단을 내리고자 하시는 것 같습니다. 다음 장을 계속 보내라는 요청으로 이해해도 괜찮겠지요? 이제 막 두 번째 장의 집필을 끝냈습니다.

안부를 전하며,
게르트 타이센

제 2 장 · 협박

　가장 비참한 것은 이런 내 상태를 누구에게도 알릴 수 없었다는 점이다. 누가 이런 상황을 예견했겠는가? 부모님은 지금 내가 어디에 있는지 짐작이나 하실까? 말코스는 어떻게 집으로 돌아갔을까? 티몬은 이 지하실 감옥 어느 구석에 처박혀 있을까? 불길한 생각이 머리에서 떠나질 않았다. 얼마나 많은 유대인이 이곳에서 고문받고 죽어갔을까? 얼마나 많은 이들이 실종됐을까? 나에게는 어떤 일이 벌어질까?
　한 줌 햇볕도 들지 않을뿐더러 간수의 발소리 외에 어떤 소리도 들리지 않는 이 방에서 나는 시간 감각을 잃어갔다. 산 채로 관에 갇힌 것 같았다. 숨이 죄어 오고 죽음에 대한 공포가 일렁였다. 나는 절망 가운데서 기도했다.

주님, 저는 죄가 없으니 저를 판단해 주소서.

저는 주님만을 의지합니다.

저를 보살피소서.

당신은 저를 저 자신보다 더 잘 아십니다.

법정에서 거짓 증언과 중상모략으로부터 저를 지키시고,

저들의 음모에서 저를 보호하소서.

생명을 경멸하는 자들,

생명을 배설물처럼 여기는 자들,

모욕하고 학대하는 자들을 경멸합니다.

제가 그들 손에 죽게 하지 마소서.

그들의 손은 이미 피로 가득합니다.

그들은 뇌물로 부를 마련하고, 협박으로 권력을 휘두릅니다.

그들을 비난하는 자는 지하실에 끌려가 사라져버립니다.

그들에게 대드는 자들은 살아남지 못합니다.

주님, 당신 영광이 가득한 당신의 집을 다시 보게 하소서.

제가 다른 이들과 함께 당신을 기리고 찬양하겠습니다.[1]

때가 되면 어김없이 밀어 넣어주던 보잘것없는 식사를 세며 날짜를 짐작했다. 일주일이 지났고 아무 일도 일어나지 않았다. 두 번째 주일이 지났을 때 어두운 이곳에서 일 년을 산 것 같은 느

---

[1] 이 기도는 시편 26편에서 착상을 얻어 작성되었다.

껌이 들었다. 세 번째 주일이 지났을 때 그들은 나를 밖으로 끌어냈다. 나를 놓아주려는 것인가? 희망을 품었다. 미로 같은 복도를 따라가다가 이윽고 널따란 방에 들어섰다. 창을 통해 흘러 들어오는 햇살에 눈이 멀 정도였다. 차츰 방 안에 있는 사물이 보이기 시작했다. 높은 단 위에는 재판석이 있었고, 그 위에 키 작은 남자 하나가 앉아 있었다. 그는 자색 띠가 둘린 흰색의 토가를 걸치고 있었다. 그의 손가락에는 그가 로마의 기사임을 드러내는 금반지가 번쩍이고 있었다. 나를 끌고 나온 군인이 귓속말로 말했다. "지방장관이시다." 유대와 사마리아를 다스리는 지방장관 본티오 빌라도Pontius Pilatus였다.[2] 가장 높은 단계의 심문이 시작된 것이다. 여기서 최종판결이 내려질 것이 분명했다. 바라빠와 관련된 어떤 이야기도 언급되지 않는다면 풀려날 수도 있을 텐데!

방에 들어섰을 때 빌라도는 두루마리를 읽고 있었다. 좌우에는 근위대 병사가 서 있었고 한 기록관이 심문 내용을 기록할 준비를 하고 있었다. 빌라도는 고개도 들지 않고 심문을 시작했다.

"요한의 아들 안드레아, 네 심문 기록을 읽었다. 우연히 내게 반대하는 시위대에 들어갔다고? 그동안 우리는 너에 관한 여러

---

[2] 가이사리아에서 발견된 빌라도 비석은 그의 지위가 지방징세관·행정장관을 가리키는 '프로쿠라토르'가 아니라 '프라이펙투스' 즉 지방장관이었음을 보여 준다. 두 지위 모두 기사 계층에 해당한다. 당시 기사는 400,000 세스테르티아의 재산을 보유한 시민이었다. 기사보다 높은 신분인 원로원 의원은 최소한 1,000,000 세스테르티아의 재산을 보유하고 있었다. 이 수치는 AD 1세기에 걸쳐 유효하다.

정보를 수집했다. 많은 걸 알게 됐지. 왜 우리에게 중요한 사실을 말하지 않았나?"

나는 주저하며 말했다. "특별한 게 뭐가 있는지 잘 모르겠습니다."

"매우 중요한 게 있지." 그는 차갑게 나를 바라보고는 밋밋한 목소리로 말을 이어갔다.

"네 이력에 빠진 사항이 있어."

"로마 관청이 관심 가질 만한 사항은 잘 기억나지 않습니다."

"문법학교를 마치고 나서 어디에 있었나?"[3]

아, 그거였구나. 언젠가, 누군가 내게 말했다. 로마의 관리 앞에서는 진실을 말할 것. 단 가능한 한 가장 적게.

"반노스Bannos라는 고행자와 함께 1년간 광야에 있었습니다."

"고행만 하고 다른 어떤 일도 하지 않았다는 말이지?"

"저는 진정한 삶에 이르는 길을 찾으려 했습니다. 우리 신의 율법도 연구했고요."

"왜 그 말은 하지 않았지?"

---

[3] 문법학교는 (원래는 체육시설이었던) 김나지움gymnasium과 밀접하게 연결되어 있었다. 팔레스타인의 모든 그리스 도시에는 김나지움이 있었다. 헤로데 대왕이 직접 프톨레마이스에 체육관을 짓게 했다(*De Bello Judaico*, 제1권 제21장, 11, 422). 당시 세포리스에 김나지움이 있었는지는 분명하지 않지만 그리스 교육과 밀접하게 연결된 기관인 극장이 있었다. 그리고 당시 유대교는 토라 학교를 운영했다. 대사제인 가말리엘Gamaliel의 아들 예수는 약 AD 63년 혹은 65년에 유대 학교 학제에 대한 개혁을 단행했을 가능성이 크다.

"그 1년 동안의 일을 왜 말해야 하는지 잘 모르겠습니다. 순수하게 종교적인 일이잖습니까?"

"'순수하게 종교적인 일'은 여러 의미로 해석될 수 있지. 먼저 넌 일 년간 반역자들 틈으로 잠적한 거야. 그다음 로마 지방장관에 반대하는 시위에서 체포되었지. 그런데 이 시위는 몇몇 지하조직 선동가들의 선동에 의해 일어났단 말이야."

"제가 선동가이자 시위의 배후라는 말씀입니까? 말도 안 됩니다!"

"가능은 하지."

"저는 광야에서 고독 속에 사색을 이어 갔습니다. 일상적인 삶을 떠난 모든 사람이 다 폭도, 테러리스트인 건 아닙니다. 저는 평화를 사랑합니다."

"하지만 너는 광야에서 지낸 사실을 숨기지 않았나. 수상쩍단 말이야."

땀이 흥건했다. 머리카락이 이마에 달라붙었다. 3주 동안 갈아입지 못한 옷에서는 지독한 악취가 났다. 그들은 내가 씻는 것도 허락하지 않았다. 겉만 보면 나는 비참한 걸인에 불과할 것이다. 내 마음속도 모든 것이 뒤죽박죽 뒤섞여 버렸다. 다른 이들처럼 나도 종교적인 이유로 광야에 갔다. 오아시스 곁에서 삶에 관해 깊이 사색하며 하느님의 뜻을 묻기 위해서였다.[4] 그러다 거

---

[4] 다른 누구보다 요세푸스 자신이 종교 연구를 위해 광야에서 은둔했던 부유한 집안의 자제들의 대표적인 예다. 『자서전』에서 그는 유대교 내

기서 바라빠를 알게 됐다. 빌라도가 그 사실을 알게 된 것일까? 하지만 그는 그저 같은 말을 반복하고 있었다.

"모든 게 아주 수상쩍어!"

"의심하는 눈으로 보면 모든 게 의심스러울 수밖에 없습니다. 저는 우연히 시위대에 떠밀린 것뿐입니다. 양심에 한 점 부끄러움도 없습니다. 그래서 다른 이들처럼 도망치지 않았던 것입니다." 나는 단호히 말했다. 빌라도는 관심이 없다는 듯 행동했다. 그는 내게 무엇을 원하는 걸까? 잠시 뜸을 들이다 그가 말했다.

"재판을 해보면 알겠지."

"저는 아무 죄도 없습니다!"

"그럴 수도 있겠지. 하지만 나는 널 더 조사하기 위해 로마로 압송할 수도 있어."

"거기서도 저는 무죄일 겁니다."

"그러려면 2년이 걸릴 거야. 2년 동안 너는 네가 갇혀 있던 그 감옥에서 계속 생활해야 하겠지." 그는 나를 바라보며 의미심장하게 웃었다. 도대체 무슨 의도인 걸까? 그가 모든 피의자를 로마로 압송할 수 있는 것은 아니다. 그게 가능했다면 팔레스타인에 사는 인구 절반을 배에 태워 보냈을 것이다. 하지만 내가 유죄 판결을 받든 받지 않든 그가 나를 해칠 수 있다는 사실만은

의 다양한 종파들에 불만을 품고 이를 연구하기 위해 3년 동안 반노스라는 이름의 은둔수도자와 함께 있었다고 말한다. 반노스는 야생 식물을 먹고 살았으며 (요르단 강에서) 자주 세례를 거행했다(*Vita*, 2.11 이하).

분명했다. 빌라도는 심문을 계속했다.

"너에게 거절하지 못할 제안을 하지. 아주 공정한 제안이야. 이 땅에서 일어나는 종교 운동에 관한 자료를 수집해 준다고 약속만 하면 너를 바로 풀어주마."

"이건 협박입니다!"

분노가 들끓었다. 빌라도의 면상에 침을 뱉고 싶었다. 뻔뻔스럽게도 이놈은 나를 협박하면서 "공정"이란 말을 입에 담고 있었다.

"서로에게 득이 되는 거래라 생각하자고."

"저는 첩자 노릇은 할 수 없습니다."

"첩자라는 말을 이런 맥락에서 쓰면 안 되지. 조사라고 말하는 게 좋겠군. 네가 누군가를 신고하거나 밀고할 필요는 없어."

그의 이죽거림은 나를 비참하게 만들었다. 이 땅을 점령한 로마에 저항하는 무리의 정보를 보고한다면 그것은 결과적으로 밀고가 아닌가. 나는 감정을 억누르고 차분하게 말하려 애썼다.

"우리 민족 중에 첩자 노릇과 조사를 구분 못 하는 사람은 없을 겁니다."

"아니지, 아니야. 그러니까 너는..." 빌라도는 머리를 갸웃거렸다. 그리고는 정확한 단어를 찾아냈다는 듯 말했다. "종교 문제에 관한 자문위원으로 위촉받았다고 여기면 돼."

나는 침묵했다.

"좋아. 정 그렇다면 원하는 대로 해주지. 바로 절차로 돌입해

네가 광야에 있던 시기에 대해, 아니 어디 있었는지는 상관없이 철저히 조사해주마!"

"역시 협박이었군요."

빌라도는 나와 바라빠의 관계에 대해 무언가 알고 있던 걸까? 빌라도는 마음만 먹는다면 이 세상의 누구라도 실토할 수밖에 없는 고문을 자행한다는 평을 듣는 사람이다. 그는 쥐도 새도 모르게 나를 없애버릴 수도 있고, 거짓 증거를 꾸며 내게 죄를 뒤집어씌울 수도 있다. 허위자백을 받아내는 것도 어려운 일은 아닐 것이다. 내가 굴복한다면? 나는 온 힘을 다해 이러저러한 생각과 맞서고 있었다.

"안드레아, 화가 단단히 났나 보군. 이해해. 너는 아직 젊으니 말이야. 난 긴 인생을 통해 큰 깨달음을 얻었지. 사람들은 도무지 자발적으로는 선한 행동을 하지 않아. 거들어 줄 누군가가 필요하지."

빌라도의 목소리는 대화가 시작되던 때와 마찬가지로 여전히 무미건조하고 냉랭했다. 내 운명 따위는 신경도 쓰지 않는 것 같았다. 내가 제안을 받아들이든 받아들이지 않든 간에 그에게는 별 차이가 없을 것이다. 바로 그 사실이 나를 두렵게 했다.

"뭐, 협박이라 불러도 좋아. 하지만 내 입장에서 한번 생각해 보아라. 난 이 땅의 평화와 질서를 책임지고 있다. 정말 어려운 과제지. 왜냐고? 우리 로마인들은 의도치 않아도 너희의 종교 감정을 해치기 때문이지. 수도 시설 사건을 예로 들어보자고.

예루살렘을 위해 합리적인 상수도 시설을 건설하자는 게 내 생각이었다. 훌륭한 건축가들과 인부들이 이 일을 맡기로 했지. 단지 돈이 충분치 않았을 뿐이야. 내 제안을 전해 들은 전문가들은 성전 재산을 사용해 수로시설을 확충할 수 있지 않겠느냐고 충고해줬어.[5] 돈은 충분했지. 모든 유대인이 매년 성전세를 꼬박꼬박 내니까. 그래서 나는 수로시설 건설을 위해 돈을 지원해 달라고 성전으로 간 거야. 너희 율법에 어긋나는 일은 한 치도 없었다. 그런데 무슨 일이 일어났지? 광신자들이 재앙의 냄새를 맡았다는 듯이 구호를 내걸기 시작했지. '거룩한 돈을 불경한 빌라도에게 줄 수 없다', '성전 재산에서 단 한 푼도 로마인에게 내줄 수 없다'고 말이다. 그들은 마치 불경한 목적을 위해 돈을 압류한 것처럼 나를 매도했어. 수로시설이 나 개인을 위한 것이었나? 수로시설은 성전과 온 예루살렘이 윤택하게 살 수 있는 기반이잖나. 이제 우리는 너희들의 종교법 따위는 아랑곳하지 않고 재산을 강탈하는 독재적인 권력자가 되어버렸지. 그것도 성전 재산을 약탈하려는 파렴치한 권력자!"

그에게 수도 시설 건설은 명성을 높이기 위한 수단에 불과했다. 하지만 그는 철저히 실패했다. 나는 이제 그의 무너진 명성을 재건하기 위해 애써야 하는 걸까? 빌라도는 흥분을 삭이고

---

[5] 바빌로니아 탈무드의 '쉐칼림'Shekalim(성전세) 항목에는 성전 제물에서 지출해야 할 비용 중에 수로 건설에 대한 내용이 분명하게 들어 있다 (*Shekalim*, IV, 2 참조).

말을 이어갔다.

"멀쩡한 게 하나도 없었지. 하지만 그렇더라도 이 땅에 평화를 유지하기 위한 일은 계속해서 시도해야 하지 않을까? 가망이 없는 건 아니지. 나는 두 가지 이유에서 이 노력을 멈추지 않을 생각이다.

먼저 식민지 민족을 다루는 데 있어서 여러 경험으로 증명된 로마의 원칙 때문이지. 우리는 적대 관계를 우정으로 바꿔 놓는 것을 우리 성공의 비결이라 생각한다. 로마인들에게 한때 가장 적대적이었던 국가들을 동맹국으로 바꿔 놓지 못했다면, 어제의 적을 오늘의 동지로 하나 되게 하지 못했다면 오늘날의 제국이 있을 수 있었겠나?[6] 유대인도 항상 우리의 적이었던 것은 아니야. 오히려 그 반대지. 너희는 시리아 왕들의 지배에서 벗어날 때 우리의 원조를 받지 않았나?[7] 그 덕에 고유한 종교와 문화를 지킬 수 있었고 말이야. 너희는 이웃 나라들의 압제에서 벗어나기 위해 로마제국의 보호를 요청하고 스스로 지배 아래 들어왔어. 제 때 들어온 거지. 너희가 그런 선택을 하지 않았다면 동족끼리 싸움을 일으켜 비참한 상황에 처하고 말았을 거야.[8] 그때

---

[6] 마지막 두 문장은 로마의 철학자 세네카Seneca(약 BC 4~AD 64)의 글을 문자적으로 인용한 것이다(Seneca, *De Ira*, 제2권 34). 『화에 대하여』(사이)

[7] 시리아 봉기의 지도자였던 유다 마카베오Judas Maccabeus는 BC 161년 로마인들과 상호 군사 원조 조약을 체결했다(1마카 8장, *De Bello Judaico*, 12권 10장, 414~419). 이 조약은 훗날 시몬Simon에 의해 (약 BC 139년경) 갱신되었다(1마카 14:16 이하).

[8] 알렉산드르 얀나이오스Alexander Jannaeus(BC 103~76)를 포함하여 마카베오

도 우리는 너희 종교를 건드리지 않았다. 우리 정책은 앞으로도 변함이 없을 거야. 우리는 너희 종교와 신, 관습, 그리고 그 빌어먹을 예민함까지도 존중하지. 우리는 낯선 것이더라도 존중하는 게 몸에 배어 있는 사람들이니까. 단지 우리가 너희의 거룩한 것들을 존중하는 만큼 너희도 우리 종교를 존중해주기를 바랄 뿐이야. 우리 군인들은 황제를 향해 경외감을 표현하지. 어느 곳에 가더라도 그들이 믿는 신을 경배할 수 있도록 해달란 말이다. 존중은 일방적인 것일 수 없으니까.

그리고 난 너희를 이끄는 사제(제사장)들과의 대화를 통해 너희 역시 원칙적으로 우리의 지배를 받아들이고 있음을 알게 됐어. 너희 신은 오래전부터 다른 민족이 너희를 다스리는 걸 허락했다고 하더군. 바빌로니아(바빌론, 바벨론)인들, 페르시아(바사)인들, 헬라인들을 거쳐 왔지. 그렇다면 이전 왕국들보다 식민지 백성을 훨씬 환대하는 로마인이라고 안 될 게 뭔가. 너희는 모든 일이 예루살렘에서 경배하는 하나이고 유일한 신에 의해 정해진다고 말하지."

그는 생각할 시간을 주려는 듯 잠시 멈췄다.

"그렇다면 인정해라. 우리 로마인들이 제국을 건설한 것은 신

의 후계자들은 유대(와 갈릴래아)의 비유대계 이웃도시들을 정복했다. 그러나 아리스토불루스Aristobulus 2세와 히르카누스Hyrcanus 2세 사이의 왕위계승 다툼이 일어났고, 이를 기회로 삼아 BC 63년 폼페이우스Pompeius 치하의 로마인들은 작은 유대 왕국들을 자신들의 수중에 넣고 비유대계 이웃도시들을 해방했다.

의 뜻이었다는 걸 말이야. 너희가 우리의 도움을 받아 시리아인들과 싸워 쟁취했던 그 독립을 다시 우리에게 가져다 바친 일이 바로 신의 뜻이었다는 것을.[9] 너희가 우리를 세계의 지배자로 받아들이지 못할 이유란 없어. 심지어 우리는 동방의 다른 민족과는 달리 너희가 황제를 신으로 경배하지 못한다는 사실까지 이해해주지 않나. 원칙적으로는 어떤 문제도 없는 게 당연해. 그런데 실제로는 난관들이 있단 말이야. 무엇보다도 너희를 이끄는 사제들의 이야기와 백성을 움직이는 이야기가 다르더란 말이지. 너희 종교 안에 뭔가 큰 변화가 일어나는 것 같다. 들도 보도 못한 생각과 운동이 계속해서 일어나고 있어. 예언자와 설교자가 종횡무진 활동하며 백성들에게 소리치지. 이 새로운 운동을 이해하기가 참 힘들단 말이지. 너희 사제들 사정도 별반 다르지 않아 보이더군. 그들은 새로운 운동을 시작한 몇몇 이들 때문에 지도력을 잃었어. 바로 이 운동의 지도자들에게 나라의 안정이 달려 있단 말이지. 그들에 대한 정보가 필요해. 가능한 한 너희 종교 감정을 존중하면서 동시에 불필요한 적개심을 제거할 준비는 되어 있어. 하지만 그렇게 하려면 백성들 안에서 무슨 일이 일어나고 있는지는 알아야 할 게 아니냐. 물론 너희의 공식적인 전문가들의 의견은 차고 넘쳐. 하지만 나는 저잣거리의 소리, 보통

---

[9] 이는 요세푸스가 (AD 66~70년경 유대 전쟁 패배 후에) 지지했던 관점이다. 그는 이 관점을 유대 전쟁이 시작되는 시점에 지도자들에게 행한 헤로데 아그리빠Herod Agrippa 2세의 대연설 장면을 묘사할 때 그의 빌려 표현했다(*De Bello Judaico*, 제2권 제16장, 4.345~410 참조).

사람들의 목소리를 들을 수 있는 사람, 그 사람의 귀가 필요한 거야. 알겠나? 그래야만 우리도 불필요한 싸움을 멈출 수 있을 테니."

"왜 제가 그 일을 해야 합니까?"

"너는 교육받은 사람이야. 너희 언어는 물론 우리 언어도 잘 다루지. 또 너희 종교 문제에 조예가 깊기도 하고, 우리 종교 문제도 마찬가지지. 게다가 너는 로마인에게 호의를 가진 가문 출신 아닌가. 너는 광신도가 아니야. 평화를 지지하는 인간일 뿐이지. 옆방에 작은 우상을 세워놓았다는 사실은 마음이 넉넉하다는 걸 증명하는 게 아닌가? 나는 오래전부터 너 같은 사람을 찾으려 애썼다. 바로 네가 적임자야."

"전 하기 싫습니다."

나는 정말로, 진정으로 그의 제안을 받아들이고 싶지 않았다. 첩자 노릇이라니! 그것도 유대인과 로마인을 오가는 첩자라니! 내가 그것을 어떻게 수행한단 말인가. 한편으로는 바라빠의 친구인 척하면서 동시에 로마인을 위한 첩자 역할을 맡을 수 있겠는가.

빌라도는 조용히 말했다.

"잘 생각해 봐. 뭔가는 늘 남게 마련이지. 네가 무죄 판결을 받는다 해도. 나는 그냥 네가 가이사리아에서 테러리스트들과 약간의 교감이 있었던 건 아닌가 의심만 든다고 말하면 돼. 그게 네 사업에 도움이 되진 않겠지? 아마 곧 망해버릴지도 모르지.

너뿐인가? 너희 아버지는 어떻게 하지? 너희 가족은?"

협박이었다. 경멸의 감정이 내 몸속 깊은 곳에서부터 차올랐다. 권력자들에게는 모든 것이 전략이었다. 모두 계산에 있었다. 그들의 진짜 감정과 생각은 감춰져 있기 마련이다. 권력을 유지하기 원한다는 것 외에 진실한 것이 있을까. 빌라도가 내 생각을 알아챈 것일까? 그는 덧붙였다.

"협박 없이도 우리를 위해 일할 만한 사람이 있다면 네가 찾아봐라! 넌 지금 나를 아주 역겨운 쓰레기로 여기고 있겠지. 나를 극악무도한 놈이라고 여기는 다른 사람들처럼 말이야. 얼마 전에 나는 알렉산드리아에 사는 유대인들이 내 일 처리 방식에 대해 이러쿵저러쿵 이야기한다는 소문을 들은 적이 있지. 내가 매수, 폭행, 약탈, 학대, 모욕, 재판 없는 처형, 견딜 수 없는 잔인함의 화신이라지?[10] 고백하지. 평화를 위해서라면, 난 무엇이든 할 준비가 돼 있어. 하지만 난 그렇게 극악무도하지 않아."

그는 조롱하듯 비죽거리며 웃었다. 아마도 자신이 한 말이 그리 설득력 없다는 것을 본인도 안다는 눈치였다. 이것도 역시 전략일 것이다. 나는 시간을 벌어야 했다.

"제가 어떻게 모든 종교 운동에 접근할 수 있단 말입니까?" 나는 어떤 경우에도 그들과 접촉한 적이 있다는 인상을 주어서는 안 된다.

---

[10] Philon(필론), *Lagatio ad Gaium*(가이우스에게 보내는 사절단), §302에서 인용. 필론은 예수와 동시대에 알렉산드리아에서 살았던 유대인이다.

"걱정할 것 없다. 너는 감옥에서 조금 더 머무르기만 하면 돼. 부족한 건 없을 거다. 그러는 사이 우리는 여기저기 소문을 퍼뜨릴 거야. '로마인들이 유대교에 대한 확고함과 충실함을 가진 한 젊은이를 붙잡아 두고 있다. 심지어 모진 고문을 가해도 이 유대인 청년은 로마인들이 이 거룩한 신의 나라에 부당하게 쳐들어왔다는 주장을 굽히지 않고 있다.' 이런 소문 말이지. 순교자의 후광을 만들어 주겠다는 거야. 그러고 나서 너를 석방하면 유대인들은 너를 신뢰할 테고 너는 여러 운동의 내막을 편하게 알아낼 수 있게 되겠지. 우리는 이 땅의 정치적 안정을 해치는 모든 것에 관심을 둔다. 너도 이미 알고 있는 내 부관 메틸리우스가 네가 앞으로 할 일에 대해 자세히 설명해 주고 또 우리가 가진 정보도 네게 전해 줄 거야. 내 말 알아듣겠나?"

"생각할 시간을 좀 주십시오."

"좋아. 잘 생각해봐라. 내일까지다. 그리고 잊지 마라. 나는 소문과는 달리 극악무도하지 않다는 걸."

이죽거리는 웃음이 다시 얼굴에 나타났다. 대화는 끝났을까? 아니었다. 빌라도는 다시 한번 내게 몸을 돌렸다.

"네 심문 기록에서 안티파스의 궁전에도 조각상이 있다는 부분을 읽었다. 직접 봤나?"

"네, 그 조각상의 존재를 증언할 다른 이들도 있습니다."

"위선자 같으니라고. 제집에는 짐승 조각상을 세워놓고는 내가 예루살렘 관저에 황제 폐하의 존함이 적힌 방패를 걸겠다니까 항의해?"¹¹ 그런 짓은 너희 법에 위배 되는 것 아닌가? 도대체 그따위 위선이 어디 있나. 아무 해도 끼치지 않는 제물의 상징이 동전에 새겨져 있다고 분노하면서,¹² 성전세는 띠로 동전으로만 내야 한다니! 거기 뭐가 새겨져 있는지 알긴 하나? 멜카르트Melqart(몰록, 몰렉) 신이야. 너희 말로 치면 우상이란 말이야, 우상!¹³ 가끔 성전 앞뜰을 지날 때 환전상들의 좌판을 보면 엎어버리고 싶다는 생각이 들어. 하지만 이런 짓에 대해서는 아무도 화내지 않더군. 그런데 왜 아무런 해도 없는 내 구리 동전에 대해서만 비명을 지르냐는 말이야! 아, 그만!"

빌라도는 격노한 채 자기 자신에게 말했다. 그는 내가 그 자리에 있다는 걸 잊은 듯 보였다. 그러나 곧 내게 몸을 돌렸다. 다시 무미건조하고 차가운 목소리가 공허하게 울렸다. 나는 두려워졌다.

"잘 생각해. 그리고 잊지 마. 나는 다른 이들이 말하는 것처럼 극악무도하지 않아. 이 땅을 질서 있게 다스리려는 로마의 지방장관일 뿐이지."

---

[11] 이 돌발 사건과 항의에 대해 필론은 *Legatio ad Gaium*, §299~305에서 이야기하고 있다.

[12] 빌라도는 점쟁이의 지팡이와 신주神酒 용기 같은 이방의 상징을 자신의 동전에 사용할 것을 감행한 첫 번째 유대 지방장관이었다. 그의 이전과 이후의 지방장관들은 언제나 우상숭배와 관련된 이방 상징들을 통해 유대인들의 종교 감정을 해치는 것을 극도로 꺼렸다.

[13] 다음 책에 실린 삽화들을 참조하라. A. Ben-David, *Jerusalem und Tyros* (Kyklos-Verlag, 1969)

나는 끌려나갔고 다시 어두운 감옥에 갇혔다. 밖으로 나가는 길이 내 앞에 놓여 있다. 하지만 그 길 끝에는 막다른 골목이 있다. 함정에 빠진 것이다. 내 처지가 저주스러웠다. 기진맥진한 상태에서 선조들의 하느님께 기도했다.[14]

> 우리를 이 악한 자들에게서 구하소서, 하느님!
> 올바른 자가 하나 없습니다.
> 인정이라고는 찾아볼 수 없습니다.
> 권력자들은 선동으로 우리를 혼란하게 합니다.
> 그들은 우리를 조롱하고,
> 그들의 입술에서는 아름다운 말이 흘러나오지만,
> 그들의 머리에는 우리를 짓누를 생각뿐입니다.
> 그들은 평화를 말하며 무기로 위협하고,
> 관용을 말하며 힘을 과시합니다.
> 겉과 속이 다른 그들 자신의 말로 그 숨통을 틀어막으소서.
> 그들의 말은 국가를 보호하는 듯하지만,
> 실상 우리를 부숴버리려 합니다.
> 그들이 심사숙고한 그 말들로 숨통을 틀어막으소서.
> 그들의 오만한 힘을 파괴하시고
> 우리를 경멸하는 그들의 지배를 끝장내소서.

---

[14] 이 기도는 시편 12편에서 착상을 얻어 작성되었다.

주님, 말씀해 주십시오.
'억압받는 자들을 위해,
갇힌 자들을 위해,
내가 일어서리라.
자유를 그리며 탄식하는 자들을,
내가 구원하리라!'
하느님, 당신은 범죄자와 독재자로부터
우리를 보호하시고 지켜주실 것입니다.
거룩한 것이라곤 그 어떤 것도 없는 사람들 틈바구니에서
당신은 우리의 유일한 발판이십니다.
사람들 사이에 비열함이 퍼져 나가지만,
당신의 말씀은 신실하며,
어둠 속의 빛이십니다.

친애하는 크라칭어님께,

당신은 빌라도에 관해 자유롭게 이야기를 풀어나가는 제 용기에 '감탄'했다고 말씀하십니다. 역사가이자 주석가인 당신에게는 제 시도가 다소 양심에 걸리실지도 모르겠습니다.

물론 빌라도는 제가 그의 말이라고 적어 넣은 말들을 실제로 하지는 않았습니다. 그러나 대화 중에 드러나는 그의 행동, 그 행동을 일으키는 역사적 조건은 제가 신약성서 시대 배경에 대해 강의하는 내용에서 한 치도 벗어나지 않습니다. 역사학의 대상은 개별 사건뿐만 아니라 전형적인 갈등과 구조까지 포함합니다. 제가 이야기 속에서 인물들을 움직이고 말하게 할 때는 역사학이 다루는 이 대상들, 그에 관한 연구 결과를 참조합니다. 그 안에서만 인물들은 자유를 얻습니다.

제가 우리 학계의 전문용어를 사용해도 괜찮다면 저는 이렇게 말하고 싶습니다. '내러티브Narrative 주석'(사람들은 제가 쓰는 이러한 종류의 예수 이야기를 이렇게 부르곤 합니다)은 사건의 역사로부터 구조의 역사로 뻗어 나가는 것을 전제합니다. 내러티브 주석의 깊은 차원에는 역사적으로 재구성된 행동들의 양상, 갈등과 긴장들이 채워지며 표면에는 역사 자료를 문학적으로 가공해 만든 사건들이 등장합니다. '내러티브 주석'에 대한 이런 정의는 제 성향에 비춰 보자면 너무 허세를 부리는 것 같습니다만, 당신도 잘 아시

다시피 복잡하게 공식화할 수 없는 이야기는 학문 세계에서 진지하게 받아들여지지 않지요.

'내러티브 주석'에서 역사의 원자료를 사용할 때는 연대기에 소홀할 수도 있습니다. 그러나 예수의 죽음 이후 사건들 역시 예수 당시 시대 사건의 구조적 조건을 설명하는 데 도움이 됩니다. 예를 들어 50년대 요르단 사막에서 활동했던 광야의 고행자 '반노스'를 약 25년 전으로 앞당겨 묘사하는 일이 양심에 크게 거리끼지는 않습니다. 당신은 이를 '연대기적 오류'라고 비판하셨지만 말이지요. 그러나 역사학도 같은 오류를 저지르곤 합니다. 세례자 요한에 대해 학술 논문을 쓰면서 그와 가장 유사한 사례인 광야의 고행자 반노스를 언급하지 않는다면 그 논문은 비판받아 마땅한 것 아니겠습니까?

다음 장에 대해서도 당신의 의견을 부탁드립니다. 기다리겠습니다.

안부를 전하며,

게르트 타이센

제 3 장 · 안드레아의 결정

빌라도의 첩자 안드레아? 결코 있을 수 없는 일이다. 내 온몸은 격렬하게 반대하고 있었다. 빌라도는 수년 동안 나를 감옥에 가둘 수 있을 테지만 난 결코 누군가를 로마에 밀고하지 않을 것이다! 로마가 우리 땅에 안정과 평화를 가져다준 점은 인정한다. 하지만 억압과 협박으로 이룬 이런 평화가 무슨 소용이란 말인가. 사람들의 입을 틀어막아 만든 이 안정이 무슨 놈의 안정이란 말인가. 여러 생각이 뒤엉켜 요동쳤다. 어떻게 해야 할까? 빌라도의 제안을 거부한다면 무슨 일이 벌어질까? 빌라도는 나를 고문해 가족과 바라빠에 관한 정보를 얻어내게 될까? 아니면 나를 협박했다는 사실이 누구에게도 흘러나가지 않도록 나를 비밀리에 살해할까? 그도 아니라면 사람들에게 공포심을 일으킬 요량으로 십자가에 못 박을까? 우리 가족의 재산을 몰수할까? 티몬에게는 무슨 일이 일어날까? 내 뇌리에 빌라도의 마지막 말이 울려댔다. '나는 사람들이 말하는 것처럼 그렇게 극악무도하지 않아.' 이 말은 거꾸로 이런 뜻을 담고 있는 게 아닐까. '조심하는 게 좋을 게다. 나는 극악무도한 인간일 수 있어. 모든 건 네 결정에 달렸다.'

이 고통에서 벗어날 수 있을까. 어떤 협박도 내게 닿을 수 없는 곳으로, 아무도 명령하거나 협박하지 못하는 곳으로, 내 마음의 소리가 그치고 모든 것이 완전히 고요해지는 곳으로 도망칠 수 있을까?

차라리 죽어버릴까? 철학자들이 말하지 않았던가.[1] 최악의 상황이 닥치더라도 출구는 있다고, 바로 죽음이라고. 그래, 죽음은 언제나 열려 있다. 이 문을 통해 잔인한 폭군에게서 벗어날 수 있다. 하지만 자살이 정답일까? 로마인들은 출구 없는 절망의 상황에서 스스로 죽음을 택했던 카토Cato와 브루투스Brutus를 존경했다. 우리 민족 중에도 이러한 선택을 했던 이들이 있었다. 그러나 우리는 근본적인 면에서 로마인과 다르다. 우리는 하느

---

[1] 스토아 철학은 로마제국의 교육받은 상류층에 널리 퍼져 있었는데 절제와 의무 이행을 강조했다. 자살은 탈출구가 없는 상황에서는 이를 벗어날 수 있는 정당하고 바람직한 행동으로 간주 되었다. 유대인 가운데서도 이와 비슷하게 생각하는 이들이 있었다. 유대 전쟁 때 마사다 요새 안에 포위되어 있던 사람들은 산 채로 로마인들의 사로잡히지 않기 위해 AD 73년(혹은 74년) 가망 없는 상태에서 자살을 감행했다. 요세푸스에 따르면 당시 960명의 남자와 여자, 아이들이 죽음을 맞았다(*De Bello Judaico*, 제7권 제9장, 1.400).

님께 살아야 한다는 사명을 받았다. 아무리 어려워도 죽음을 택해 이 임무를 하느님께 되돌려 드릴 수는 없다. 우리는 하느님께서 우리에게 주신 뜻이 무엇인지 알 수 없기 때문이다. 그분은 패배하고 추방당한 이들에게 용기를 주셨다. 우리 선조들은 모든 것으로부터, 이 세상이 경배하는 수많은 신들로부터, 그리고 인간들로부터 버림받은 이들이었다. 그들은 아무 도움도 없이 절망 속에 광야를 헤맸지만 포기하지 않았다. 모세를 믿었고, 하느님께서 우리에게 주신 임무가 있다고 굳게 믿었기 때문이다.

광야에서 헤맬 자유라도 있었으면. 그때 한 생각이 나를 관통했다. 광야에서 흔적도 남기지 않은 채 사라질 수 있다면 빌라도의 제안을 받아들이는 척해도 괜찮지 않을까? 나는 광야에서 살아남는 법을 알고 있다. 그걸 가르쳐 준 이가 반노스다. 다시 그에게 갈 수도 있을 것이다. 어쩌면 이제 그가 전하는 가르침을 이해할 수 있을지도 모른다. 예전에 그의 가르침은 낯설기 그지없었다.

나는 무엇 때문에 그에게 이끌렸던가? 설명하기 어려운 거대한 불안이었다. 나는 자유로운 분위기에서 부모님의 돌봄을 받으며 자랐다. 유대교 관습과 신념을 철학적으로 이해했다. 아버지는 언제나 우리 경전이 그리스 철학자들의 생각을 다른 방식으로 표현하고 있다고 말했다. 난 우리 가족이 떠오르는 태양을 얼마나 경이롭게 여겼는지를 기억한다. 태양을 마주하고자 산을 오르기도 했다. 태양은 아침의 옅은 안개를 뚫고 경이로운 색채와 빛으로 풍경을 물들였다. 아버지는 말했다. "이방인들이 태양을 숭배하는 이유를 알 것 같아. 그들은 하느님이 비춘 빛이 태양을 통해 드러나는 것에 경탄하는 거야. 그 광채를 통해 그들은 하느님을 느끼지. 비록 창조자와 피조물을 혼동하기는 하지만 그들이 이 세계의 아름다움을 감지하고 있음은 분명해."[2]

아버지는 아름다운 모든 것을 사랑했다. 그래서 손님이 우리에게 선물한 작은 신상을 받았던 것이다. 아버지에게 그 신상은 인간을 아름답게 묘사한 것 그 이상도 이하도 아니었다. 아버지는 그것을 옆방에 숨겨두었다. 하느님의 절대성이 모든 사람의 마음에 굳건히 뿌리내리게 된다면 세상 사람들이 아무 두려움 없이 하느님을 이러저러한 모습으로 묘사하리라고 아버지는 확신했다.[3]

난 그런 분위기에서 자랐다. 그러나 곧 모든 사람이 아버지처럼 생각하지는 않는다는 사실을 알게 됐다. 소박한 믿음을 가

---

[2] 이러한 생각은 지혜서 13:6~9에서도 엿볼 수 있다. "그렇다고 해서 이 사람들을 크게 비난할 수는 없다. 그들은 아마 하느님을 찾으려고 열렬히 노력하다가 빗나갔을지도 모른다. 그들은 하느님의 업적 가운데에서 살면서 열심히 모색하다가 눈에 보이는 것들이 하도 아름다워서 그 겉모양에 마음을 빼앗기고 마는 것이다. 그렇지만, 그들은 용서받을 수 없다. 만일 그들이 세계를 탐지할 수 있는 지식을 쌓을 능력이 있다면 어찌하여 세계를 만드신 분을 일찍이 찾아내지 못했는가." 지혜서는 디아스포라 유대인들(아마도 이집트 지역)의 산물로 그 발생 시기를 BC 2세기 혹은 1세기로 본다.

[3] 실제로 유대교는 AD 1세기에 극단적 형상금지 계명에 위배되는 시각 예술을 발전시켰다. 그 대표적인 예는 유프라테스 강변에 위치한 두라에우로포스Dura-Europos 회당의 프레스코 벽화들이다.

진 사람들은 자신의 믿음이 그리스 철학과 견주어 동등한 가치가 있음을 입증해야 한다고 생각하지 않았다. 그들은 묻거나 따질 필요 없이 하느님의 유일성을 믿으면 될 뿐이었다. 하느님에게는 어떤 옹호나 입증도 필요치 않았다. 순진한 사람들에게 중요한 것은 하느님의 뜻을 받들고 일상에서 그분의 계명을 진지하게 받아들이는 일뿐이었다. 나는 전혀 다른 또 하나의 세계를 발견했다. 그 무렵 나는 우리 종교의 믿음을 근본부터 바로 알고 싶다는 바람을 갖게 되었다. 인생을 걸고 처음부터 끝까지 하나하나 철저히 공부하고 싶었다. 단호함과 명료함을 원했다. 그때 반노스에 관한 이야기를 전해 들었다. 광야에서 전하는 그의 놀라운 가르침들은 나를 사로잡았다. 반노스는 유대인들이 처음부터 다시 시작해야 한다고 생각했다. 우리가 이 땅에 정착하기 전에 이집트를 떠나 광야를 거쳤듯 다시 광야로 나아가야 한다고, 다시 한번 그곳에서 가시덤불 가운데 "나는 곧 나다"라고 말씀하셨던 분의 목소리를 들어야 한다고 그는 말했다.

반노스의 생각은 과격하고 극단적이었다. 그에 따르면 다시 시작해야 하는 사람들은 유대인만이 아니었다. 온 세계가 처음부터 다시 시작해야 한다. 지금 이 세계는 불의와 억압, 착취와 공포가 잠식한 세계다. 자신의 모순으로 인해 이 세계는 하느님의 심판에 직면하게 될 것이다. 모든 게 멸망할 것이며 새로운 세계가 시작될 것이다. 날카롭던 그의 목소리가 떠올랐다.

그러고 나서 과거에 율법을 주셨던 그분께서,
모든 인간을 위한 영원한 왕국을 세우신다.
모든 인간은 하느님을 경배하고
그의 성전으로 물밀 듯이 몰려든다.
오직 하나의 성전만이 존재하리라.
사방에 뻗어 있는 모든 길은 이곳을 향하게 되리라.
모든 산은 다니기에 좋을 것이며
모든 바다는 항해하기 편해지리라.
모든 무기가 사라지고
부는 정당하게 나눠질 것이다.
하느님은 인간들 가운데 계시리라.
늑대와 양이 함께 풀을 뜯으며
표범과 어린양이 함께 뛰놀리라.
곰과 송아지가 함께 누울 것이며
사자가 황소처럼 구유의 여물을 먹고
어린아이들이 짐승들을 막대기로 몰 것이다.
용과 뱀이 젖먹이와 함께 잠자고 그들을 해치지 않으리라.
하느님의 손길이 그들 위에 함께할 것이기 때문이다.[4]

---

[4] *Oracula Sibyllina*(시빌라의 신탁), III, 767~795에서 착상을 얻어 작성되었다. 이 부분은 약 BC 2세기에 발생한 모음집의 일부분이다. 이는 고대에 널리 퍼졌던 유대에 관한 신탁을 담고 있다. 이사야서 11:1 이하 역시 이 예언에서 착상을 얻었다.

아름다운 꿈이었다. 새롭고 더 나은 세계로 나아가려는 꿈. 현실적이지 못하다는 면에서 광야로 도망치려는 나의 꿈과 다를 게 없는 꿈이었다. 로마인들은 틀림없이 내가 광야에서 체류했던 때의 일에 관해 알고 있다. 그들은 사방에서 나를 찾아다닐 것이다. 반노스는 나로 인해 파멸의 구렁텅이에 던져질 것이고, 로마인들은 바라빠의 흔적에 한층 더 다가서게 될 것이다.

바라빠는 내가 반노스와 있을 때 우리를 찾아왔다. 갈릴래아에서 온 그는 자신이 세포리스 출신이라고 했다. 그의 부모는 젊었을 때 세포리스의 참극을 피해 달아났지만 집과 재산을 모두 잃었다. 갈릴래아 북쪽의 기살라에서 조촐하게 살던 그들은 세포리스에서 도망쳤던 일, 도시에서 목격했던 야만의 현장을 잊지 못했다. 그들이 로마인을 거부하게 된 것은 어찌 보면 당연하다. 로마인의 꼭두각시로 여겨졌던 헤로데의 부하들도 마찬가지로 취급했다. 이방인이기 때문에 로마인을 거부한 게 아니다. 그들이 사람들을 노예로 부리고 억압하며 자신들의 삶을 영위했기 때문이다.

바라빠는 광야에서 무엇을 찾고 있었을까? 그는 로마인들에게서 몸을 숨기려 했던 걸까? 그들에 대항해 범죄를 저지른 것일까? 나는 알지 못했다. 단지 내가 우리 종교의 본향을 찾기 위해 노력하던 중에 그가 결정을 내렸다는 사실만이 분명할 따름이다. 그는 본향을 발견한 셈이다. 로마인과 그리스인의 매력적인 세계에 대항해 바라빠는 자신의 본향을 지켜내려 했다. 그는 확신하고 있었다. 나는 굳건한 그의 마음에 매료됐다. 그는 무엇이 자신의 삶에 의미와 깊이를, 본향을 되찾아줄지를 분명히 알고 있었다. 그러나 나는 여전히 길 위에서 헤매고 있었다.

반노스의 가르침에 대한 우리의 태도는 달랐다. 새로운 세계에 대한 그의 가르침은 내 마음 밑바닥까지 사로잡지 못했다. 나는 자라면서 이 세계를 사랑하라고 배웠고 바라빠는 경멸하라고 배웠다. 그는 반노스의 생각을 굳건히 붙잡았다. 한 지점에서 반노스와 견해가 갈렸을 뿐이다. 반노스와 달리 바라빠는 새로운 세계가 저절로 찾아오지 않는다고 생각했다. 하느님은 우리가 그 세계를 위해 무언가 하기를 원하신다. 폭력으로, 과거의 세계를 뒤집을 폭력으로 새 세계를 앞당겨야 한다.[5] 이집트에서 탈출한 유대인들 역시 새로운 세계로 옮겨 왔지만 그 세계는 선물처럼 거저 주어지지 않았다. 그들은 극심한 고통을 겪었고 외부의 적과 싸워야 했으며 자기 진영 내부의 배신자를 경계해야 했다.

바라빠에게 호감이 있었지만, 폭력만이 새로운 세계를 앞당긴다는 그의 생각에는 동조하기 어려웠다. 난 자주 겁먹고 뒤로 물러섰다. 폭력은 변질되거나 타락한다. 그런데도 내가 바라빠에게 공감한 이유는 그가 무언가를 행하기 위해 부단히도 애쓰

---

[5] 바라빠는 로마에 대한 봉기로 세포리스가 멸망하게 된 갈릴래아 유다의 '철학'을 대변하고 있다. 요세푸스는 *Antiquitates Judaicae*, 18권 1장 이하와 *De Bello Judaico*, 제2권 제8장, 1,117 이하에서 그에 관해 보고한다. 다음의 진술은 그 특징을 보여준다. "주저하지 않고 강하고 담대하게 행동으로 옮긴다면 하느님께서는 반드시 (자유를 얻도록) 그들의 편이 되어 주실 것이다."(*Antiquitates Judaicae*, 18권 1장, 5)

고 있었기 때문이다. 그는 기다리려 하지 않았다. 이렇게나 형편없지만 그럼에도 이 세계가 기회를 주리라고 확신했다. 나는 그 계획이 성공할 것이라 믿지 못했다. 비현실적이었기 때문이다. 그만큼 로마는 너무 강했다.

이제서야 사막의 동료들이 더 이해되기 시작했다. 반노스는 협박과 억압으로 가득 찬 이 세계와 절연하려 했다. 이 세계를 등지고 세계가 자아내는 쓰레기와 오물을 요르단 강(요단 강)에 씻어 내리는 것이 최선이 아니었을까? 이 세계는 몰락하는 일 말고는 나아갈 목표가 없었다. 내게 힘이 있다면 하늘에서 불을 내려 빌라도와 그의 군사들을 집어삼키게 했을 것이다! 바라빠도 이해가 되었다. 위험하지만 어떠한 형태로라도 로마에 저항해야 했던 건 아닐까? 어떠한 면에서 그의 공개적인 저항은 순수한 절망의 표현이 아닐까? 새로운 생각이 떠올랐다. 빌라도 같은 사람에게는 거짓으로 원하는 것을 내주는 척해도 괜찮지 않을까? 빌라도가 협박으로 나를 다룬다면 나는 그에게 거짓을 전해 복수해야 한다. 그는 진실을 알 수 없다. 그의 제안에 '예'라고 답하고 그에게 유대인들이 관심을 갖는, 그러나 로마인은 이미 어느 정도 알고 있을 정도의 정보만 제공하면 어떨까? 다른 정보는 은폐할 수 있지 않을까? 그래, 어쩌면 로마인에게서 우리 민족에게 도움이 될만한 것도 알아낼 수 있지 않을까? 분명 비열한 게임이다. 속임수와 거짓으로 점철된 게임. 이 비열한 짓에 손을 적셔도 괜찮을까? 위기에 빠져 있다면 누군가를 속여도 괜찮은 걸까? 아브라함은 어땠는가? 파라오가 아내를 차지하려 할 때 두려워 아내를 여동생이라고 속이지 않았는가?[6] 분명 거짓말이었다. 야곱은 어떤가? 온갖 술수를 동원해 승리를 낚아채지 않았던가? 그럼에도 그는 축복받은 자로 여겨진다.[7] 다윗은 블레셋 사람들의 용병이 되어 그들을 돕지 않았던가?[8] 그러나 그는 우리 민족의 왕이 되었다. 어쩌면 우리 민족의 이야기는 고상하게 행동하는 사람만 축복받는 사람은 아니라는 사실을 가리키는 건 아닐까? 우리 민족에게 일어난 일이 내 운명에도 일어나는 게 아닐까? 살아남기 위해, 도망가기 위해서라면 고상한 이상을 포기해야 하지 않을까? 나는 또 한 명의 피난민 아브라함, 박해받던 야곱, 패거리들의 두목 다윗이 아닌가? 내 운명을 선조들과 관련지을수록 마음이 평온해졌다. 확신이 들었다. 내가 빌라도의 협박을 받아들이더라도 민족을 배신하는 건 아니다. 내 안에는 여전히 민족의 운명이 살아 숨쉬기 때문이다.

꽤 오랫동안 깨어 있는 채로 누워 있었다. 마침내 잠이 들고, 꿈을 꾸었다. 내 앞에 서 있는 빌라도는 자색 줄무늬의 토가를 입고 있었다. 그는 몇 번이나 되풀이해 말했다. "나는 극악무도하지 않아. 짐승이 아니란 말이다!" 그의 표정이 일그러졌다. 커다란 이가 입속에서 번쩍였다. 그는 주먹을 불끈 쥐고 있었는데,

---

[6] 창세 12:1~20 참조
[7] 창세 27장 참조
[8] 1사무 27장 참조

반지가 빛나는 곳에 발톱들이 보였다. 몸이 부풀어 오른 거대한 짐승, 씩씩거리는 그 괴물이 내게 다가와 앞에 섰다. 자신의 앞발로 온 세상을 위협하고는 또다시 씩씩거렸다. "나는 극악무도하지 않아. 짐승이 아니란 말이다!"

도망치려 했으나 발이 움직이지 않았다. 땅에서 조금도 떨어지지 않았다. 괴물은 내 발밑까지 다가와 코를 벌름거리며 쿵쿵거렸다. 그리고는 앞발로 내 무릎을 건드렸고, 이제 내 목을 조르기 위해 몸을 똑바로 일으켜 세웠다. 그 순간, 괴물은 갑자기 움츠리더니 몸을 구부리고 한없이 쪼그라들었다. 낑낑거리며 먼지 속을 뒹굴었다. 마치 내 뒤에 버티고 선, 보이지 않는 힘에 압도된 듯이 괴물의 오만과 거대함은 사라져가고 있었다.

몸을 돌렸다. 내 뒤에는 한 사람이 서 있었다. 많은 사람이 그를 에워싸고 있었다. 그들은 책을 가져왔는데 그 안에 이 짐승의 범죄가 낱낱이 적혀 있었다. 빌라도 한 사람의 범죄뿐 아니라 로마제국의 범죄가 하나하나 차례대로 공표되었다. 그때마다 괴물은 움찔거리며 먼지 속을 뒹굴었다. 드디어 판결이 내려졌다. 짐승은 밖으로 끌려가 죽임을 당했고, 수많은 사람을 거느린 그 사람이 지배권을 넘겨받았다.

나는 잠에서 깨어났다. 책에서 이 꿈과 비슷한 이야기를 읽지 않았나? 기억을 더듬었다. 맞다. 심연에서 올라온 네 짐승을 말하는 다니엘의 꿈이었다.[9] 꿈에서는 네 짐승이 아닌 마지막 한 짐승만 보였다. 나는 놀라 멈칫했다. 네 짐승은 바빌로니아와 메디아(메대), 페르시아와 헬라, 네 개의 세계제국을 뜻했다. 꿈은 이렇게 말하는 듯 보였다. 짐승 같은 이 제국들은 어떤 일이 있어도 영원하지 않다. '사람'이 다스리는 나라에 의해 파괴될 것이다. 하늘에서 내려온, 사람처럼 보이는 신비한 존재에 의해.

어떤 사람은 다니엘의 꿈을 이렇게 해석했다. 꿈은 이미 실현되었다. 헬라제국이 무너진 후 로마제국이 나타났다. 새로운 제국이 전쟁과 파괴가 횡행하던 곳에 평화를 가져왔다. 로마제국이야말로 사람의 왕국이다. 그러나 내 꿈은 이와는 반대되는 것을 보여줬다. 바로 로마제국이 마지막 괴물이다. 이 제국 역시 짐승 같기는 매한가지다. 진정한 사람의 왕국이 와야만 한다. 여전히 나는 짐승의 폭력 앞에 내던져져 있다. 하지만 이제 나는 안다. 이 짐승은 짐승보다 강력한 무언가에 의해 파멸할 것이다. 사슬에 묶인 나를 지배하는 이 짐승은 여전히 내 몸을 지배하고 있지만 더는 내 마음을 지배하지 못한다. 꿈이 흘러나오는 내 내면은 자유롭다. 그렇다면 이 짐승 같은 왕국을 지혜로, 책략으로 극복하는 것이 내 임무가 아닐까?

날이 밝자 나는 빌라도에게 그 제안을 받아들이겠다고 전했다. 단, 티몬을 즉시 풀어준다는 조건을 달아.

---

[9] 다니 7장 참조

친애하는 크라칭어님께,

친절한 답장에 감사드립니다. 몇몇 세부사항을 고쳤으면 한다는 의견 또한 기꺼이 받아들이겠습니다. 전체 이야기를 일인칭 시점이 아닌 다른 시점으로 작성해 보는 게 어떻겠냐는 제안에 대해서는 깊이 생각해보았습니다. 일인칭 문체의 한계는 주인공이 감옥에 있을 때 뚜렷하게 드러납니다. 화자와 독자 모두 감옥에 갇히게 되니 말이지요. 삼인칭의 전지적 시점이었다면 화자는 안드레아를 둘러싼 모든 배경을 낱낱이 설명할 수 있었을 겁니다. 역사가에 견줄 수 있겠지요.

그러나 저는 일인칭 문체를 고수하고자 합니다. 그렇게 하면 확실히 이야기는 역사적 묘사에서 벗어납니다. 하지만 역사가들은 자신이 연구하는 대상이 태어나 무덤에 묻히는, 삶을 살아내는 한 사람이라는 자명한 사실을 잊곤 합니다. 사람은 각자의 제한된 관점에서 역사를 경험하고 표현할 수밖에 없지요. 달리 말하면 홀로 떨어져 객관성을 유지하며 존재하는 고고한 역사 그 자체란 없다는 말입니다. 사람들이 특정한 관점을 가지고 바라본 역사만이 있을 뿐이지요. 역사가의 시각 또한 다른 관점들 옆에 놓인 하나의 관점, 즉 여러 관점 중 하나의 관점이라는 사실을 잊어서는 안 됩니다. 역사라는 관점도 역사의 한 측면, 그것도 불충분하게 파악된 이야기일 수 있습니다.

저는 이 점을 잊지 않고자 일인칭 문체를 고수하려 합니다. 너그러이 양해해주시길 부탁드립니다. 그러나 당신의 논평은 언제나 값집니다. 이제 네 번째 장을 보내드려도 되겠지요?

다정한 인사를 전하며,

게르트 타이센

제 4 장 · **조 사**

 마침내 풀려났다. 그들은 하루 동안 외출할 수 있도록 허락했다. 그러나 티몬은 여전히 억류돼 있었다. 풀려나기 전날 밤은 그럭저럭 견딜만했다. 어두운 감옥으로 다시 돌아와야 했지만 씻을 수 있었고 간수들과 같은 음식을 받았으며 심지어 새 옷까지 얻었다. 자유를 향해 한걸음 걸어 나갔을 때 비루했던 수감자는 비로소 자신이 누구인지 알아볼 수 있었다.

 감옥을 나온 뒤 예루살렘의 좁은 거리를 걸으며 시장 냄새와 친숙한 소음을 즐겼다. 떼 지어 골목을 지나는 사람들이 눈에 들어왔다. 순례자와 상인, 농부와 사제, 군인이 뒤섞인 무리가 내 곁을 스쳐 갔다. 사람들이 사는 도시다. 이루 말할 수 없는 도시.

 태양을 다시 볼 수 있다니 얼마나 행복한가! 온몸으로 햇빛을 느꼈다. 빛이 얼굴과 손 위에 쏟아져 내렸다. 그림자를 드리우며 흐르기도 했고, 따사롭게 땅 위에 넘치기도 했다. 사물들은 누군가 자신들에게 감춰준 기쁨을 발견해주기를 바랐고, 나는 그것들을 천천히 음미했다. 기쁜 마음에 나도 모르게 읊조리기 시작했다.

> 주, 우리의 하느님이여,
> 하늘은 당신의 아름다움을 비춰주고,
> 땅은 당신의 목소리를 들려줍니다.
> 모든 먼지가 당신의 거처이고,
> 모든 날이 당신의 축제일입니다.
> 만물은 당신을 통해 아름답습니다.
> 만물은 말을 사용하지 않기에,
> 들리지 않는 목소리로 당신을 찬양합니다.
> 태양이 저기서 제 길을 갑니다.
> 땅의 현란한 색채와 사랑에 빠지고,
> 행성들에 둘러싸입니다.
> 태양 앞에선 그 어느 것도 숨기질 못합니다.[1]

그러나 다음날 나는 다시 현실로 돌아왔다. 아름답던 그 태양을 보기 위해 나는 나 자신을 위험한 계획으로 밀어 넣은 것이다.

---

[1] 시편 19편에서 착상을 얻어 작성되었다.

나를 처음 심문했던 로마 장교와 마주했을 때 나는 그의 이름을 기억했다. 메틸리우스.

"안드레아, 함께 일하게 돼 기쁘다." 그는 시작했다. "바로 요점으로 들어가지. 우리는 의심 가는 몇몇 사람에 관한 정보를 원한다. 그들은 자신들을 에세네파라 부르며 광야에 살지." 그는 책상 위에 지도를 펴 놓고 사해 북서쪽 가장자리를 가리켰다.

"이 지역을 아나?"

나는 흔들렸다. 그곳은 내가 반노스와 1년 동안 함께 지냈던 곳에서 멀지 않은 곳이었다. 모른다고 발뺌하는 게 더 낫겠다고 생각했다. 나중에 지금 알고 있는 것들을 힘들게 조사해서 얻어 낸 정보라고 속일 수도 있었다. 나는 이렇게만 말했다.

"얼핏 압니다."

"여기 에세네파 사람들이 중심지로 삼고 있는 오아시스가 하나 있어. 우리가 받아 본 보고는 로마 관광객들로부터 얻은 것이야. 그들에 따르면 에세네파 사람들은 여자도, 아이도, 사유재산도 없이 사해 연안에서 야자수에 둘러싸여 산다더군. 평범한 삶을 견디지 못한 사람들, 불행으로 삶의 의욕이 완전히 꺾인 사람들이 계속 그들에게 몰려간다고 해.[2] 무기를 사용하지 않고 어떤

---

[2] 사해 연안의 에세네파 거주지에 대한 묘사는 대大 플리니우스Gaius Plinius Secundus Major가 쓴 *Naturalis Historia*(박물지), V,73를 참고했다. 사해 연안(쿰란)의 발굴을 통해 에세네파의 거주지가 발견되었다. 또한 이 지역에 인접한 동굴들에서 다수의 에세네파 문서들이 발견되어 오늘날 우리는 이 사막 공동체에 대해 꽤 정확하게 알 수 있다.

맹세도 하지 않으며 노예 제도를 거부하고 오직 종교 계명을 엄숙하게 준수하는 데 온 신경을 곤두세우는 자들이지.[3] 우리 관심은 이거야. 일상을 저버린 저 사람들은 누구인가? 광야로 간 동기는 무엇일까? 불행? 아니면 권태? 그것도 아니라면 뭔가 범죄를 저질러 우리를 피해 광야로 숨어든 건가? 이 사람들이 평화를 사랑하는 사람들이라는 보고를 믿어도 될까? 너는 이 모든 것에 관해 조사해야 해."

"그건 불가능합니다. 에세네파는 외부인에게 절대 정보를 주지 않습니다. 그들은 자신의 공동체와 관련한 모든 것을 비밀에 부치고 구성원들은 이를 밖에다 알리지 않겠다고 서약합니다.[4] 잘 알려진 사실이죠. 심지어 우리 유대인들조차 그들에 관해 아는 것이 많지 않습니다."

"그럴수록 그들에 관한 조사가 중요해지지. 그들이 지키는 비밀이 종교에만 관련된 것은 아닐 수도 있지 않겠나?"

"그들에게 접근하기는 어려울 겁니다."

---

[3] 필론의 *Quod omnis probus liber sit*(모든 선한 자는 자유롭다), §75~87을 참조하라. 이는 노예제도를 불의로 거부한 고대시기에 드문 글이다. "사람들은 그들에게서 화살, 창, 칼, 투구, 흉갑이나 방패를 만드는 자를 발견할 수 없다. 또한 무기 제작공이나 전쟁도구 제작자도 전혀 없고, 전쟁에서 사용되는 물건들을 제조하는 다른 어떤 사람도 없다"(78). "그들에게는 노예가 전혀 없고, 모두가 자유로우면서 서로를 섬긴다. 그들은 노예를 소유한 주인들을 경멸적으로 비판한다. 그들은 평등을 해쳤기에 불의할 뿐 아니라, 어머니처럼 모든 인간을 똑같이 낳고 기르고 이들을 진정한 형제로 만든 자연의 규칙을 파괴했기에 하느님을 부인하는 자들이기 때문이다."(79)

[4] *De Bello Judaico*, 제2권 제8장, 7,141 참조

"우리는 사해 연안에 사는 사람들 말고도 드문드문 내륙에 흩어져 사는 에세네파 사람들이 있다는 걸 알고 있다. 그들로부터 뭔가 알아낼 수 있겠지."[5]

"시도는 해보겠지만… 흩어져 사는 에세네파 사람들이 에세네파의 실상을 다 알지는 못하리라는 가능성도 염두에 두셔야 합니다."

"뭔가 조금이라도 얻어낼 것은 있겠지. 우리에게까지 정보가 들어오는 상황이니까. 예루살렘의 사제들은 에세네파가 성전에서 드리는 제사와 이를 행하는 사제들을 거부한다고 귀띔해 주더군. 200년 전 사독Zadok 집안의 한 대사제가 벼락부자의 농간으로 자기 직을 잃었다고 해. 그는 이에 항의하며 광야로 물러갔고 거기서 몇몇 사회 부적응자들을 발견하고는 그들을 규합해 에세네파를 세웠다는 거지. 그 공동체는 더는 사제 직무를 수행할 수 없게 된 이가 만들어 낸 대체물이었던 거야.[6] 우리는 에세네파가 얼마나 성전과 사제직을 반대하는지 알고 싶다. 주민들

---

[5] 사해 연안(쿰란)에서 독신으로 살던 에세네파 사람들과는 달리 내륙에 흩어져 살던 에세네파 사람들 중에는 결혼한 이도 있었다(*De Bello Judaico*, 제2권 제8장, 13,160~161).

[6] 사제직을 박탈당한 대사제는 '의義의 교사'라고 불렸다. 쿰란에서 발견된 에세네파 문헌들에 따르면 그는 에세네파 공동체를 창설하고 조직을 갖추는 임무를 수행했다. 쿰란 문서에는 신성을 모독하는 사제가 그의 적수로 등장하는데, 그는 아마도 유대교 대사제였던 것으로 보인다. 다만 그가 구체적으로 누구인지는 논란의 여지가 있다. 아마도 그는 BC 152년에 대사제였던 요나단Jonathan이거나, 그의 후계자인 시몬Simon(BC 143~135년)이었을 것이다.

은 그들을 지지하나? 에세네파와 대사제 무리를 어떻게 하면 서로 반목시킬 수 있을까? 에세네파 사람들은 분쟁이 일어났을 때 사제들의 귀족 정치를 옹호할까? 이런 이야기 말고도 우리가 알고 있는 사실이 더 있지. 에세네파가 헤로데 왕을 지지했다는 것 말이야. 므나헴Menahem이라는 에세네파 예언자는 헤로데가 아직 왕이 아니었을 때 그가 장차 왕이 되리라고 예언했지.[7] 헤로데는 왕족 출신이 아니었으니 이 예언에 더 매달릴 수밖에 없었어. 예언이 그의 왕권을 정당화해 준 거야. 한번 생각해 봐. 에세네파는 대사제들 세력의 임명권을 틀어쥐고 있으니 헤로데를 지지한 걸까? 말하자면 '적의 적'이기 때문에? 에세네파는 헤로데의 신하들과 어떤 관계에 있지? 그들이 혹시 헤로데 왕가에서 한 명을 택해 '왕'으로 추대하려는 계획을 세운 건 아닐까? 이 모든 것에 관한 정보가 필요해. '예언자' 하니 또 하나의 문제가 떠오르는군. 우리는 에세네파와 연관된 한 예언자의 정보도 필요해. 그도 에세네파처럼 광야에 산다더군. 에세네파가 사는 지역에서 북쪽으로 몇 km 떨어진 곳에서 말이야."

소스라치게 놀랐다. 이자는 나를 반노스에게 보낼 셈인가? 조심스럽게 물었다.

"그 사람에게는 왜 관심을 갖고 계신 겁니까?"

"당연한 거 아닌가. 그는 이 사회를 근본적으로 반대할 뿐 아

---

[7] *Antiquitates Judaicae*, 15권 10장, 373~374 참조

니라 안티파스에 대해서도 반대하거든."

그가 말한 이는 반노스일까? 사회에 대한 반대, 그건 맞다. 하지만 그가 안티파스와 무슨 상관이 있단 말인가. 확실히 하기 위해 다시 물었다.

"그는 안티파스의 무엇을 반대하지요?"

메틸리우스는 그에 대해서는 얼마든지 얘기할 수 있다는 듯 손짓을 하며 말을 쏟아냈다.

"너도 알고 있을 텐데, 빌라도와 갈릴래아의 지배자인 헤로데 안티파스가 좋은 관계인 건 아니지.[8] 헤로데 대왕이 죽은 후 팔레스타인은 그의 세 아들에게 나누어졌어. 그중 아르켈라오스 Herod Archelaus가 가장 큰 유대와 사마리아 땅을 받았지. 하지만 그는 10년 후 통치권을 박탈당했어. 그 자리를 로마의 지방장관이 대신했지. 헤로데 대왕의 두 아들은 아르켈라오스의 땅을 당연히 자신들이 넘겨받으리라 희망했을 거야. 그러니 한때 헤로데 대왕의 유산 전체를 상속받게 되리라고 예견했던 안티파스가 크게 실망했을 수밖에. 그때부터야. 그는 틈만 나면 로마인 지방장관들이 나라를 잘못 다스린다고 황제에게 보고해댔지. 유대인이 종교 관습과 계율에 민감하다는 걸 잘 아는 자신이 이 땅의 통치자로 적합하다고 드러내려 했던 거지. 빌라도는 이 사실을 알아챘어. 황제 폐하의 존함이 새겨진 방패를 두고 일어난 둘 사이의

---

[8] 루가 23:12 참조

갈등은 이미 들어봤겠지? 빌라도는 그 방패를 예루살렘으로 가져와서 로마 보병대가 주둔하는 안토니오 요새에 걸어 놓았지. 왜 이 일이 형상을 금한 유대교의 율법에 어긋나는지, 왜 이게 황제를 신으로 경배하는 일이 되는지 우리로서는 이해하기 어려웠어. 어찌 됐든 저항이 일어났지. 유대교 신앙의 수호자인 척 연기하는 안티파스의 지휘 아래서 말이야. 그들은 빌라도가 행한 일이 유대교 율법을 노골적으로 모욕한 일이라고 주장했지. 빌라도가 유대교를 전혀 이해하지 못하고 있다는 방증이라고 주장하면서 말이야. 안티파스는 황제 폐하께 공식적으로 항의했고 빌라도는 방패를 모두 철거하라는 명령을 받았어.[9] 빌라도는 안티파스를 결코 용서할 수 없었지. 거기다 너의 말을 통해 안티파스가 짐승의 조각상을 자기 집에 모셔두었다는 사실, 그가 엄격한 유대교 율법의 잣대를 자신에게는 들이대지 않는다는 사실을 확인한 거야. 그뿐만이 아니야. 그는 심지어 동생이 살아 있는데도 동생의 아내와 결혼한 자가 아닌가. 그것 역시 너희 율법에 저촉되는 일이지. 비난이 빗발쳤지만 그는 어떻게 처신했지? 자신을 비판하는 자를, 요르단 강변 광야에서 활동하는 성인이요 예언자인 요한이라는 이름의 사내를 투옥했어. 우리 로마인들도 하지 못한 일이었지. 요한은 백성에게 큰 호응을 얻고 있었다더

---

[9] 황제에 대한 헌사를 담은 방패들을 예루살렘의 안토니아 요새에 설치하려 했던 시도에 대한 이야기는 필론의 *Legatio ad Gaium* §299~305에 담겨 있다. 방패에는 다음과 같은 문자가 새겨져 있었다. '티베리우스 황제를 위하여'IMP(eratori) TI(berio)

군. 하지만 우리에게 들어온 보고에는 너무 일반적인 묘사들만 적혀 있어. 한번 읽어보지."

> 세례자로 알려진 요한은 모범적인 인물이다. 그는 이렇게 가르쳤다고 한다. "유대인은 선행을 펼쳐야 한다. 다른 이를 향해 정의로워야 하고 끊임없이 신을 경배해야 한다." 그는 이를 전제하고 모든 이가 세례받기 위해 나와야 한다고 말했다. 그의 가르침에 따르면 오직 사람이 의를 행하여 내적으로 정결해지는 것이 신 앞에서 가치 있는 일이며, 그리고 난 후에야 세례가 육체를 거룩하게 하는 데 기여하게 된다. 그는 세례를 통해 모든 죄가 사해지지는 않는다고 생각했다.[10]

"솔직히 이런 묘사로는 아무것도 알 수 없어. 다른 성인들에 대해서도 똑같이 말할 수 있잖아. 우리에게는 좀 더 정확한 정보가 필요해. 이를테면 헤로데 안티파스가 백성들의 봉기를 두려워해 요한을 옥에 가뒀다는 소식 같은 것 말이야.[11] 우리는 어떻게 해를 끼칠 것 같지 않은 성인이 봉기를 불러올 수 있을지 궁리해 봤어. 앞서 읽어준 보고는 그러한 면에서 중요한 점을 놓치

---

[10] 이는 요세푸스의 문장을 거의 그대로 옮겨놓은 것이다. 요세푸스는 세례자 요한을 그리스와 로마 독자들이 이해할 수 있는 방식으로 묘사했다.

[11] 요세푸스는 세례자 요한의 투옥과 처형에 대해 이러한 이유를 제시했다(*Antiquitates Judaicae*, 18권 5장, 118 참조).

고 있어. 세 가지 질문이 가능하지.

첫째, 왜 요한은 광야에서 활동했을까? 에세네파 사람들과 같이 일상 세계를 떠난 이유는 무엇일까? 인간을 경멸하는 이유는? 무엇보다 그가 남쪽 인접국인 나바테아인과 관계가 있을까?

둘째, 요한을 추종하던 이들은 지도자가 감옥에 갇힌 이후에 어떻게 되었나? 추종자들은 조직을 갖추고 있을까? 헤로데 안티파스가 다스리는 지역에서 활동하기가 어려워 근거지를 유대로 옮겼을까? 그들이 일으킬 폭동에 대비해야 할까?

셋째, 헤로데 안티파스는 어떤 태도를 취하고 있는가? 그는 요한을 감옥에 오래도록 잡아두고 싶어 할까? 요한에 의해 일어난 반대 세력 때문에 그의 통치가 위태로워질까? 우리는 안티파스에게 부담을 줄 수 있는 정보가 필요해. 그는 기회가 있을 때마다 로마에 가서 우리를 모함하거든. 그러니 우리도 상응하는 조치를 준비해야겠지. 투옥된 이 성인 이야기를 이용할 수 있을 거야. 헤로데 안티파스는 너희 민족의 복잡한 종교 문제들을 다른 누구보다 자신이 능숙하게 다룰 수 있다고 확신하니 말이야.

자, 이게 전부다. 너는 곡식 상인이니 어느 곳이든 자유롭게 이동할 수 있겠지. 조사한 결과물이 모이면 그걸 로마 군대의 우편 기구를 통해 우리에게 전하면 돼. 그럼 우리는 두 달 후쯤 예루살렘에서 네 보고를 받게 될 거다. 기대하지."

곧장 일어서 나가려 하자 메틸리우스는 다시 입을 열었다.

"처음 대화를 나눈 후부터 너희 종교에 대해 깊이 생각해봤다. 에세네파에 관한 자료를 보고받을 때도 같은 생각이 떠올랐지. 이 집단은 너희 민족에게서 드러나는 전형적인 무언가를 담고 있는 건 아닐까? 이 사람들은 다른 모든 것에서 물러나 광야로 가지. 마치 한때 민족 전체가 이집트에서 광야로 나갔던 것처럼 말이야. 이러한 행동에는 인간에 대한 경멸이 담겨 있는 건 아닐까? 이방인과 다른 민족에 대한 거부, 어쩌면 인간 자체를 거부하는 민족성이 스며 있는 건 아닐까?"

메틸리우스의 말은 나를 아프게 했다. 우리 민족에 대한 선입견을 그의 입에서 들어야 한다니. 그는 출세 일로에 있는 유능한 로마 관료가 아닌가. 메틸리우스는 불쾌하게 행동하지 않았고 박식했으며 우리 종교를 이해하려고 애썼다. 그럼에도 그는 우리를 대할 때 우리의 가장 거룩한 전통을 왜곡하는 무례를 범하고 있다. 나는 씁쓸하게 말했다.

"인간을 혐오한다는 비난은 악질적인 모함입니다. 우리 율법은 인간 안에 신의 형상이 담겨 있다고, 그리고 이를 존중하라고 가르칩니다."

메틸리우스는 자신의 견해를 다음과 같이 정당화했다.

"그러면 왜 우리의 가장 뛰어난 역사가는 너희가 자기 동족 사이에서는 친밀하게 지내고 서로를 돕는 데 반해 다른 민족에 대해서는 적의에 찬 증오를 지녔다고 썼을까?[12] 왜 그런 인상을

---

[12] Tacitus, *Historiae*, 제5권, 5이하. 유대인이 다른 민족을 혐오한다는 비난은 다른 곳에서도 나타난다. 이는 심지어 유대인인 바울이 쓴 문헌에서

풍기게 되었지? 나는 너희를 이해하려고 애쓰고 있다. 그래서 스스로 되묻곤 하지. 그런 태도를 지니게 된 것은 이집트에서 추방된 일과 관련된 게 아닐까? 그 사건이 아마도 너희 안에 깊은 모욕감을,[13] 법의 보호를 받는 테두리에서 다시 추방당할지도 모른다는 두려움을 심어놓은 건 아닐까?"

메틸리우스는 다소 당황한 듯한 몸짓으로 퍼져 있던 지도를 말아 가죽 통 안에 넣었다. 나는 설명했다.

"이집트에서 나온 사건은 우리 가슴에 깊이 새겨진 중요한 사건입니다. 노예 생활과 억압으로부터의 해방을 의미하죠. 우리는 다른 사람들과 우리를 구분하기 위해 그 사건을 기억하는 게 아닙니다. 우리 스스로가 이집트에서 겪었던 불의를 다른 이들에게 행하지 않기 위해 기억하는 겁니다."

"구체적으로 무슨 뜻이지?" 가죽 마개로 통을 봉하면서 그는 물었다.

"우리 땅에 사는 이방인들을 형제처럼 대해야 한다는 뜻입니다. 모세는 우리에게 명령했습니다. '이방인이 너희 땅에서 너희 곁에 살거든 너희는 그를 억압해서는 안 된다. 너희와 함께 사는 이방인은 너희 중의 본토인과 같이 여겨야 한다. 너는 그를 너

도 발견된다(1데살 2:15 참조).

[13] 유대인들에 대해 긍정적인 입장이었던 아브데라의 헤카타이오스 Hekataios(BC 300년경) 역시 유대인들이 '비사교적이고 외국인을 거부하는 삶의 방식'을 취했기에 이집트에서 추방되었다고 이야기한다(Diodorus Siculus XL,3,4)

자신처럼 사랑해야 한다. 너희도 이집트에서 이방인이었기 때문이다.'"[14]

"그렇다면 왜 이 땅은 우리 로마인에 대한 증오로 가득하지?"

우리의 말은 서로 어긋났다.

"로마인을 억압하다니요? 이 땅에서 누가 누구를 억압한단 말입니까?"

내 공격적인 말투가 그를 자극한 듯했다. 그는 고개를 들고 나를 바라봤다.

"우리는 억압하지 않아. 단지 평화를 조성할 뿐이다. 너희에게 율법을 줬다는 그 모세도 우리와 무관하지 않아. 우리 역시 이방인들이 우리 제국 안에서 법적으로 안전하게 보호받으며 살아야 한다고 생각한다."

나는 의아한 표정으로 그를 쳐다보았다. 메틸리우스는 이제 막 가죽 통을 벽 옆에 있던 보관함에 쌓던 참이었다. 잠시 대화가 끊겼다. 그는 내 쪽으로 다가와 어깨에 손을 얹고 말했다.

"너와 처음 대화를 나눈 후 나는 모세에 관한 문서들을 읽었다. 너희가 이집트로부터 탈출한 것에 관한 또 다른 이야기를 발견했지.[15] 모세는 이집트의 종교에 만족하지 못해 추종자들과 함께 유대 왕국으로 이주한 이집트 사제였다는 거야. 그는 신을 동

---

[14] 레위 19:33~34, 신명 10:18~19 참조
[15] 이 판본은 아마세이아의 스트라본Strabon(BC 63/64년 출생)이 저술한 *Geographica*(지리학) XVI, 2.35 이하에 나타나 있다.

물의 형상으로 묘사했다고 이집트인들을 비판했고, 그리스인들 역시 신을 인간으로 묘사한다고 비판했다 하더군. 땅과 바다, 하늘과 땅, 그리고 모든 존재를 포괄하는 신은 눈에 보이지 않으며 보이는 그 어떤 것과도 비교할 수 없다는 거야. 그에 대한 형상 역시 만들어서는 안 된다는 거지. 그래서 모세는 형상 없는 신에 대한 예배를 예루살렘에 제정했어. 신을 올바로 예배하는 방법을 가르쳤던 거지. 하지만 모세의 후손들은 미신적인 이들이어서 백성에게 음식에 관한 금기 사항과 할례를 가르쳐 너희 민족을 다른 민족에게서 분리해야 한다고 가르쳤다더군. 형상 없는 신을 예배하라는 모세의 굉장한 생각은 이 관습들로 인해 흐릿해진 거야. 이 설명은 꽤나 설득력이 있어. 형상 없는 신에 대한 경배만이 유대인과 그리스인 사이에 존재하는 문제라면 둘은 의견 일치에 이를 가능성이 있지. 그리스 철학자 중 몇몇 역시 신을 동물이나 인간 형상으로 상상하는 일이 터무니 없다고 주장하거든. 어떻게 생각하나?"

"그 철학자들이 그리스인에게 신상을 거부하라고 가르쳤습니까? 아니면 여러 신을 나란히 놓고 경배하는 일을 만류했습니까? 아닙니다. 그들은 관습적인 종교에 대항해 하나이고 유일한 신에 관한 생각을 밀어붙이기에는 용기가 부족했습니다. 모세만이 그 용기를 지녔죠. 모세의 깨달음을 참되게 따르고 있는 이들

은 오직 우리 유대인뿐입니다."¹⁶

메틸리우스는 한 걸음 물러났다. 하지만 이내 그의 목소리가 격렬하게 울렸다. "바로 그게 문제야! 안드레아, 다른 사람의 입장이 되어 봐라! 너희 종교가 다른 사람들에게 어떤 영향을 미치게 될지. 너희는 하나의 신, 홀로인 신을 경배하지. 그에게는 아버지도 어머니도 없고 자식과 친척도 없지. 가족 자체가 없어. 그는 너희 민족이 다른 민족 사이에 고립돼 있듯 신들 사이에서도 고립돼 있지. 만일 민족들의 신들이 가족을 이루지 못한다면 어떻게 그 민족들이 하나의 가족으로 성장할 수 있겠나? 어떻게 민족들 가운데 평화가 자리 잡을 수 있겠냐는 말이다."

나는 항변했다. "당신들의 신들은 평화로운 가족을 이룬 게 아닙니다. 그들은 서로 싸우고 헐뜯고 음모를 꾸미죠. 모든 인간이 하나이고 유일한 신을 경배할 때에만 비로소 진정한 평화가 이 땅에 올 겁니다."

"과연 그럴까? 다른 신을 거부하는 사람은 그 신을 섬기는 사람들 역시 거부하지 않나? 자기 신의 독자적인 지배를 선언하는 자는 그와 함께 자신에게도 독자적인 지배를 요구하지 않나? 다른 사람이 이러한 생각에 위협을 느낀다고 생각하지는 않나?"

"보이지 않는 신이 통치자들 편에 서지 않고 패자와 약자 편

---

¹⁶ 철학자들이 참된 신인식은 가졌으나 모세와는 달리 결과를 책임질 용기가 없었다는 논증은 Joshepus, *Contra Apionem*(아피온 반박문), 2권, 168~171에서 발견된다.

에 서 있다면 그가 누구를 위협할까요?"

"너희 민족은 항상 약했던 건 아니야. 한때는 강력한 왕국도 건설했지."

"하지만 지금 우리 민족은 정복당했습니다. 대체 누가 누구를 위협한단 말입니까? 당신 손아귀에 있는 제가 누구에게 위협이 된단 말입니까?"

메틸리우스가 움찔했다.

"그래, 너희는 정복당한 민족이지. 하지만 로마의 목표는 정복당한 너희를 친구로 삼는 것이다. 이 땅에서 내가 그 일에 기여할 수 있기를 바란다. 그래서 너희 종교에 천착하는 거야. 많은 걸 배웠다. 왜 많은 이가 너희를 철학자의 민족이라고 부르는지 알겠어.[17] 하지만 철학자들은 곤란해. 그들은 금세 무신론자와 선동자가 되곤 하지. 아낙사고라스Anaxagoras는 추방당했고 소크라테스Socrates는 독배를 마셔야 했어. 왜? 그들은 주류에서 벗어난 생각을 품고 있었거든. 너희 민족 역시 새롭고 주류에서 벗어난 생각을 지니고 있지. 약자를 돕는 하나이고 유일한 신에 대한 믿음. 굉장한 생각이야. 하지만 너희는 무거운 짐을 얻게 되었어. 바로 다른 민족과는 달라야 한다는 부담감 말이야."

---

[17] 아리스토텔레스 학파의 테오프라스토스Theophrastos(BC 372~288/7)는 유대인들을 일종의 '철학자들'로 본다(Porpyrios(포르피리오스), *De Abstinentia*(절식에 관하여), II, 26). 유대인 작가 아리스토불루스Aristobulus(BC 2세기)도 유대인들을 일종의 '철학학파'로 묘사했다(Eusebius(에우세비우스), *Praeparatio Evangelica*(복음에 대한 준비), XIII, 12, 8)

"그래요, 때로 그건 정말 무거운 짐입니다. 그러나 모든 민족이 그분을 인정할 때까지 살아계신 신의 증인이 되는 것은 우리 민족의 위대한 사명입니다."

나는 그와 헤어지기 전 티몬에 대해 물었다. 메틸리우스는 티몬은 내일 풀려나게 될 것이라고 말했다. 나는 그를 즉시 풀어줘야 한다고 고집했고 메틸리우스는 주저했다. 나는 모세가 파라오를 몰아붙였듯이 그를 몰아붙였다. '우리를 보내 주시오!' 오늘이라도 우리 임무를 시작할 수 있다고도 말했다. 마침내 티몬은 풀려났다.

친애하는 크라칭어님께,

이번 장을 읽고 당신은 제게 이 책 제목은 『갈릴래아 사람의 그림자』가 아니라 『유대교 논쟁』이 어울릴 것 같다고 하셨지요. 그리스도교 신학이 역사적 예수를 놓고 논쟁을 벌인다면 그것은 역사적 예수가 여러 측면에서 유대교에 기원을 두고 있음을 따지는 셈입니다. 그리스도교 신학이 역사적 예수에 관한 관심을 잃을 때는 이 기원을 무시하는 경향이 있습니다.

오늘날 예수의 선포를 이해하기 위해서는 유대교 신앙에 대해 개략적으로나마 알아두어야 합니다. 하나이고 유일한 신에 대한 우리 신앙은 유대교에서 비롯되었지요. 오랜 시간 이 믿음은 자명했습니다. 그러나 오늘날 이 믿음은 소수 사람에게만 관심 대상이 될 뿐입니다. 우리는 그 믿음을 예수의 선포에 대한 가장 중요하고도 객관적인 역사적 전제로 여기고 새롭게 접근해야 합니다.

그때 이 믿음이 유대교로부터 기원했음을 기억하는 게 중요합니다. 하느님에 대한 그리스도교 신앙은 권력과 지배에 뒤섞임으로써 자주 웃음거리가 되기도 했습니다. 박해받는 소수자로서 유대인은 성서의 하느님이 권력자와 지배자들 편에 서지 않았다는 사실을 수 세기 동안 분명하게 증언해 왔습니다.

당신은 편지에서 유대교에 대한 제 평가를 언급하며 홀로코스트에 대한 공포의 여운이 남아 있는 듯하다고 이야기하십니다. 맞습니다. 당연히 저는 당신 말처럼 '특별한 안경'을 쓰고 있습니다. 하지만 연민이 거부와 증오보다 낫지 않나요? 우리는 우리가 쓰고 있는 '안경들'에 대해 논쟁하기보다 그 안경들로 무엇을 볼 수 있는지를 서로 이야기해야 합니다. 우리는 그 안경들을 통해 역사적 예수에게서도 항상 새로운 것을 봅니다.

다음 장에서도 유대교가 자리한 당시 세계를 생생하게 표현할 수 있도록 노력할 예정입니다. 당신이 어떻게 생각하실지 궁금합니다.

안부를 전하며,

게르트 타이센

제 5 장 · **광야공동체**

 우리 셋은 다시 만났다. 티몬이 풀려난 날 저녁 우리는 말코스를 찾기 시작했다. 그는 예루살렘에 있는 지인의 집에 있었다. 우리는 말을 타고 요르단 광야로, 사해 방향에 있는 그 척박한 곳으로 달려갔다. 에세네파 사람들과 만나는 게 목표였다. 언제 그들에게 다다를지는 알 수 없었다. 어떻게 해야 그들에게 접근할 수 있을까? 외부인을 불신하는 그들의 마음을 어떻게 누그러뜨릴 수 있을까? 가는 내내 그 방법을 궁리했다.
 돈을 좀 쥐여주면 어떨까? 돈은 닫힌 문도 열기 마련이다. 쿰란에 사는 사람들이라고 예외일까? 하지만 그들은 돈과 재산을 경멸한다고 하지 않았나? 에세네파의 모든 재산은 공동 소유다. 심지어 어떤 이는 그 공동체가 부유하다고 내게 말했다. 그들은 농부로, 도공으로, 필경사로 일하고, 물고기를 양식하며 사해에

서 채취한 소금과 역청을 판다.[1] 공동체를 지탱할 수입원이 이미 있는 것이다. 그들은 돈에 연연하지 않아도 되었다. 공동체에 참여하고 싶다고 말하면 어떨까? 자신들의 모든 비밀을 가르쳐주지 않을까? 그러나 내 직감으로는 내가 그들에 관해 모은 정보보다 그들이 나에 관해 모으게 될 정보가 더 많을 것이다. 입회 절차도 몇 년이나 걸린다.[2] 그들의 신뢰를 얻으려면 꽤 오랜 시간이 필요할 것이다. 반노스를 통한다면 그들에게 접근할 방법이 생길까? 에세네파 사람들은 틀림없이 광야에서 고행하는 그를 정신적 동지로 여길 것이다. 하지만 내가 어떻게 반노스를 쿰란까지 움직이도록 할 수 있겠나? 일단 그를 찾아내야 한다. 그렇다 하더라도 모든 장애물이 사라진 것은 아니다. 반노스가 나를 변절자로 보지는 않을까?

에세네파 사람들에게 접근하기란 거의 불가능했다. 우리가 가는 길에는 사해처럼 죽어버린 풍경이 이어졌다. 100m 앞이 보이지 않는 황량한 모래 언덕만이 우리를 맞이했고, 그 어디에도 나무나 덤불 따위는 없었다. 요르단 강 주변에 잡초만 듬성듬성 자라나 있을 뿐이었다. 반노스와 나는 요르단 강과 광야 사이

---

[1] 쿰란에서 도기공장과 필경사무실이 발견되었다. 그들은 성서의 필사본을 팔았을 것이다. 사해에서는 예로부터 소금과 역청이 나왔다. 그들은 분명 농장을 경영했을 것이다.

[2] 요세푸스에 따르면(*De Bello Judaico*, 제2권 제8장, 7.137) 새 회원은 일단 공동체 밖에서(아마도 광야에서) 1년 동안 그들의 삶을 따라야 한다. 그리고 나서야 비로소 2년에 걸친 시험이 허락되었다. 신입회원은 3년이 지난 후에야 정회원이 되어 온전히 공동생활에 참여할 수 있었다.

에 펼쳐진 이렇게 황량한 풍경에서 시간을 보냈었다. 하지만 에세네파는 훨씬 더 위쪽, 요르단 계곡의 북쪽에 자리하고 있었다.

천천히 말라 죽어가는 풍경을 뒤로하고 터벅터벅 나아갔다. 바로 그때, 뭐였지? 사람인가? 번쩍이는 빛 때문에 우리가 착각한 걸까? 하지만 곧 그가 사람이라는 사실이 명확해졌다. 멀지 않은 곳에서 어둑한 사람 형체가 움직이고 있었다. 길을 잃은 사람일까? 그는 말도 나귀도 갖고 있지 않았다. 우리가 가까이 다가갔을 때, 그 형체는 천천히, 매우 천천히 움직이고 있었다. 그리고 이내 땅에 주저앉았다. 우리는 말에 박차를 가하고 그에게 달려갔다. 우리가 그를 도울 수 있을까? 그런데 저 남자는 왜 두 손을 들고 있지? 우리에게 다가와 달라고 소리치는 걸까? 아니다. 저 사람은 우리에게 다가오지 말라고 손짓하고 있었다. 우리는 그가 어떤 상태인지 확인할 수 있을 정도로 가까이 다가갔다. 그는 수척한 상태로 땅바닥에 쭈그려 앉아 있었다. 도움이 필요했다. 이대로 두면 이 사람은 메말라 숨을 거둘 것이다. 그런데도 그는 우리에게 끊임없이 다가오지 말라고 손짓했다. 우리를 적으로 여긴 것일까? 자신을 약탈하고 해하려는 강도로 본 것일까? 나는 말에서 내렸고 다른 이들은 물러나게 했다. 손에 든 물통이 보이도록 흔들며 그에게 다가갔다. 해치려는 게 아니라는 사실을 알리기 위해서였다. 조심스럽게 그에게 다가갔다.

그 남자는 여전히 방어적이었다. 그는 마치 내게 "안돼! 안돼!"라고 소리치는 것 같았다. 확신이 사라졌다. 이 사람은 환각에 빠진 게 아닐까? 아니면 마귀가 광야로 몰아낸 불쌍한 사람일까? 사람들이 사는 어딘가에 데려다 놓아 구걸이라도 하게 하지 않으면 비참하게 죽고 말 것이다. 좀 더 가까이 다가가자 그는 도망치려 했다. 비틀거리며 일어나는 듯 하더니 이내 힘없이 쓰러졌다. 나는 그를 잡아 안고 말했다.

"샬롬. 저는 요한의 아들 안드레아입니다."

남자는 침묵했다.

"배고프거나 목마르지 않으세요?"

그는 고개를 저었다. 그리고 속삭였다.

"이러면 안 됩니다."

나는 어쩔 줄 모른 채 가만히 있는 그를 바라보며 말했다.

"지금 당장 뭔가를 드셔야 할 것 같은데요?"

"안 됩니다. 그래서는 안 돼요. 저는 해야 할 일이 있습니다. 먹고 마시는 일은 금지돼 있어요."

"이해가 안 되는데요."

"아무도 이해하지 못하겠죠. 부탁드립니다. 제발 저리 가 주세요. 저를 제 운명에 내버려 두세요. 그게 우리 모두에게 좋을 겁니다."

기분이 으스스했다. 이 사람은 미쳐버린 걸까? 자신을 파괴로 밀어붙이는 마귀가 그 안에 들어 있기라도 한 것일까? 하느님에게 서약이라도 했던 걸까? 그것도 아니라면 거룩한 비밀을 깨닫기 위해 극단적으로 금욕을 실천하는 사람 중 하나일까? 한 가지는 분명했다. 그가 굶주림과 갈증으로 죽어가고 있다는 사실. 그는 왜 자신을 도와주지 못하게 하는 걸까? 전략을 바꿨다.

"우리는 길을 잃었습니다." 애원하듯 말했다. "우리를 좀 도와주시면 안 될까요?"

낯선 사람이 주춤했다. 딱 맞는 말을 선택한 것 같다. 예민한 사람들은 돕는 자의 역할을 할 때만 남도 자신을 돕도록 허락한다. 그가 물었다.

"어디로 가는 겁니까?"

"에세네파 사람들에게 갑니다."

그는 흠칫 놀랐다.

"그들에게 우리를 데려다줄 수 있습니까?"

그는 고개를 저었다. "길을 가르쳐 줄 수는 있지요. 그렇지만 함께 가지는 않을 겁니다. 대신 부탁 하나만 들어주시겠습니까? 에세네파 사람들에게 소식 한 가지를 전해 주십시오."

"물론이죠. 어떤 소식을 전할까요?"

"이렇게 전해 주세요. '나 베레히야의 아들 바룩이 모든 형제의 평화를 기도합니다. 그대들에게 간곡히 청합니다. 저를 받아주십시오. 저는 기력이 다했고 더는 버티지 못합니다.'"[3]

---

[3] 요세푸스는 에세네파에 대해 다음과 같이 쓰고 있다. "중대한 과오를 범한 자는 공동체에서 추방된다. 추방당한 자들은 때로는 비참한 운명을 맞기도 한다. 즉, 그들은 맹세와 규율에 매어 있기 때문에 낯선 사람으로부터 음식을 제공받지 못해 풀 따위로 연명하다가 굶주려 죽기도 한다. 거의 죽을 지경에 이른 자들은 동정을 받아 다시 받아들여지는 경우도 있었다. 죽기 직전까지 고통을 당한 것으로 그들의 과오에 대한 충분

"당신 에세네파 사람이군요! 그들이 당신을 쫓아냈습니까? 이 광야로 몰아낸 겁니까?"

"그렇습니다."

"그런데 왜 당신은 예리코(여리고)나 예루살렘으로 가지 않고 이 죽음의 땅에서 방황합니까?"

"공동체에서 쫓겨난 사람은 다른 이들과 어떤 식으로도 접촉해서는 안 됩니다. 그들에게 음식을 받아 먹어도 안 되죠. 물 한 잔도 받아 마셔서는 안 돼요! 그랬다가는 공동체로 다시 받아들여질 기회를 잃게 됩니다."

"정말 무자비하군요! 대체 당신이 무슨 잘못을 저질렀기에 이런 지경까지 자신을 몰아넣어야 한단 말입니까?"

"우리는 공동체에 입회할 때 특정한 일에 관해 침묵할 것을 서약했습니다."[4]

바룩이라는 이름을 가진 이자는 범죄자였을까? 아니다. 범죄자가 서약을 지키지 못했다고 자기 자신을 책망하는 게 가능하겠는가? 상상도 할 수 없는 일이다. 혹시 극단적인 곤경에 처해 범죄를 저지를 수밖에 없던 것은 아니었을까? 이 광야에서 고통스러운 방식으로 삶을 극단까지 밀어붙이는 게 공동체에서 배제되는 것보다 더 낫다고 여기게 만드는 이 공동체는 얼마나 엄청

한 징벌이 이루어졌다고 인정되었기 때문이다." (*De Bello Judaico*, 제2권 제8장, 8.143~144)

[4] *De Bello Judaico*, 제2권 제8장, 7.141 참조

난 힘을 가지고 있는가! 이 힘은 마귀처럼 그를 지배해 단지 삶과 죽음, 둘 중 하나를 택하도록 몰아붙이고 있다. 공동체로 돌아가거나 광야에서 죽거나. 그에게 삶을 향한 열망을 다시 불러일으킬 방법을 내가 알고 있다면 좋으련만. 생각이 떠올랐다.

"당신들처럼 광야에서 하느님을 기다리며 고행하는 자가 우연히 앞을 지나간다면 그는 당신을 도와줘도 됩니까?"

바룩은 고개를 저었다. "공동체에 속하지 않은 이들은 모두 어둠의 자식들일 뿐입니다."

이런 공동체 정신에 맞설 만한 힘이 어디 있을까? 그러나 포기해서는 안 된다.

"좋습니다. 당신은 어떤 인간의 손길로부터도 먹을 것과 마실 것을 얻어서는 안 되지요. 그렇지만 하느님의 손길 역시 기부합니까? 그분은 인간의 도움을 받지 않고도 과일과 풀을 자라게 하는 분이십니다. 그분의 음식은 먹어도 괜찮겠지요?"

"여기서는 아무것도 자라지 않아요!"

"이리 오십시오. 제가 누구의 손길로도 부정해지지 않은 음식을 얻을 곳으로 당신을 데려가겠습니다." 반노스는 베두인 사람들에게서 식물과 메뚜기 그리고 들꿀을 먹으며 광야에서 사는 법을 배웠었다. 그리고 내게 이를 가르쳐주었다.[5]

바룩의 반응을 보고 나는 이겼음을 알았다. 우리는 그를 서로

---

[5] 요세푸스는 반노스가 '저절로' 자라는 것들을 먹고 살았다고 전한다(*Vita*, 2.11). 세례자 요한의 생계 수단 역시 이와 비교될 수 있다(마르 1:6).

의 말에 번갈아 태워 요르단 강으로 데려갔다. 죽음의 광야를 지나 푸르른 강 연안 지역, 죽음으로도 앗아갈 수 없는 생명력을 간직한 지역 쪽으로 갔다. 마침내 우리는 바룩을 물가로 데려갔다. 그는 무릎을 꿇고 요르단 강 물을 손으로 떠서 마셨다. 티몬과 말코스는 바룩이 물을 마시고 쉬는 동안 먹을만한 것을 찾기 위해 주변을 샅샅이 뒤졌다. 풀과 과일, 불에 구워 먹으면 맛있을 메뚜기를 모았다. 바룩은 그들이 모아온 것들을 먹었다. 그는 자연에서 저절로 자라난 모든 것을 먹었다. 그가 먹고 마셨다! 그런 그를 바라보는 우리 얼굴에는 미소가 번졌다. 삶이 죽음을 이긴 것만 같았다.

우리는 나무 그늘에 자리 잡았다. 앞으로는 광야가 대재앙을 겪은 폐허처럼 놓여 있었고 뒤로는 요르단 강이 흐르고 있었다. 이런 곳에 식물과 덩굴, 나무가 자란다는 것은 얼마나 놀라운 기적인가! 죽음의 들판을 정원으로 바꾸는 데는 아주 적은 양의 물로도 충분했다. 이런 생각이 떠올랐다. '모든 생명은 죽음의 경계에서 꽃처럼 피어 있다. 숲은 광야가 되고 살아 있는 물은 사해로 흘러든다. 빛은 온몸을 휘감는 열기가 되지 않는가!'

이대로 바룩을 광야에 내버려 둘 수는 없었다. 그렇게 하면 그는 죽을 것이다. 하지만 이제 어떻게 해야 할까? 약속한 대로 바룩의 소식을 에세네파 사람들에게 전해야 할까? 그가 공동체로 되돌아가도록 도와야 할까? 내 안의 모든 것이 이에 반대했다. 에세네파 사람들은 막강한 위력, 누군가를 죽음으로 내모는 힘을 갖고 있다. 그러한 힘에도 보이지 않는 곳에서 생명은 살아 숨 쉬겠지. 그러나 그로부터 얼마나 빠르게 파괴와 파멸이 피어나는가!

에세네파 사람들이 바룩을 다시 받아들일지도 의문이었다. 그는 무슨 짓을 한 걸까? 정말 끔찍한 일을 저지른 게 아닐까? 비록 그렇더라도 바룩은 여러모로 쓸모가 있을 것이다. 그는 내게 에세네파에 관한 여러 정보를 줄 수 있다. 그와 공동체의 관계가 나빠지면 나빠질수록 그는 더욱 망설임 없이 그렇게 할 것이다. 그는 대체 어떤 잘못을 저지른 걸까? 우선 그것부터 알아내야 했다. 질문을 던지자 그는 회피하듯 대답했다. "그에 관해서는 아무 말도 할 수 없습니다. 가장 중요하게 보호해야 할 우리 공동체의 비밀을 누설하는 셈이니까요."

나는 포기하지 않았다. "왜 당신들은 모든 것을 베일에 가려 두는 겁니까?"

"우리에게 오는 사람은 일상에서 영원히 떠나야 합니다. 그러면 그는 모든 이가 깨닫지도 못한 채 파멸로 달려가는 걸 보게 되지요. 그들과는 어떤 유대관계도 맺어서는 안 됩니다. 새로운 길을 택한 이를 유혹할 테니까요. 이전 세계로 건너가는 모든 다리를 불태워야 합니다. 접촉을 끊어 버려야 하지요. 그래서 공동체로 입회할 때 오직 내가 속한 공동체의 일원만을 사랑할 것을, 모든 어둠의 자식들을 증오할 것을, 그리고 공동체에 관한 그 어떤 것도 외부인에게 발설하지 않을 것을 맹세합니다."[6]

"공동체 구성원이 아닌 모든 이에 대해 증오를 맹세한다고요?"

"그렇습니다."

티몬과 말코스는 모아온 과일들을 먹으며 대화를 주의 깊게 듣고 있었다. 그들은 선인장 열매를 특히 좋아했지만 구운 메뚜기는 내버려 두었다. 티몬이 불쑥 끼어들었다. "당신은 우리를 정말 미워합니까?"

바룩은 고개를 저었다.

"나는 하느님의 계명을 저버린 어둠의 자식들을 미워합니다."

이번엔 말코스도 한마디 했다. "정말로 당신네 사람들에게 돌아가고 싶어요?"

"그것 말고 제가 할 수 있는 게 뭐가 있겠습니까?"

"고향으로 돌아갈 수도 있지 않나요?"

"저는 모든 것을 버렸습니다. 상속받은 재산도 다 팔아 치웠어요. 그 돈을 모두 공동체에 바쳤습니다. 저는 전적으로 공동체에 의존하고 있습니다."

그는 머리를 숙이고 입을 다물었다. 티몬과 말코스도 말을 잃

---

[6] 1QS I,9~11 참조. 이에 따르면 에세네파 사람들은 "자신의 운명에 따라 하느님의 집회에 속한 모든 빛의 아들들을 사랑할, 그러나 자신의 죄에 따라 하느님의 원수에 속한 모든 어둠의 아들들을 미워할 의무가 있다."

었다. 우리의 침묵을 광야가 빨아들였다. 깊이를 알 수 없는 침묵이 이어지던 끝에 내가 말했다.

"바룩, 저도 당신처럼 일상적인 삶을 떠났던 적이 있어요. 광야의 고행자를 찾아갔었죠. 진정한 삶을 추구했었습니다. 그러나 저는 다시 돌아왔어요. 광야에서도 삶의 모순들이 꿈틀대고 있었거든요. 제안 하나만 하죠. 우리와 함께 갑시다. 당신은 우리와 함께 살며 새롭게 출발할 수 있습니다. 어때요?"

바룩은 지체 없이 거절했다. "공동체 밖의 어떤 사람도 믿어서는 안 됩니다!"

"하지만, 바룩... 당신은 이미 우리를 신뢰하고 있잖아요."

"그건 그렇지만... 어쩌면 당신들 이야기가 맞을지도 모르죠..."

나는 계속 그를 몰아붙였다. "당신은 에세네파 사람들을 정말 신뢰하나요?"

그는 소리치듯 말했다. "바로 그것 때문에 벌어진 말다툼 때문이었어요. 나는 속마음을 털어놓을 수 있는 진정한 공동체를 원했을 뿐이에요!"

이야기가 쏟아져 나오기 시작했다. 그는 자신이 왜 파문당했는지를 말했고, 그의 격정적인 말은 자주 토막 나 있었다. 흥분 때문에 말을 자주 멈추곤 했다. 하지만 우리는 그의 말을 서서히 이해할 수 있게 되었다.

공동체에 입회한 자는 모든 소유를 공동체에 바친다. 그래서 공동체 회원은 자기 자신을 '마음이 가난한 자들'이라 부른다. 부富는 멸망으로 향하는 발걸음으로 간주된다. 신입회원들은 수련 기간 철저하게 베일에 싸인, 오직 관리자들만 볼 수 있다는 신비로운 동판에 관해 알게 된다.[7] 이 동판에는 상상을 초월하는 보물 목록과 보물이 숨겨진 장소가 새겨져 있다. 이 보물을 본 사람은 없다. 그러나 모두 보물이 있다고 믿는다.

바룩은 공동체에 이견을 피력했다. 에세네파는 철저하게 부를 포기한다고 말하지 않았나. 유대와 갈릴래아와 팔레스타인의 모든 재산보다 훨씬 더 많은 재산이 있으면서 어떻게 스스로 '가난한 자들'이라 부를 수 있단 말인가? 그 보물을 가난한 자들을 위해 써야 한다고 그는 주장했다. 큰 말다툼이 일어났다.

바룩은 격앙된 상태에서 우리에게 자기 생각을 이야기했다. 보물은 존재하지 않을지도 모른다. 신입회원들이 소유를 바치는 데 주저하지 않도록 하고자 상상의 보물을 이야기하는 것이다. 공동체에 새로이 참여하는 이들은 자신의 소유를 포기하더라도 삶에 지장이 없음을 확신할 수 있어야 했다. 그러나 바룩은 공동체의 삶이 허상 위에 세워지는 것을 바라지 않았다. 그 보물이 실제로 존재한다는 것을 증명하든가, 아니면 더는 그것에 대

---

[7] 쿰란 동굴 중 하나에서 실제로 동판두루마리로 불리는 세 개의 동판이 발견되었다(약자로는 3Q 15). 그 안에는 숨겨진 보물의 크기와 장소에 대한 표시들이 히브리어로 적혀 있었다. 그러나 지금까지 아무도 그 보물들을 발견하지 못했다. 아마도 에세네파의 보물이거나 성전의 보물, 또는 전혀 존재하지 않는 상상의 보물로 보인다.

해 말하지 않아야 했다.

바룩이 제기한 의심이 공동체 다수의 심기를 불편하게 했다. 그는 공동체의 평화를 위협한 자로 판결받았고 추방됐다. 그것도 무기한으로! 나는 공동체에서 추방되는 사례에 관해 질문했다. 바룩은 몇 가지 경우를 말해줬다.

"공동체에 입회할 때 자기 소유를 거짓으로 기재한 자는 1년간 추방되고 평생 식사량을 사분의 일 덜어낸 채 받습니다. 공동체 구성원에게 거짓말하거나 분노를 드러내는 경우, 또 벗은 몸으로 돌아다니는 경우에는 반년간 추방됩니다. 공동체 회합에서 규율에 어긋나는 행동, 예를 들면 허락 없이 결석한다거나 침을 뱉는다거나 크게 웃었을 때는 한 달간 추방됩니다. 회합 중에 잠이 들거나 왼손을 휘둘렀을 때는 열흘간 추방됩니다."[8]

"가차 없군요. 정말 그 공동체로 돌아가고 싶습니까? 왜 그렇게 집착하는 거죠? 왜 그 사람들 속으로 들어간 겁니까?"

"제가 에세네파에 관해 들었던 첫 번째 이야기는 그들이 노예제도를 거부한다는 것이었습니다. 그들은 모든 인간을 평등하게 대해야 한다는 이유로 노예제를 거부합니다. 노예 제도는 자연 법칙에 위배 된다는 것이죠. 인간을 낳은 건 자연이에요. 자연의 자녀인 모든 인간은 형제자매인 겁니다. 소유가 그들을 갈라서

---

[8] 이 벌칙규정은 쿰란에서 발견된 1QS(공동체 규율)에 근거한다. 1QS VI,24~VII,25 참조

게 했고, 신뢰를 불신으로, 우정을 증오로 뒤바꿔 놓았습니다.[9] 나는 그 이야기에 매혹됐어요. 노예제를 거부하는 공동체가 이 세상에 어디 있습니까?"

"하지만 당신들은 노예제를 거부한다면서 법이라는 새로운 주인을 만들어 또 다른 노예제를 만든 것 아닌가요?"

"아닙니다! 우리 법은 그런 뜻이 아니에요. 이전의 삶과 결별한 사람이라면 새로운 기준, 분명한 기준이 필요합니다. 우리 법은 가혹해야 해요."

한 숨 돌린 그는 말을 이어갔다.

"당신들은 우리의 가혹한 모습만을 봅니다. 다른 면은 보지 않아요. 사람들이 서로를 억압하고 착취하며 괴롭히는 이 세상에서 벗어나 사는 게 얼마나 큰 기쁨을 선사하는지 당신들은 모릅니다. 우리는 세상의 변혁을 기다리고 있어요. 우리는 이미 새로운 세상이 온 것처럼, 새로운 세상에서 사는 것처럼 살 뿐입니다. 우리 공동체의 창시자들은 새로운 삶에 관한 아름다운 노래들을 남겨주셨지요. 우리는 이 노래들을 함께 부르곤 합니다.[10]

---

[9] 마지막 부분은 Philon, *Quod Omnis Probus Liber Sit*, §79를 자유롭게 변형시킨 것이다. 에세네파는 노예제를 비인간적인 소유 형태로 보고 이를 거부했다. 쿰란에서 발견된 문서들에서는 이 관점이 두드러지게 나타나지는 않는다. 그러나 광야공동체에도 노예제는 없었다.

[10] 쿰란에서 발견된 찬양들(약어로는 1QH)은 구약 시편 형식의 매우 아름다운 종교 서정시들을 포함하고 있다. 이 노래 중 몇몇은 '의의 교사'가 만든 것으로 보인다. 이어지는 노래의 가사는 1QH III,19 이하에서 착상을 얻어 작성한 것이다.

내가 죽음에서 생명을 건지신 당신, 하느님을 찬양합니다.

당신은 나를 지옥에서 해방시키셨습니다!

나는 새로운 세상에 속했습니다.

나는 당신의 새로운 세상에 걸맞도록 살 것입니다.

나는 압니다.

내가 먼지로 만들어졌다 하더라도 내게 희망이 있음을.

당신께서 모든 죄악에서 나를 해방시키시어

거룩한 공동체에 들어갈 수 있기 때문입니다.

우리는 이런 노래를 식사 시간에 종종 부릅니다.[11] 식사 시간이 되면 우리는 정결하게 씻고 작업할 때 입었던 옷을 벗어 놓습니다. 제빵사가 빵을 가져오고 요리사는 각자에게 음식을 차려줍니다. 사제는 음식을 축복합니다. 고요함이 우리의 식사를 휘감습니다. 외부인은 깨닫지 못하겠지만 우리는 함께 하는 이 식사를 미래를 선취하는 식사로 경험합니다. 새로운 세상에서 메시아는 우리와 함께 한 식탁에 앉을 겁니다. 그러나 이미 말했듯 공동체에 입회하지 않은 사람들은 이를 깨닫기 어렵겠지요. 이 기쁨은 오직 공동체에 속한 사람만이 느낄 수 있습니다."

나는 그의 말을 끊었다. "당신이 우리와 함께 식사한다면 나

---

[11] 요세푸스는 에세네파의 이 식사시간을 *De Bello Judaico*, 제2권 제8장, 5,129~133에서 묘사한다. 메시아와 함께 할 미래의 만찬은 1QSa, II,11~21에 나온다.

역시 그 기쁨을 느낄 겁니다."

바룩은 놀란 표정으로 나를 바라봤다. 나는 천천히 짐꾸러미에서 대추야자 열매 몇 개를 꺼내 그에게 건넸다. 티몬과 말코스는 긴장한 채 바룩을 응시했다. 그가 열매를 받을까? 그는 망설였다. 아무도 소리 내지 않았고 다시 고요함이 찾아왔다. 긴장감만이 우리 주위의 공기를 흔들어 댔다. 나는 여전히 대추야자 열매를 내민 채 멈춰 있었다. 바룩이 천천히 손을 뻗어 열매를 받았다.

"고맙습니다." 그는 열매를 받고서 이를 나누어 주었다. 우리는 웃었고 함께 먹었다. 이제 우리는 하나가 되었다.

이날 우리는 광야에서 다시 일상으로 돌아왔다. 예리고에 도착한 바룩은 우리와 함께 머물렀다. 긴 대화를 통해 나는 에세네파에 관한 여러 정보를 얻었다. 이전에 기대했던 것보다 더 많은 이야기를 들었다. 나는 이 공동체에 섬뜩함을 느끼는 동시에 매혹되었다. 예리고의 한 여관에서 나는 에세네파에 관한 첫 번째 보고서 초안을 파피루스 위에 적었다. 그리고 내용 중 일부를 덜어냈다. 먼 거리를 이동해 물품을 팔려는 사람들이 무리를 이뤄 숙소 앞에 진을 치고 쉬고 있었다. 나는 작은 방에 앉아 보고서를 적어갔다.

에세네파에 관하여.

에세네파는 종교적 질문에 집중하는 규율이 엄격한 공동체다. 그들은 일상적인 삶에서는 신의 계명을 완수할 수 없다고 여겨 광야로 갔다. 무엇보다 그들은 고유한 달력을 사용한다는 점에서 다른 유대인과 구분된다. 다른 이들은 태음력을 따르는 데 반해 에세네파는 태양력에 따라 축제일을 기념한다. 따라서 성전제의에는 참여하지 않는다. 유대인의 축제일은 에세네파 사람들에게 별 의미가 없다.[12]

예루살렘 사제계급과 이전처럼 갈등하지는 않는 것으로 보인다. 희생제사 예식에 참여하지는 않지만 성전에 봉헌물은 보낸다.

이들은 국가에 대항하는 어떤 일도 하지 않는다. 모든 회원이 공동체로 입회할 때 강도질하지 않겠다는 서약을 해야 한다(강도질에는 로마인에 대한 공격도 포함된다). 비밀 무기고는 없으며, 오히려 습격을 당했을 때 자기 자신을 지킬 검 한 자루에 만족한다.[13]

그들은 우리의 혼인법을 엄격하게 해석하여 일부다처제를 거부한다. 그들은 말한다. "신께서 인간을 남자와 여자로 창조하셨다. 남자와 두 여자가 아니다. 여자가 한 남자만을 따르도록 규정돼 있다면 남자도 한 여자만을 따르도록 정해진 것이다." 또 이

---

[12] 태양력을 사용하는 이유는 쿰란에서 발견된 에녹 1서(1에녹 72~82)의 *Astronomical Book*(천문학의 책)에 나타나 있다. 이 책(과 태양력이 전제된 다른 문서들)은 쿰란 외부에도 널리 퍼져 있었다.

[13] 요세푸스에 따르면 에세네파 사람들은 '약탈하지 않기'를 서약해야만 했다(*De Bello Judaico*, 제2권 제8장, 7.142). *De Bello Judaico*, 제2권 제8장, 4.125에 따르면 그들은 여행에 '강도로부터 몸을 방어하기 위한 무기 외에는' 그 어떤 것도 지참하지 않았다. 어디서든 다른 에세네파 사람들에 의해 환대 받을 것이라고 예상했기 때문이다.

렇게 말한다. "남자가 자신의 이모나 고모와 혼인할 수 없다면 여자 역시 자신의 삼촌과 혼인할 수 없다." 그들은 이혼 역시 거부한다.[14] 혼인법을 엄격하게 해석하기에 헤로데와 신하들의 가정사를 비판한다. 헤로데 대왕은 많은 부인과 함께 살았고 그의 아들들은 자주 조카딸과 혼인했다. 그들이 헤로데 안티파스가 제수와 혼인하는 것을 반대했다는 건 확실하다.

나는 에세네파가 로마인을 증오한다는 사실은 적지 않았다. 그들은 무력을 이용한 저항은 포기했다. 단지 종말의 때 일어날 거대한 전쟁을 꿈꿀 뿐이다. 그때 에세네파 사람들은 모든 빛의 자녀들과 함께 어둠의 자녀들을 무찌를 것이다. 마지막 날이 도래했음을 언제 깨닫게 될 것인가. 그것이 문제였다. 그때가 되면 에세네파 사람들은 위험한 사람들로 여겨져야 할 것이다.[15]

나는 권력과 부에 대한 에세네파의 날카로운 비판 역시 보고하지 않았다. 그들처럼 사유재산 없이 사는 것이 가능하다는 사실을 다른 사람들이 알기라도 한다면 권력자들은 에세네파를 처단할 것이다. 세상 질서를 혼란케 하는 위험 요소로 여겨질 게 분명하기 때문이다.

---

[14] 이 혼인법은 이른바 CD(다마스쿠스문서), IV,20~V,2, V,7~11에 들어 있다.

[15] 말세의 전쟁에 관한 묘사는 쿰란 동굴에서 발견된 문서들 가운데 하나인 「전쟁두루마리」(약어로는 1QM)에서 발견된다.

곧 닥쳐올 세상의 변화, 그에 대한 강렬한 기다림, 즉 새로운 메시아적 왕과 메시아적 대사제의 도래에 관해서도 침묵했다. 변화에 대한 예언, 강렬한 기다림은 정치인들에게 위험 요소일 뿐이다. 이 때문에 과거 황제들은 모든 예언을 금지하기도 했다.

에세네파에 관한 생각에 깊이 빠져 있을 때, 숙소 앞이 소란스러워졌다. 귀를 기울여 보았으나 몇 마디밖에 알아듣지 못했다. 누가 사람을 죽였다고? 격앙된 목소리가 들려왔다. 탄식, 먹먹한 중얼거림이 이어졌다. 밖으로 나가려는 나에게 바룩이 뛰어왔다.

"소식 들었어요? 헤로데가 그를 죽였습니다."

"누구를요?"

"예언자 요한 말입니다!"

친애하는 크라칭어님께,

당신은 에세네파에서 현대의 신생 종교를 떠올리십니다. 이 장을 집필할 때 저는 '소종파에 의존하는 사람들'을 구체적으로 경험했었습니다. 어쩌면 저는 현재의 경험을 과거에 투사한 것일까요? 주의를 기울여야 하는 사항이 있습니다. 우리가 과거에서 지금 우리가 겪는 사건과 일치하는 것만을 발견한다면 우리는 금세 흥미를 잃고 말 것입니다. 그렇다고 우리가 지금 상황과 반대되는 사건만을 과거에서 발견한다면 우리는 과거를 이해할 수 없게 되겠죠. 우리의 흥미를 끄는 건 낯선 것입니다.

에세네파는 지금 우리가 보는 신생 종파와는 다릅니다. 에세네파 사람들은 방향이 불분명한 '자유로운' 분위기에서 권위를 세우려 하지 않았습니다. 그들은 사회로부터의 고립되어 있었고 구성원 간의 확고한 의견 일치를 이뤄냈습니다. 그들은 하느님께서 삶을 위한 유효한 명령을 토라를 통해 주셨고, 토라에 대한 해석은 논쟁의 여지가 있을지는 모르나 그 유효성은 확고하다고 믿었습니다. 밀어닥치는 이방 문화에 맞서 토라를 지켜내야 한다고 생각했고요.

에세네파가 끈덕지게 붙잡았던 질문은 주어진 전통을 올바르게 성취했는가 그러지 못했는가입니다. 헬레니즘 문화를 받아들이는 것은 극히 일부 사람들에게만 실제적인 대안이었습니다. 이와는 달리 오늘날 젊은이들은 이렇게 질문합니다. '우리는 무엇을 향해 가야 하는가?' 에세네파가 지금의 신생 종교를 떠올리게 하더라도 그 둘은 확실히 달랐습니다.

역사 연구가 가치 있는 이유는 과거와 현재의 의미가 서로를 비춰주기 때문입니다. 우리는 과거의 삶에 대해 배우면서 동시에 우리 자신을 새롭게 살피게 됩니다.

당신의 의견이 제게 얼마나 중요한지 분명히 말해두고 싶군요. 다음 장에 대해서도 소중한 의견 부탁드립니다.

안부를 전하며,

게르트 타이센

제 6 장 · 처형에 대한 분석

바룩은 숨이 넘어갈 듯 외쳤다. "헤로데 안티파스가 세례자 요한을 죽였어요. 온 도시가 이 소문으로 들썩이고 있다고요!"

망연자실했다. 또다시 끔찍한 비극이 일어났구나! 정보가 필요했다. 이 일은 빌라도에게도 매우 중요한 일이었다. 이제 빌라도는 안티파스에 대항할 비장의 카드를 손에 넣었다. 성인을, 많은 이가 예언자로 따르던 요한을 처형하다니!

숙소 앞에 사람들이 모여들었다. 끔찍한 소식을 전한 젊은 남자는 중앙에 서서 밀려드는 질문에 최선을 다해 답하고 있었다. 나는 그의 이야기가 선명하게 들릴만한 곳까지 밀치고 들어갔다. 그는 격한 손짓을 해가며 이야기를 전하는 중이었다.

"배후에는 새로운 왕비 헤로디아가 있습니다. 그녀는 무조건 안티파스와 결혼하려 했어요. 심지어 안티파스의 배다른 형제와 이혼해야 했는데도 말이죠. 이는 우리 율법에 분명히 어긋납니다.[1] 그녀는 그렇다고 물러설 사람이 아니죠. 예언자의 죽음에 대한 책임은 그녀에게 있어요. 자신의 결혼을 비난하는 사람들의 목소리를 그녀는 짓누르려 합니다!"

갈채가 터져 나왔다. 다른 이가 끼어들었다. "헤로디아는 여우 같은 여자예요. 안티파스는 선량한 사람입니다. 그는 세례자에 대해 어떤 짓도 하지 않으려 했다고 합니다. 그러나 그의 뜻과는 반대로 처형을 명령해야 했습니다. 언젠가 기분이 무척 좋았을 때 헤로디아의 꾀에 넘어가 소원 하나를 들어준다는 약속을 했기 때문입니다. 그녀는 세례자의 목을 요구했지요."

세 번째 사람이 끼어들며 외쳤다. "이토록 끔찍한 일을 그 여자 혼자 했다는 거요?"

"한 사람이 더 연루돼 있습니다. 헤로디아의 딸 살로메Salome 말입니다. 갈릴래아와 페레아의 지도자들이 축하연을 위해 모였을 때였습니다. 안티파스는 이미 술에 취했고 분위기가 무르익을 때 즈음 살로메가 사람들 앞에서 춤을 추기 시작했습니다. 모인 사람들은 열광했지요. 안티파스는 흥에 겨워 살로메에게 소원을 들어주겠다고, 자기 왕국의 절반이라도 주겠다고 약속했습니다. 그 자리에 있던 사람들 대부분은 소녀가 가질만한 귀엽고

---

[1] 레위 18:16 참조. "너는 네 형제의 아내 곧 형수나 제수의 몸을 범하면 안 된다. 그 여자는 네 형제의 몸이기 때문이다." 헤로디아는 '헤로데'라는 이름을 가진 헤로데의 아들과 첫 번째로 결혼했다.

위험하지 않은 소원을 기대했겠지요. 그러나 살로메는 제 어머니에게서 들은 소원을 그대로 말했습니다. 세례자의 목을 달라고 말입니다."

내가 보기에 이런 이야기들은 궁전에 관해 떠도는 풍문에 불과했다.[2] 이야기가 더 진척된다면 막바지에는 살로메가 자기 숙부 안티파스를 유혹했다는 데까지 나갈 것이다. 정말 진부하지 않은가? 음모를 기획한 궁정의 교활한 여인들, 선량한 군주, 희생양, 우발적인 약속… 진부한 이야기의 뻔한 소재들이다. 이야기들이 온전한 진실일 수는 없다. 나는 제일 먼저 말했던 사람을 향해 돌아섰다. 적어도 그의 이야기는 각색을 덜 한 것 같았다.

"어디서 그 소식을 들었습니까?"

"예리고에서 안티파스의 관료 몇몇과 만났습니다."

"그들이 아직 거기 있을까요?"

"헤로데의 겨울 궁전에 머무르는 듯 보였습니다."[3]

"그들의 이름도 아나요?"

"그중 한 명의 이름이 쿠자(구사)라는 건 분명합니다. 안티파스의 관리인이죠."

---

[2] 백성 가운데서 계속해서 전해지고 꾸며진 이 '궁정 풍문'의 결과물은 마르 6:17~29에 나타난다. 팔레스타인 백성은 이것이 세례자를 죽음으로 이끈 원인이라고 생각했다. 요세푸스가 헤로데 안티파스의 폭동에 대한 두려움을 진정한 원인으로 적시했을 때, 그는 훨씬 더 진실에 가까이 있었다(*Antiquitates Judaicae*, 18권 5장, 118).

[3] 헤로데 왕이 예리고에 지은 겨울 궁전은 발굴로 확인됐다.

좋은 소식이다. 나는 쿠자를 잘 알고 있었다. 그는 곡물을 파는 내 사업의 파트너였다. 쿠자는 안티파스의 가문에서 일어난 일에 관해 누구보다도 잘 알고 있을 것이다. 내가 예리고에 있다는 사실을 쿠자에게 알리기 위해 티몬을 헤로데의 궁전으로 보냈다. 그와 면담할 수 있을까? 쿠자는 곧바로 답을 전해 주었다. 다시 만나게 되어 매우 기쁘다고, 자신은 티베리아에 있는 고향으로 가는 길인데 저녁 식사를 함께하면 어떻겠냐고 물었다.

나는 곧장 그곳으로 향했다. 쿠자와 아내 요안나는 로마의 고급저택에 으레 배치되어 있는 호화로운 트리클리니움, 즉 작은 탁자를 중앙에 두고 디귿 모양으로 잇대어 놓은 식사용 소파로 나를 안내했다. 바닥은 나무 잎사귀 모양의 정교하게 꾸며진 모자이크로 장식돼 있었다.[4] 벽에는 장미색과 하늘색의 대리석이 가지런하게 배열돼 있었다. 대리석 위에 칠을 한 걸까? 어쨌든 식사를 위해 우리는 누웠다. 노예들이 음식을 가져왔다. 샐러드, 달팽이, 달걀, 꿀이 담긴 푸딩, 반찬으로 올리브와 비트, 오이와 양파가 나왔다.[5] 거기다 훌륭한 포도주, 감옥에서 나온 이래 이처럼 풍성한 음식을 접했던 적이 없었다. 모든 것이 식욕을 자극

---

[4] 헤로데 궁전의 모든 모자이크는 식물 모양만을 하고 있었다. 헤로데는 자신의 궁전에서 형상금지 계명을 지켰다. 헤로데는 사해 연안의 마사다(헤로데의 피난 요새 중 하나)를 방문했던 모든 사람이 손쉽게 확신했던 것처럼 벽을 채색해서 진짜 대리석인 것처럼 속였음이 분명하다.

[5] 소小 플리니우스Gaius Plinius Caecilius Secundus의 *Epistulae*(서간집), I,15에 따라 구성된 이 음식은 유대교의 식사관습과는 상반되는 것이다(레위 11:42 참조). 하지만 모든 지도층이 이 식사관습을 무조건 지킨 것은 아니었다.

했다! 게걸스럽게 먹는 것처럼 보이지 않기 위해 정신을 차려야
했을 정도였다. 우리가 포도주를 따라 마셨던 잔에는 그리스어
로 이런 문구가 각인돼 있었다.

> 그대는 왜 여기 있는가?
> 즐기라!

쿠자에게 어울리는 잔이었다. 그는 솔로몬의 전도서 한 구절을
특히 좋아했다. "친구들과 함께 음식을 먹으며 즐기고, 술을 마
시며 기뻐하라."[6] 쿠자는 솔로몬의 작품 일체, 잠언과 노래, 지
혜를 소중히 여겼다. 그는 우리 민족 지도자 대다수가 속해 있던
사두가이파(사두개파) 사람이었다.[7] 인생을 즐겨라, 그것이 쿠자
의 좌우명이었다. 그는 아내와 충분히 인생을 즐기고 있었다.

처음 우리 대화는 사소한 이야기 주위를 맴돌았다. 물론 둘
다 그날 대화 주제가 따로 있다는 사실을 알고 있었다. 하지만
먼저 다른 이야기부터 나누기 시작했다. 쿠자는 정보에 밝았다.
"빌라도가 예루살렘에서 또 곤란한 일을 겪게 됐어. 알고 있나?"

---

[6] 전도 9:7 참조

[7] 요세푸스에 따르면 사두가이파 사람들은 부유한 사람들을 추종 세력으로 거느리고 있었다(*Antiquitates Judaicae*, 13권 10장, 293). 그들은 운명을 믿지 않았고(*Antiquitates Judaicae*, 13권 5장, 173), 죽음 이후의 삶을 믿지 않았으며(*De Bello Judaico*, 제2권 제8장, 14,165, 마르 12:18~27, 사도 23:8 참조), 성서에서 오직 모세오경만을 인정했다.

흠칫 놀랐다. 내가 그 일과 연관되어 있다는 사실을 알고 있는 걸까? 내가 먼저 말을 꺼내는 게 낫지 않을까? 그도 언젠가는 그 이야기를 듣게 될 것 아닌가? "그에게 반대하는 시위에서 군인들이 다섯 사람을 죽였지. 나도 시위대 근처에 서 있다가 잠시 구금되기도 했네." 나는 모든 이야기를 털어놓았다. 쿠자는 내 이야기를 탐욕스럽게 빨아들였다. 안티파스 지지자로서 그는 특별히 빌라도에 대한 나쁜 소식에 관심이 있었다. 고민이다. 빌라도에 대한 나쁜 평을 하면서 나 자신에게 해를 끼치지 않으려면 어느 선까지 말해야 할까? 빌라도는 내가 쿠자에게 한 말을 알게 될지도 모른다. 나는 쿠자에게 간청했다. "제발 나한테서 들었다고는 말하지 말게. 빌라도는 잔인한 사람이잖나. 내가 자네에게 말한 걸 그가 알아서는 안 돼."

쿠자는 고개를 끄덕이고는 말을 이었다. "걱정 말게. 그자는 파렴치한 짓을 저지르는 인간이지. 오늘 빌라도가 갈릴래아 순례자 몇 명을 죽였다는 소식을 들었네. 그들의 피가 제물을 물들였다는군."[8]

"뭐라고? 그는 온 나라를 적으로 돌릴 작정인가?"

"분위기가 심상치 않아. 사소한 일로도 큰일이 일어날 수 있어. 여하튼 갈릴래아 사람들이 문제야. 그 사람들은 안티파스의 권한 아래에 있지. 우리는 항의할 생각이네."

---

[8] 루가 13:1 이하 참조

요안나가 끼어들었다. "대단한 기회를 잡은 척하지 말아요! 빌라도가 순례자들을 죽였다면 안티파스는 예언자를 처형했잖아요. 서로 비긴 거 아닌가요? 누구도 황제나 시리아 총독 보좌관_Legatus_에게 가서 상대를 헐뜯을 수 없겠죠. 동업자끼리는 물어뜯지 않는 법이니까요."

쿠자는 인정한다는 듯 말했다. "부인할 수 없군. 그래도 빌라도가 곤란을 겪는다는 사실 자체는 우리에게 호재지. 세례자 요한 사건은 여전히 우리에게 근심거리니까."

"요한을 알고 있었나?"

"물론이지. 정말 이상한 놈이었어. 옷부터 그래. 가죽 혁대에 낙타털, 그게 전부였어. 긴 머리와 수염은 어떻고. 거기다 채식만 했어."

반노스가 떠올랐다. "기인이라도 무조건 나쁜 사람인 건 아니야. 딱딱하고 볼품없는 껍질 속에도 맛있는 알맹이가 숨겨 있기도 하지. 자네가 보기에 요한은 어땠나? 공감이 좀 갔나?"

"그럭저럭. 사두가이파인 나로서는 세계 종말을 예언하는 자와는 아무것도 함께 할 수 없지. 일단 그런 주장을 펴는 작자들이 너무 많아. 그리고 세계 종말은 일어나지 않지. 하지만 한 가지 점은 긍정적으로 보이더군. 자네도 알 거야, 내가 종교적인 물음에 상당히 열려 있는 사람이란 걸. 우리 종교 고위층은 그래서 날 좋아하지 않지. 물론 나도 그들을 싫어하고. 어쨌든 그들 눈에 우리 민족은 이류 시민이야. 바로 그 점에서 요한은 인상적이었어. 그는 종교 고위층이든 하층이든 간에 하느님께서는 어떤 차별도 하지 않으신다고 설교했지. 종교 고위층이라 하더라도 심판을 회피하려 한다면 독사의 새끼들에 불과하다고 말이야. 게다가 경건한 자들이건 경건치 못한 자들이건 간에 모두가 자신의 삶을 철저히 변화시켜야 한다고 말했어. 가차 없는 심판이 내려질 거라고 소리치더군."

"그런데 왜 안티파스가 그를 죽였지? 이 사건 뒤에 뭐가 숨겨져 있는 건가? 사람들은 헤로디아에게 책임이 있다고 하던데."

이 대목에서 요안나가 항의했다. "또, 또, 모든 건 다 여자 잘못이란 거죠?"

쿠자는 웃었다. "아내는 이점에 매우 민감하다네. 자네도 알다시피 안티파스는 나바테아의 왕 아레타스(아레다) 4세Aretas IV의 딸과 결혼했지. 외교적으로 좋은 수였어. 아레타스는 북쪽으로 세를 확장하려는 우리 민족의 남쪽 이웃이지. 안티파스는 결혼을 통해 남쪽 침입자의 발을 묶어 둔 셈이야. 자기 사위에 대항해 전쟁을 일으키고 땅을 요구하는 장인은 없을 테니까. 그래서 로마가 자신에게 복속된 민족 지배자들과 예속되지 않은 왕들 사이의 접촉에 매우 민감하게 반응하고 있음에도 불구하고 그 결혼을 밀어붙인 거야. 그런데 헤로디아가 그사이에 끼어든 거지."

"첫눈에 반한 사랑 이야긴가?"

요안나가 대답했다. "사랑이죠. 그게 아니라면 안티파스가 이 결혼이 가져올 모든 정치적 손실을 감수했겠어요?"

쿠자가 덧붙였다. "사랑만은 아니지. 정치적인 동기가 있었어. 두 사람 모두 정치적 야심을 가진 사람들이었기에 서로를 너무나도 잘 이해했지. 자네도 알다시피 헤로데는 유언을 여러 차례 바꿨어. 매번 전 재산의 단독 상속자가 바뀌었지. 안티파스도 한때는 단독 상속자였지만 유산을 나눌 때는 그 지위를 확실하게 차지할 수 없었고 겨우 영토의 사분의 일만 상속받았어. 헤로디아는 과거의 또 다른 단독 상속자였던 안티파스의 동생과 결혼했지만 유산을 최종적으로 분배할 때 그는 훨씬 더 나쁜 성과를 얻었어. 아무것도 받지 못한 거야. 이 상황에서 헤로디아가 가만히 있었을까? 그녀의 어머니가 누군 줄 아나? 하스모니아 왕조 출신 마리암네Mariamne란 말이야. 진짜 공주인 거지. 헤로데 가문 사람들은 벼락출세한 근본 없는 인간들에 불과하고. 진짜 공주라면 무엇을 원하겠나? 당연히 왕비겠지. 하지만 첫 번째 결혼은 이를 이뤄줄 수 없었어. 안티파스라면 또 모르지. 그가 로마로 여행을 떠났을 때 두 사람은 우연히 사랑에 **빠졌**네. 사람들이 지방장관 발레리우스 그라투스Valerius Gratus의 후임자로 안티파스가 유대와 사마리아의 왕이 될 거라는 소문을 퍼뜨리던 때였지. 두 사람 모두 큰 야망을 품었던 거야."

요안나가 끼어들었다. "하지만 정치적 관점에서 본다면 그들의 결혼은 실패한 거죠."

쿠자가 설명했다. "몇 가지 난점이 있었지. 우선 안티파스는 자기 동생의 부인을 빼앗았어. 율법에 어긋나는 일이야. 그리고 이 일의 주도권은 헤로디아가 쥐고 있었어. 그녀가 일을 추진했던 거야. 이 역시 우리 관습과 모순되지.⁹ 마지막으로 헤로디아는 안티파스에게 첫째 부인을 내쫓으라고 요구했어. 율법에 따르면 그는 여러 명의 아내와 함께 살 수 있는데도 말이야. 율법을 무시한 이 모든 행동이 백성들의 분노를 일으켰지. 이를 비판한 세례자는 정권을 공격하는 상징적인 인물이 되어 버렸고."

요안나는 이 대목부터 대화에 활발하게 참여하기 시작했다. "다르게도 생각할 수 있지 않나요? 헤로디아는 로마의 모든 여인이 가진 권리를 요구한 거예요. 로마에서는 여자가 이혼을 요구할 수 있잖아요. 우리 민족은 남자만 아내를 내쫓을 수 있다고 보지만 말이에요. 불공평하죠. 양쪽 모두 똑같은 권리를 가져야 해요. 헤로디아가 자신을 위해 다른 어떤 걸 요구한 건 아니잖아요. 로마에서는 한 남자가 아내를 여럿 거느려서는 안 된다고 말하잖아요? 저는 이러한 방식이 더 발전한 문화라 생각해요. 남

---

⁹ 헤로디아는 다른 헤로데 가문의 여인들처럼 행동했다. 이를테면 헤로데 1세의 여동생 살로메Salome와 드루실라Drusilla도 이혼했다. 요세푸스는 이것을 유대교 율법을 어긴 것이라고 비난했다(*Antiquitates Judaicae*, 14권 7장, 259 참조). 헤로디아에 대해 요세푸스는 그녀가 아버지 쪽의 파혼법에 따라 이혼을 진행했다고 분명하게 말하는데(*Antiquitates Judaicae*, 18권 5장, 136), 그것은 마치 헤로디아가 그녀의 조치가 지니는 근본적인 중요성을 알고 있었다고 말하는 것처럼 보인다. 어쩌면 그는 헬레니즘-로마법 전통뿐 아니라 아람법 전통도 따랐을지 모른다. 이집트의 집단 거주지 엘레판티네에 있던 유대인들과 관련해 BC 5세기 여성의 이혼권에 대한 증거가 있다. 더 나아가 바 코흐바Bar Kochba 봉기(AD 132~136년) 때의 팔레스타인에 대한 증거자료도 있다.

녀의 가치가 동등하다는 걸 분명히 한 거죠. 헤로디아가 안티파스의 첫째 부인을 곁에 두고 둘째 부인이 되기를 거부한 일은 정당하다고 생각해요. 헤로디아는 뒤처진 우리 사회가 좀 더 나아가기를 바랐던 거죠. 그런데 무슨 일이 일어났죠? 세상 물정 모르는 예언자 하나가 길을 가로막은 거예요! 저는 사람들이 말하는 위대한 성인의 모습을 요한에게서 발견할 수 없었어요."

쿠자가 조심스럽게 고개를 끄덕였다. "사람들이 이 사건을 도덕적으로 어떻게 판단하든 간에 정치적인 면에서 안티파스는 여론을 과소평가했지."

나도 동의했다. "그러게 말일세. 오래된 이야기가 떠오르는군. 이세벨이 이방의 것들을 들여왔을 때 저항했던 엘리야 이야기 말이야. 헤로디아의 적대자가 되었을 때 세례자는 엘리야와 같은 일을 한 거지. 소문에 따르면 사람들이 요한을 재림한 엘리야라고 부른다더군. 안티파스는 불의의 편에 서게 된 거야."

쿠자가 말을 이었다. "그것뿐인가. 외교적인 결과도 좋지 않았어. 안티파스의 부인은 자신이 곧 쫓겨나리라는 낌새를 알아채고는 먼저 나바테아의 아버지에게 도망쳤지.[10] 그 결과 우리는 국경 바로 아래 강력한 적대세력을 두게 된 거야. 안티파스에게는 참 곤란한 상황일 거야. 안으로는 종교적 열광주의자들의 통제 안 되는 힘이 꿈틀거리고 있고, 밖으로는 전쟁을 준비해야 하

---

[10] 요세푸스는 이렇게 얘기하고 있다(*Antiquitates Judaicae*, 18권 5장, 111 이하).

니까. 자기 딸의 굴욕적인 추방을 받아들일 왕이 세상에 어디 있겠는가?"

"하지만 유대 땅 내부의 반대가 안티파스에게 위험 요소가 될까? 고작 예언자 한 명 죽인 게 무슨 영향을 미칠 수 있다고?"

"모르는 소리. 아르켈라오스(아르켈라오, 아켈라오)를 떠올려 보게.[11] 그는 25년 전 즈음 왕위를 잃었지. 그가 그렇게 된 데는 여러 원인이 있어. 하지만 그중에 확실한 한 가지는 글라피라Glaphyra와의 불행한 결혼이지. 이 결혼은 여러 면에서 안티파스와 헤로디아의 결혼을 떠올리게 해. 아르켈라오스 역시 글라피라와 결혼하기 위해 첫째 아내와 이혼해야 했지. 중요한 건 글라피라가 이전에 아르켈라오스의 이복형제인 알렉산드로스Alexandros와 이미 결혼했던 사람이란 점이야. 율법에 따르면 배우자의 형제와 결혼할 수 있는 경우는 단 하나뿐이지 않나. 형제가 죽었는데 후손이 없을 때만 가능하지.[12] 이건 그 경우가 아니지 않나. 글라피라에게는 알렉산드로스와의 자녀가 있었거든. 아르켈라오스에게는 그녀와의 결혼이 허락되지 않았어. 율법에 저촉되는 이 결혼은 그에게 엄청난 해를 입혔다네. 백성들 사이에서 그의 명성은 순식간에 끝을 모르고 추락했고 그의 적들은 그를

---

[11] 요세푸스의 다음을 참조하라. *Antiquitates Judaicae*, 17권 13장, 349~353.

[12] 시형제媤兄弟와의 결혼(독일어로는 레비라츠에Leviratsehe라고도 하는데, 이 단어는 배우자의 형제를 가리키는 라틴어 레비르levir로부터 유래한다)에 대해서는 신명 25:5~10을 참조하라.

황제에게 고발했지. 결국 그는 쫓겨났네. 누구나 아는 일이야. 이제 안티파스가 비슷한 결혼을 강행한다면 틀림없이 국내의 정적들에게 퇴위를 추진할 동력을 제공할 걸세. 뻔하지 않은가?"

"하지만 자네는 세례자가 폭력적인 봉기를 일으킨다거나 외국의 적과 협력할지도 모른다고 생각하나?"[13]

"그렇지는 않네. 하지만 내부의 저항과 외부의 적이 함께 움직이는 그런 불행한 일은 일어날 수 있겠지. 요한은 예언자 이사야의 책에 나오는 구절 하나를 특히 좋아했다더군.[14]

> 광야에서 외치는 자의 소리가 있으니
> 너희는 주의 길을 예비하라!
> 그의 길을 곧게 하라!

생각해보게. 아레타스가 광야에서 한 무리의 사람들을 이끌고 오는 거야. 요한은 이들에게 배경음악을 깔 듯 선포하지. '주의 길을 예비하라!' 물론 요한이 가리키는 건 하느님이겠지. 광야에서 하느님께서 다시 오실 길을 준비하라는 거야. 그러나 미

---

[13] 요세푸스에 따르면 안티파스는 봉기를 두려워하여 세례자 요한을 처형했다(*Antiquitates Judaicae*, 18권 5장, 118). 이것은 역사적으로 신빙성이 있으며 세례자가 안티파스의 결혼에 대한 비판 때문에 처형되었다는 신약의 전승과 모순되지 않는다. 안티파스의 결혼을 둘러싼 문제는 의심의 여지 없이 대단히 중요한 정치적 문제였다.

[14] 이사 40:3, 마르 1:3 참조

처형에 대한 분석

신에 찌든 백성들은 재빨리 이야기를 만들어내겠지. 그 '주'는 바로 아레타스라고 말이야. 이 구호는 유대인 군대의 사기를 꺾어 버릴 걸세. 탈영병이 생기고 우리는 참패를 당할 거야."[15]

"하지만 위험요소는 여전하지 않나? 세례자를 처형하는 바람에 안티파스는 새로운 적을 얻었네."

쿠자는 시인했다. "예나 지금이나 팽팽한 긴장 상황인 건 마찬가지지. 하지만 안티파스는 이 일로 결혼에 대한 비판이 잠잠해지리라 추측한다네."

"자네 말은 그가 성공할 거란 이야긴가?"

쿠자는 어깨를 으쓱했다. "모르지. 그렇거나 아니거나."

그 두려움에는 근거가 있었다. 실제로 안티파스는 헤로디아와의 결혼 이후 나락으로 떨어지기 시작했다. 옛 장인이었던 나바테아 왕은 남쪽 국경 지역을 요구했고 전쟁이 일어났다. 안티파스는 처참하게 패배했다. 그의 군사들 몇몇은 탈영했고 백성들은 이 패배를 세례자를 처형한 데 대한 하느님의 징벌로 여겼다. 결국 로마가 국경을 확보하기 위해 나바테아와의 전쟁에 개입해야 했다.[16] 안티파스는 포기하지 않았고 또 다른 전쟁을 충

---

[15] 실제로 AD 36년 안티파스는 그의 과거 장인과의 전투에서 탈영병들 때문에 참패를 당했다(*Antiquitates Judaicae*, 18권 5장, 114 참조).

[16] 안티파스와 아레타스 사이의 나바테아 전쟁에 대해서는 *Antiquitates Judaicae*, 18권 5장, 113 이하를 참조하라. 훗날 시리아의 부총독Legatus 비텔리우스Vitellius가 이 전쟁에 개입했다(*Antiquitates Judaicae*, 18권 5장, 120 이하). AD 37년 티베리우스의 사망으로 인해 전쟁은 확산되지 않았다.

실하게 준비했다. 그는 몰래 무기를 모으기 시작했다. 그러나 이 결정, 자신의 나라를 지키려던 이 결정이 재앙이 되어 돌아왔다. 헤로디아의 압박으로 황제에게 왕의 칭호를 지니게 해달라고 청원했을 때, 그의 적들(특히 그의 조카)은 비밀 무기고에 대한 소문을 로마에 퍼뜨렸다. 안티파스는 소문을 반박할 수 없었고 황제는 안티파스가 모반을 준비했다고 판단했다. 안티파스는 가차없이 퇴위되었고 갈릴래아로 추방됐다. 헤로디아에게는 그를 따라 함께 추방될지 아니면 갈릴래아로 돌아갈지에 대한 선택권이 주어졌다. 가이우스 황제는 그녀가 아그리빠Agrippa(아그립바)의 여동생이란 것을 알았다. 그래서 헤로디아에게 전 재산을 돌려주며 남편과 같은 운명을 겪지 않을 선택권을 허락한 것이다. 그러나 그녀는 추방을 선택했다. 안티파스를 따라 유배지로 떠난 것이다. 그녀에 대한 악의적인 험담이 덧씌운 것보다 더 큰 사랑을 그녀는 증명해냈다. 이 모든 일이 대략 10년 후에 일어났다.[17] 하지만 우린 지금 예리고에 앉아 있다. 요안나는 다시 한번 헤로디아를 변호했다.

"한 가지는 분명히 하자고요. 헤로디아는 세례자 처형과 관련해 죄가 없어요. 문제는 안티파스죠. 그는 정치적인 이유로 요한을 처형하라고 명령했어요. 요한이 그를 궁지에 몰아넣었기 때문이죠. 제 말을 믿으세요. 안티파스는 세례자가 자신의 결혼을

---

[17] 여기에 묘사된 안티파스의 몰락과 그의 추방은 요세푸스의 이야기를 따랐다(*Antiquitates Judaicae*, 18권 7장, 240~256).

인정하게 하려고 여러 차례 감옥에서 그와 면담했어요. 하지만 아무 소용없었죠. 그런데도 사람들은 그 죄를 헤로디아에게 전가하고 있어요!"

"아마 곧 모든 이야기가 잠잠해질 겁니다. 물론 모든 건 세례자의 추종자들에게 달려 있죠. 그에게 제자들이 있나요?"

요안나는 고개를 끄덕였다. "한 사람을 알아요. 그와 여러 이야기를 나눈 적이 있지요. 유대인들은 남편이 부인을 내치는 것에 대해서는 관대한데 부인은 남편을 그럴 수 없는 게 정당하냐는 주제에 관해서요. 그가 뭐라고 답했는지 아세요?

> 자기 아내를 내보내고 다른 여자와 결혼하는 남자는
> 자기 아내에 대해 간통을 저지르는 겁니다.
> 그리고 자기 남편을 내보내고 다른 남자와 결혼하는 여자는
> 똑같이 간통을 저지르는 것이지요.[18]

그 대답이 참 마음에 들었어요. 남자와 여자 모두 동등한 권리를 갖고 있잖아요."

쿠자는 조금 놀란 표정으로 아내를 쳐다보았다. "정말 그렇게 말했다면 그자는 세례자 요한보다 더 급진적인 놈이야. 요한은 물려받은 법을 제대로 지키자고 주장했지만 그 제자라는 놈

---

[18] 마르 10:11~12 참조

은 이 법을 아예 바꾸려고, 그것도 비현실적인 방법으로 바꾸려고 하는군. 이혼을 금지한다는 게 가당키나 하겠어?"

요안나가 대답했다. "좋은 이혼이란 게 있을 수 있겠어요? 두 사람이 헤어진다는 건 언제나 슬픈 일이에요."

쿠자는 요안나의 말을 붙잡고 늘어졌다. "요한의 제자라고 불리는 그놈은 미쳤어. 뭐, 그런 인간들은 지금도 주변에 널렸지만 말이야."

요안나는 움찔했다. 둘 사이에 무슨 문제라도 있는 걸까? 나는 이혼이라는 주제에서 벗어나야 했다. 그래서 물었다.

"그 요한의 후계자 이름은 뭔가요?"

"나자렛 사람 예수인 것 같아요."

"어디서 활동합니까?"

"갈릴래아 지역을 돌아다녀요."

쿠자가 한숨을 내쉬었다. "하필이면 또 우리 영지를 돌아다닌다니. 새롭다는 그 견해를 유대 땅에서 퍼뜨릴 순 없나? 거기라면 빌라도가 가만 놔두지 않을 텐데 말이야."

"그에게 고정된 거처가 없다면 유대로도 가겠지."

새로운 생각이 떠올랐다는 듯 쿠자가 말했다. "그가 밟는 땅을 뜨겁게 달궈놓으면 어떨까? 안티파스가 그를 처형하려 한다는 소문을 내는 거야. 안티파스의 영지를 벗어나라고 은밀히 경고하는 거지.[19] 자네가 이 역할을 맡아줄 수 있겠나? 나자렛은 세포리스에서 10km밖에 떨어져 있지 않은가. 자네는 누구보다도 이 지역을 잘 알고 말이야."

경악했다. 이 계략에는 함정이 있다. 내가 한 예언자를 빌라도의 목전에다 몰고 있다는 사실을 빌라도가 알게 된다면… 아니, 안 된다. 나는 그의 의견에 반대했다.

"예수란 작자는 그 땅에서 벗어나야 한다는 메시지를 제자들에게서 숱하게 받았을 거야. 나자렛은 매우 작은 촌 동네지. 도시 출신인 우리는 시골 사람과는 말을 잘 섞지 않잖아. 그들에게 우리는 헤로데 가문 사람들과 로마인에게 협력하는, 그리스식 교육을 받은 부자들일 뿐이야."

쿠자는 잠시 생각에 잠겼다. "음, 아무래도 율법에 정통한 사람들에게 먼저 접근해야겠군. 바리사이파(바리새파) 사람들 몇 명이면 되겠지. 그들이 경고한다면 예수도 순순히 따를 거야."

나는 다시 한번 반대했다. "그가 갈릴래아에서 안티파스에게 안겨준 어려움보다 더 큰 어려움을 유대에서 안겨주지 않을까? 빌라도가 안티파스에게 대항하는 데 그 작자를 이용한다고 생각해보게. 안티파스가 조상들의 관습을 저버렸다는 사실을 유대 땅에 알리는 데 그만큼 좋은 기회가 어디 있겠나?"

쿠자가 웃었다. "갈릴래아 순례자들을 눈 깜짝하지 않고 죽이

---

[19] 이와 똑같은 일이 실제로 일어났을 수도 있다. 루가 13:31~33 참조

는 자가 예언자 하나 죽이는 게 뭐 그리 어려울까? 게다가 예언자들은 우리를 함정에 빠뜨리기 위해 로마인과 손잡는 일 따위는 하지 않지. 자네는 예언자들을 잘 모르는군!"

우리는 대화를 더 나누며 먹고 마셨다. 쿠자는 자신의 수금을 가져와 자주 부르는 노래, 솔로몬의 노래를 들려주었다. 그는 아내에게 바친다며 노래를 불렀다.

아름다워라, 그대,
내 사랑, 아름다워라.
너울 뒤의 그대 눈동자
비둘기 같이 아른거리네.[20]

그의 노래대로 요안나는 정말 아름다웠다.

---

[20] 아가 4:1 참조

친애하는 크라칭어님께,

당신은 이번 학기에 우연히도 세례자 요한에 관한 세미나를 열게 되었다고 하셨습니다. 지금 보내드린 6장을 당신이 학생들과 함께 읽어보셨으면 합니다. 하지만 당신은 걱정하시죠. 자료들을 공들여 분석한 후 저술한 제 이야기가 문학적인 허구를 담고 있다고, 심지어 학생들이 이를 읽고 은연중에 허구를 역사적인 지식으로 착각할 수 있다고 말입니다.

저는 그 말에 동의하지 않습니다. 저는 제 이야기에 담긴 대화들이 어떤 면에서는 현학적인 논문보다 더 적절하게 신약학의 탐구 성과를 담아냈다고 생각합니다. 우리는 논문에서 찬성과 반대 의견들을 서술한 후 개연성 있다고 여겨지는, 단순한 생각에서 종이에 활자로 적히는 과정에서 더욱더 확고한 사실인 듯 여겨지게 될 결과에 도달합니다. 그에 견주면 이야기 안에 담긴 대화는 결말이 열려 있습니다. 아무도 최종 선고를 내릴 필요가 없습니다. 대화 중에 진실을 말하는 참여자가 누구인지는 대화 중간중간에 바뀔 수도 있습니다. 열린 대화가 가능하다는 말입니다.

열린 결말은 실제로 연구를 수행하는 과정과 닮아 있습니다. 역사학은 탐구를 수행하는 그 누구도 최종적인 결론을 소유하지 않은 채 끊임없는 과거와의 대화로 나아가는 일이지 않습니까? 제가 이야기로 전한 대화와는 달리 학문적인 대화는 우리가 '역사학적 방법론'이라 부르는 엄격한 '게임 규칙'을 따라 진행됩니다. 어떤 논증을 허락하고 어떤 논증을 거부할지는 오랜 경험에 근거한 협약에 따라 이미 결정되어 있는 것이지요. 예를 들어 가치판단은 역사적 사실관계를 재구성할 때 논거가 될 수 없습니다. 역사적 텍스트를 내 마음에 들도록 변형한다면 그 텍스트는 본디 것이 아닙니다.

안드레아가 대화를 통해 특정 사건에 대한 상을 파악해 나간다면 그는 역사학의 연구 과정을 그대로 따르고 있는 셈입니다. 물론 그가 역사학의 공고한 규칙들에 종속될 필요는 없겠지요. 저는 안드레아가 다른 이들과 나누는 대화를 구상하며 학문적으로 탐구할 여러 아이디어를 얻었습니다. 새로운 논문을 위한 재료들을 말이죠.

누가 알겠습니까. 당신이 세미나 마지막 시간에 안드레아의 대화가 담긴 이 장을 학생들에게 읽어줄지 말입니다.

애정을 담아,

게르트 타이센

제 7 장 · **예수는 위험분자인가?**

메틸리우스에게 보고하기 위해 나는 예루살렘으로 돌아왔다. 세례자 요한이 죽었기에 내 임무도 끝났다고 생각했다. 이제 곧 나는 소박한 곡물 상인으로 돌아가 말코스와 티몬과 함께 팔레스타인을 누빌 것이다.

예루살렘으로 향하는 길은 산 위로 가파르게 이어졌다. 예리고의 오아시스 지대를 지나치면 황량한 광야 산악지대에 들어선다. 깎아 지른 바위들이 눈 앞을 가린다. 땅 위로 스며오는 열기는 모든 움직임을 둔하게 한다. 산맥의 정상에 다다르면 이곳에도 사람이 산다는 걸 확인시켜 주는 표식들이 눈에 띈다. 초록빛의 초지가 보이고 사람들이 걸었을 좁은 길이 굽이굽이 이어진다. 사람의 흔적이다. 가벼운 바람이 열기를 가로지르며 스쳐 간다. 기대로 부푼 마음은 이미 지평선 너머 저 멀리에 닿아 있다.

언덕 저편에 사람들이 산다.

마침내 도시가 보였다. 골목과 집이 어지러이 뒤엉켜 있는 위로 성전이 우뚝 서 있다. 햇빛이 미끄러지듯 성전 돌 위로 쏟아지고 그 위에서 부서져 나간다. 강력한 단이 육중한 성전 건물을 받치고 있다. 주랑들은 단을 감싸고 모든 사람에게 개방된 거대한 광장, '이방인의 뜰'이라 불리는 공간을 에워싸고 있다. 그 중앙에 성전 안뜰이 있다. 이곳이야말로 엄밀한 의미에서 '성전'이다. 이곳은 오직 유대인, 그중에서도 사제만이 들어갈 수 있다. 그러나 그들 역시 신비에 찬 성전 내부의 방, 지성소에는 들어갈 수 없다. 오직 대사제만이 1년에 단 한 번 하느님과 백성을 화해시키기 위하여 그 안으로 들어간다. 그러나 사람들은 다양한 생각을 가지고 그곳에 온다. 그곳에 하느님이 계시기 때문이다. 그곳에서 힘이 뻗어 나온다. 우리는 이 힘을 볼 수도 들을 수도 느낄 수도 없다. 그러나 우리 마음은 언제나 그곳을 향해 있다.

나는 멈춰 서 있었다. 예루살렘을 바라볼 때마다 고향에 온 듯한 기분이 들었다. 나는 입술로 우리 선조들이 유배지에서 지어 불렀던 노래를 흥얼거렸다. 이전에는 바빌로니아가 우리를 지배했다면 지금은 로마다. 변한 것은 과거에는 이국땅으로 유배를 갔으나 지금은 우리 땅에서 지배를 당한다는 것뿐이다.[1]

---

[1] 시편 137편에서 착상을 얻어 작성되었다. 당시 '바빌로니아'는 로마를 상징하는 말로 널리 퍼져 있었다(계시 18장, 1베드 5:13 참조).

시온을 생각하며

우리는 바빌로니아 강가에 앉아 울었다.

버드나무 가지에 우리의 수금을 걸어 놓았다.

우리를 압제하는 자들이

자신들을 위해 아름다운 노래를 부르라 하는구나.

그러나 유배된 이 땅에서

어찌 아름다운 노래를 부를 수 있으랴.

예루살렘아

내가 너를 잊는다면,

너보다 다른 즐거움과 축제를 더 기꺼워한다면

내 혀가 마르리라!

바빌로니아, 압제하는 여인이여!

네가 우리에게 행한 짓을 보복하는 이에게

복이 있으리라!

너의 자녀들을 사로잡아 바위에 매어 치는 이에게

복이 있으리라!

로마인들이 우리 운명을 틀어쥐고 있는 한 나는 내 나라 안에 있는 포로일 뿐이다. 그러나 난 포기하지 않았다. 꼬여버린 모든 일은 언젠가 반드시 끝을 맺기 마련이니까. 나는 임무를 충실히 완수하지 않았는가? 바룩과 쿠자 덕분에 에세네파와 세례자에 관한 정보를, 일찍이 바랐던 것보다 더 상세한 정보를 알아내지 않았던가? 로마인들에게 전해 줄 것이 충분히 있었다. 나는 옳은 선택을 할 수 있으리라 확신했다. 우리 땅에 해가 될 이야기는 그 무엇도 내 입에서 새어나가지 않으리라. 아무것도, 그 어떤 것도. 나는 메틸리우스에게 갔다.

메틸리우스는 세례자 요한이 죽었다는 소식을 이미 전해 들었다. 그는 마지막으로 대화를 나눴을 때보다 더 긴장한 표정이었다.

"안드레아, 제때 왔군. 상황이 매우 심각해. 헤로데 안티파스가 우리에게 자신이 세례자 요한을 처형해 폭동을 미연에 방지했다고 공식적으로 통보해왔네."

나는 메틸리우스에게 이 처형의 배경에 대한 정보를 얼마간 이야기해 주었다. 메틸리우스는 내 말을 주의 깊게 들었다. 그리고 말했다.

"우리가 염려하는 건 세례자의 처형이 시기적으로 저항군의 활동이 급증할 것을 암시하는 사건과 동시에 발생했다는 사실이야. 일전에 너를 체포하게 된 계기인 빌라도에 대한 반대 시위가 있었지. 네가 없는 동안 예루살렘 근교에서 우발적인 두 번째 사건이 일어났어. 한 로마 부대가 갈릴래아 순례자들을 검문했지. 혹시 무기를 지니고 있지는 않은지 살피기 위한 것이었어. 그때 순례자 중 몇몇이 무기를 가진 사실이 드러났다. 그들은 도시 안에서 테러를 감행하려 했을 테지. 그들과의 교전이 있었어. 그 와중에 순례자 몇몇이 죽었는데 대부분은 함께 순례길에 오른 이들이 누군지도 몰랐을 무고한 사람들일 거야. 그러나 사람들은 우리를 향해 분노하더군. 그 테러리스트들이 아니라!"[2]

메틸리우스는 격분해 들썩거렸다. "설상가상으로 며칠 전 가이사리아와 예루살렘 사이 길에서 중요한 행정 업무를 위해 이동하던 황제의 노예 하나가 테러리스트들에게 습격을 받았네. 모든 걸 약탈당했지.[3] 황제의 노예와 그 일행들은 도망칠 수 있었지만 테러리스트들은 엄청난 돈을 손에 거머쥐었지. 우리는 곧바로 보병대를 해당 지역으로 파견했어. 하지만 테러리스트들은 감쪽같이 사라졌네. 주민들에게선 아무것도 캐낼 수 없었어. 아무도 뭔가 봤다고도 습격에 관해 안다고도 말하지 않았어. 우리 병사들은 감정이 격해져서 주민들을 위협하기 위해 습격이 일어난 곳 근처 마을을 모두 불태워 버렸어. 주민들은 이제 테러가 일어난다면 어떤 선택을 해야 할지 잘 알게 됐겠지. 테러리스트들을 넘겨주거나, 아니면…"

메틸리우스는 문장을 끝맺지 못했다. 그는 로마인들의 복수를 역겨운 일로 여기는 것이 분명했다. 이러한 조치는 신중한 국

---

[2] 빌라도가 갈릴래아의 순례자들을 그들의 희생제물과 함께 살해했다는 루가 13:1 이하의 보도 배후에는 이러한 돌발사건이 있을 수 있다.

[3] 황제의 노예에 대한 습격은 쿠마누스Cumanus 치하(AD 48~52년)에서 일어났다. "이러한 사건이 있고 난 후, 강도 떼가 또 다른 폭동을 일으켰다. 강도 떼는 벳호론(벧호론) 근처의 길에서 황제의 노예 스테파누스Stephanus라는 자를 습격하여 그의 짐을 빼앗았다. 쿠마누스는 부하들에게 강도들을 추격해서 체포하지 못한 점을 질책하면서, 그들을 보내 그 주변 마을들에 사는 주민들을 붙잡아 자기 앞에 끌어오라고 명령했다."(*De Bello Judaico*, 제2권 제12장, 2.228~229)

가 행정과는 거리가 먼 품위 없는 짓거리였다. 헛기침을 한 뒤 그는 말을 이었다.

"이 모든 소식은 저항 세력이 뭔가를 계획하고 있음을 가리키네. 그들은 강도질을 해 자금을 조달하고 무기를 나르고 더 큰 활동을 벌이기 위해 주민들 안에 일어나는 분노를 이용하겠지. 심각한 상황이야."

메틸리우스의 판단이 옳았다. 표면 아래에서 심각한 동요가 일어나고 있었다.

"이러한 상황에 세례자의 추종자로 보이는 자들을 우리가 어떻게 평가해야 하는가도 중요한 문제지. 그들은 테러리스트들에게 합류하게 될까? 아니면 자연스레 흩어져 없어지게 될까?"

로마인들은 여러 그룹이 자신들에 대항해 연합하고 주민들의 원조를 받을 수 있다는 사실을 두려워하고 있었다. 상황은 안개 속에 싸여 있었다. 그들의 두려움은 대담하고 무자비한 조치로 이어질 수 있다. 상황을 해결하기보다는 더 강력한 저항을 불러올 게 뻔했다. 나는 그를 진정시키려 애썼다.

"저는 에세네파와 세례자의 관심사가 테러리스트들과 어떤 일을 도모하는 게 아니라고 확신합니다. 그들에게 관심사는 종교이며, 이 종교 운동의 목표는 인간들이 신의 계명을 잘 따르며 살게 하는 데 있습니다. 그들은 정치적 변혁을 꿈꾸지 않아요."

"하지만 대전환이 임박했다는 꿈을 꾸지 않나?"

"그들은 결코 그 전환을 끌어오려고 노력하지는 않을 겁니다.

다만 대전환을 가져다주실 신을 기다릴 뿐이죠."

"그렇지만 누군가 나타나 '이제 신께서 대전환을 이끌어내셨다'라고 말한다면 그들은 그 말을 믿지 않을까? 지금이야말로 로마가 지배하던 시대가 끝났다고 하는 그 말을 말이야."

메틸리우스가 옳았다. 그러나 나는 그의 생각을 다른 쪽으로 돌려야 했다. 그를 안심시키려 노력했다. 긴 대화를 통해 나는 에세네파와 세례자가 위험한 이들이 아니라는 것을 입증할 모든 증거를 제시해야 했다. 메틸리우스는 여전히 회의적이었다. 그는 이미 여러 정보를 알고 있었다.

"계속 의문이 드는 점은 이거야. 왜 사람들은 광야로 갔을까? 난 네가 조사를 위해 떠난 동안 너희 경전을 읽어봤지." 미심쩍어하는 내 시선을 바라보며 그는 덧붙였다. "물론 히브리어 원본은 아니지. 그리스어로 번역된 칠십인역말이야.[4] 거기서 광야는 아주 중요한 의미를 지니더군. 너희 신은 너희를 인도할 때 광야를 사용했지. 그리고 너희 앞에서 모든 적을 몰아냈어. 다윗도 왕이 되기 전에 광야에서 산적 두목으로 살며 사울 왕의 애를 먹였지. 그것뿐인가. 시리아 왕들의 지배에 대항했을 때 경건한 이스라엘 사람들을 일으켜 세운 곳도 광야였어. 결국 시리아인

---

[4] 아리스테아 서신에 담긴 전설에 따르면 칠십인역(약자로는 LXX)은 프톨레마이오스Ptolemaeos 2세의 명령으로 알렉산드리아의 유명한 왕립도서관을 위하여 72명의 예루살렘 출신들에 의해 72일간에 걸쳐 완성되었다고 한다. 칠십인역은 팔레스타인 밖에 사는, 많은 경우 그리스어만 할 수 있고 히브리어는 하지 못하는 유대인들이 예배 시에 사용하게 하려고 구약성서를 그리스어로 번역한 것이다.

을 몰아냈고 말이야. 한 마디로 근본적인 저항을 일으키려 하는 누군가가 있다면 그는 광야로 물러나서 그의 적에 맞서기를 준비한다는 거지. 신이 광야로부터 오기를 고대하는 거야. 이렇게도 말할 수 있겠군. 너희 신은 광야의 신이야. 그는 시나이 산(시내 산)에 살고 있지."

나는 반박했다. "오래된 예언자의 예언이 있습니다. '너희는 광야에서 주님의 길을 예비하라.' 세례자와 에세네파도 그렇게 주장했습니다. 에세네파는 길을 예비하는 방법을 율법 연구로 보았지만, 세례자는 '자신의 죄를 고백하고 요르단 강에서 세례를 받으며 행실을 고쳐 주님의 길을 예비하라'고 말했죠.[5] 이런 운동들에 로마에 대한 어떤 위험요소가 있다는 말입니까?"[6]

하지만 메틸리우스는 완고했다. 그는 여전히 세례자를 불신하며 되물었다.

"광야의 설교자 요한을 위험한 폭도로 간주해 처형한 안티파

---

[5] 예언의 신탁은 이사 40:3에 등장한다. 광야에서(즉 쿰란 근처 그들의 광야 오아시스에서) 엄격한 율법 수행을 통하여 하느님의 길을 예비해야 한다고 생각했던 쿰란 공동체와 마찬가지로 세례자는 똑같이 이 신탁을 주장했다(마르 1:3 참조). (1QS VIII, 12~14)

[6] 40년 후 로마인들에 대항하는 봉기가 일어났을 때 에세네파도 이에 참여했다. 그들 중 하나는 에세네파 요한이라고 불렸는데 그는 탐나 구역 반란군들의 군사령관이었다(*De Bello Judaico*, 제2권 제20장, 4,567). 당시 에세네파는 빛의 자녀들과 어둠의 자녀들 사이의 마지막 전투의 시간이 도래했다고 믿었던 것으로 보인다. 이 전투로 인해 그들은 몰락했다. 쿰란에서의 발굴은 과거 그들의 사해 연안 거주지가 파괴되었음을 보여주었다. 많은 에세네파 사람들이 잔혹한 고문 후 처형되었고, 고문을 견디는 가운데 놀랄만한 용기와 의연함을 보여주었다(*De Bello Judaico*, 제2권 제8장, 10, 152 이하 참조).

스의 결정이 옳지 않다는 말인가?"

"안티파스는 언제나 자신의 압제를 반란을 막으려는 조치였다고 로마인에게 포장해 왔을 겁니다. 하지만 세례자의 처형이 이전 사건과 다른 이유는 이 사건이 지극히 개인적인 일에서 비롯됐다는 점 때문입니다. 자신의 결혼 때문이었죠! 세례자의 추종자들도 이점을 강조합니다. 그들 중 하나는 이혼을 인간의 불완전함 때문에 벌어지는 어쩔 수 없는 일이라고 용인하기도 하지만 원칙적으로 그들은 이혼을 반대합니다."

"세례자의 제자와 이야기를 나눴었나?"

"그건 아닙니다. 하지만 믿을만한 소식통에게 들은 겁니다."

"그 제자의 이름이 뭐지?"

"나자렛 사람 예수입니다."

메틸리우스는 생각에 잠겼다.

"그 이름은 들어본 적이 없어. 나자렛이 어디 있나?"

"갈릴래아에 있습니다. 세포리스에서 멀리 떨어지지 않은 곳이죠."

"갈릴래아!" 메틸리우스가 펄쩍 뛰었다. "우리는 테러리스트들이 활동을 준비하는 은신처가 갈릴래아에 있다고 생각하네. 이를 뒷받침하는 근거들도 있어!"

"하지만 테러리스트들이 혼인법에 관심을 가질 리가 없지 않습니까? 예수는 아주 평범한 유대인 선생처럼 보입니다. 유대 랍비들은 인간 생활의 모든 면에 관해 질문하고 토론하죠."

"틀렸어! 테러리스트들이 어떤 의도를 품고 결혼 문제에 관심을 가질 수도 있지. 안티파스와 로마에 대항한 폭동을 준비한다면 그들의 신망을 떨어뜨릴 어떤 주제라도 붙잡아야 하지 않겠나? 안티파스의 결혼을 공개적으로 비난하는 것보다 더 나은 방법은 없지!"

"하지만 그걸 이유로 예수를 테러리스트라고 보는 건 무리가 있지 않습니까?"

"물론이야. 하지만 그가 갈릴래아 출신이라는 사실을 눈여겨보아야 해. 바로 얼마 전에 우리 부대와 교전했던 그 테러리스트들도 갈릴래아에서 온 순례자 그룹에 숨어 있었어."

"갈릴래아의 모든 사람이 테러리스트로 의심된다면 역으로 갈릴래아 사람들 속에 숨어 있는 것이야말로 멍청한 짓 아니겠습니까?"

메틸리우스는 내 반론을 무시했다.

"로마인에 대항한 유대인들의 첫 번째 폭동은 갈릴래아 사람 유다가 일으켰지.[7] 그 이름은 너도 알고 있겠지? 그가 어디서 처음 모습을 드러냈는지도. 바로 세포리스였어! 그리고 지금 세포리스 근처 작은 마을에서 폭동 때문에 처형된 예언자의 제자 예

---

[7] *De Bello Judaico*, 제2권 제4장, 1.56 참조. "갈릴래아의 세포리스에서는 에제키아의 아들 유다Judas가 아주 많은 사람을 끌어모았다. 그는 예전에 강도단의 두목으로 시골 지역을 들쑤시고 다니다가 진압된 적이 있던 자였다. 유다는 왕실 무기고를 강탈해서 부하들을 무장시키고, 권력을 차지하려고 혈안이 된 자들을 공격했다."

수가 나타났지." 그는 잠시 말을 끊었다. 그리고 내게 돌아섰다. "지금부터 너는 새로운 임무를 맡는다. 예수가 이 나라의 위험분자인지, 그리고 그가 저항군과 연계되어 있는지를 알아내!"

처참한 기분이었다. 일상으로 돌아갈 수 있으리라 기대했다. 그러나 지금 내게 닥친 일은 에세네파와 세례자를 조사하는 것보다도 더 불쾌한 일이다. 이제 무장한 저항군이 무대에 등장한다. 나는 이의를 제기했다.

"갈릴래아에서는 우리 가족이 로마와 친밀한 관계에 있다고들 생각합니다. 제가 어떻게 거기서 로마에 대항하는 저항군의 신뢰를 얻겠습니까?"

"큰 문제는 없을 거야. 네가 반로마 시위에 참여했다가 체포되었다고 알려지도록 우리가 이미 조처해놨으니까."

"그들은 부유한 상류층 출신이라면 어느 누구라 해도 믿지 않을 겁니다."

"아니, 오히려 그 반대지. 저항군은 요새 상류층 젊은이들에게 접근하고 있어. 저항군 지휘관 중 몇몇이 상류층 출신이란 정보도 입수한 상태다."[8]

이렇게나 정확히 상황을 파악하고 있다니. 바라빠는 가난한 집안 출신이지만 근본적으로는 나와 같은 계층에 속한 인물이다. 이제 나는 바라빠와 그와 함께 활동하는 사람들을 염탐하는

---

[8] 실제로 AD 66년 상류층에 속한 젊은 사람들과 시골에서 저항운동을 하던 이들의 동맹이 유대 전쟁을 일으켰다.

일을 해야 했다. 자칫 죽을 수도 있다. 부채로 고통받던 농부가 산속에 살던 그들에게 도망갔다면 그 동기는 명백하다. 그러나 상류층 사람이 그들을 찾아간다면 그들은 자신들에게 다가온 이 사람을 적이나 잠재적 지도자, 그도 아니라면 배신자로 간주할 것이다. 그들은 의심으로 가득 찬 채 나를 심문할 것이다. 이전의 나라면 그들 편에 설 수도 있었을 것이다. 그러나 지금의 나는 그렇게 할 수 없다. 나는 그들의 신뢰를 얻기 위해 무엇인가를 가져가야 했다. 한 가지 생각이 떠올랐다.

"제가 테러리스트를 위협하는 긴급 조치에 관한 정보들을 슬쩍 건넨다면 어떨까요? 그렇다면 그들은 제가 정말로 자신들에게 동조하고 있다고 확신할 텐데요."

"그들에게 우리 계획을 누설할 수는 없어!"

"그럴 필요까지는 없습니다. 그럴듯한 조치 정도면 충분할 겁니다. 예를 들어 프톨레마이스와 갈릴래아 사이 경계를 강화할 것이라는 등의 중요치 않은 정보를 그들에게 미리 알려주는 거죠. 그리고 그 후에 실제로 그 조치가 실행된다면 그 사람들은 저를 신뢰할 겁니다."

"나쁘지 않은 생각이군." 메틸리우스가 말했다. "그렇다면 3주 후에 우리가 조치를 취한다고 말하면 어떨까?"

"좋습니다. 저는 그 이전에 저항군과 접촉해야겠군요. 쉽지는 않을 겁니다. 그들은 접근이 어려운 동굴에서 사니까요. 아무도 그 장소를 모릅니다. 시간이 더 필요할지도 모르겠습니다. 경계 조치를 6주 후에 시행하는 건 어떨까요?"

"절대로 안 된다. 후속 조치가 준비되어 있어. 3주 후에 첫 번째 조치가 있을 것이라는 정보 정도면 충분해. 경계 조치가 네가 말한 대로 진행되고 결국 실패한다면 테러리스트들은 거만해지고 경솔해지겠지. 그거면 될 거야."

나는 충분히 들었다. 메틸리우스가 '첫 번째' 조치를 말했다면 틀림없이 다른 조치들이 이어질 것이었다. 그리고 두 번째 조치는 6주 후면 시행될 것이다.

메틸리우스는 메모가 적힌 파피루스를 가져오려 일어섰다. "우리가 보고받은 자료 중 테러리스트들에 관한 가장 중요한 정보를 담고 있는 자료를 읽어 줄 테니 잘 기억하도록."

약 24년 전 헤로데의 아들 아르켈라오스가 퇴위 됐을 때 유대와 사마리아는 로마가 직접 통치하기 시작했다. 직접 식민지를 통치하려는 과정에서 필수적인 일은 세금을 얼마나 걷을 수 있을지를 판단하는 것이다. 시리아의 총독 보좌관 퀴리누스 Quirinus가 이 일을 맡았다. 경험상 세액을 산정하고 인구를 조사하는 일에는 폭동이 곧잘 뒤따르곤 했다. 대표적인 예는 루시타니아와 달마티아다. 유대도 마찬가지였다. 폭동을 주도한 인물은 갈릴래아 사람 유다Judas였다.[9] 그는 이미 아르켈라오스

---

[9] *De Bello Judaico*, 제2권 제8장, 1.118 참조. "코포니우스Coponius의 재임(AD 6~9년) 중 유다라는 갈릴래아 사람이 유대 지역 주민들(즉 아켈라오스의 영

통치 초기에 세포리스에서 폭동을 도모했던 인물이다. 그의 가문은 오랫동안 산적으로 활동해 왔는데 그의 아버지는 산적의 수장으로 헤로데 왕을 여러 차례 괴롭혔다. 유다 자신은 사독이라는 유대교 율법학자와 동맹을 맺고 다음과 같은 교칙을 발표했다. "로마인에게 세금을 바치는 것은 유대교의 첫째 계명에 어긋난다. 황제에게 세금을 바치는 자는 우리 신 곁에 다른 신을 두고 그를 인정하는 자다. 이 나라는 오직 하느님의 것이다. 하느님만이 땅의 소산에서 얼마를 성전에 봉헌하는 형태로 요구할 권리가 있다."

이 저항 세력은 때로 자신들을 젤롯당(열심당), 즉 열심자들이라 부른다. 그들은 상당히 극단적으로 해석된 유대교 율법과 신에 대해 열성적이다. 당시 그들의 폭동은 유혈이 낭자한 채 진압되었다. 유다도 그때 죽었다고 알려졌다.[10] 그의 두 아들은 오늘날에도 여전히 저항을 계속하고 있다.[11]

토인 유대와 사마리아의 주민들)을 선동해서 폭동을 일으켰다. 그는 로마인들에게 계속해서 세금을 바치는 것과 하느님이 아닌 유한한 인간을 주인으로 여기는 일은 악행이라고 주장했다."

[10] 요세푸스는 갈릴래아 사람 유다의 폭력적인 죽음을 보고하지 않는다. 그러나 사도 5:37에는 그에 대한 보고가 있다.

[11] 야고보와 시몬이라는 이름의 갈릴래아 사람 유다의 두 아들은 행정장관 티베리우스 알렉산더Tiberius Alexander 치하(AD 46~48년)에 십자가형에 처해졌다(*Antiquitates Judaicae*, 20권 5장, 102). 갈릴래아 사람 유다의 죽음 이후에도 그의 가문은 계속 로마에 저항했다. 그의 손자들은 유대 전쟁(66~70년)에서 지도적인 위치에 있었다. 그들 중에는 AD 74년 로마인들에게 정복된 마사다를 방어했던 사람도 있었다.

메틸리우스는 파피루스를 손에 들고 생각에 잠겼다. 그리고 말했다. "이제 25년 정도 속주를 통치한 셈이야. 그런데 여전히 제대로 된 평화가 이 땅에 정착되지 못했지. 표면 아래에서 저항의 기운이 타오르고 있어! 무언가 잘못되었어. 하지만 그게 뭐지? 도대체 빌라도가 무엇을 잘못하고 있지, 안드레아?"

나는 대답할 준비가 돼 있지 않았다. 메틸리우스는 우리 민족을 더 효과적으로 억압하는 방법을 물으며 내게 굴욕감을 주려는 것일까? 아니면 빌라도에 대한 내 생각을 알아내기 위해 떠보는 것일까? 로마의 지방장관에 대한 나의 충성심을 시험하기 위해서? 그것도 아니면 자신이 대변해야 하는 정책의 방향성에 의구심을 품고 있는 걸까? 나는 신중해야 했다.

"저는 빌라도가 바른길로 가고 있다고 믿습니다. 하지만 종종 잘못된 방법을 선택하긴 합니다."

"무슨 뜻이지?"

"제 말은... 예를 들면 동전에 관한 정책 같은 것 말입니다. 빌라도 이전의 지방장관들은 동전에 이방 상징을 새기는 걸 포기했습니다. 곡식 이삭이나 야자수, 반발을 불러오지 않을 만한 상징들로 만족했지요. 하지만 빌라도는 임기가 시작되자마자 제사에 쓰는 술그릇과 점쟁이의 지팡이를 동전에 새기게 했죠."

"하지만 헤로데 가문 영주 필립보 역시 자신의 동전에 이방 신전을 모사해 넣지 않았나? 그래도 그는 높은 명성을 누리고 있지!"

"우리는 헤로데 가문 사람들을 어떻게 대해야 하는지 잘 알고 있습니다. 하지만 빌라도에 관해서는 아는 바가 없죠. 그가 이방의 관습과 상징을 우리 땅에 끌어들이려는 계획을 실행하려 한다는 의심이 일어난 겁니다."

"그는 유대인들이 비유대인의 관습과 상징에 대해서도 관용적인 태도를 보여주기를 바랐을 뿐이다. 그게 다야!"

"그렇다면 왜 그렇게 사람들을 도발하는 행동을 서슴지 않는 거죠? 왜 밤에 몰래 황제의 형상을 예루살렘으로 들여오도록 했죠? 형상을 거부하는 바로 이 신의 도시로 말입니다. 그는 결국 주민들의 반발 때문에 철회해야만 했지요. 그로부터 배운 것이 있습니까? 제가 보기에는 없습니다! 그는 황제의 존함이 새겨진 방패를 가지고 똑같은 일을 또 한 번 시도했습니다. 왜 그는 우리에게 소중한 것을 훼손하는 겁니까?"

메틸리우스는 내 이야기를 이해한 것 같았다. 하지만 그는 완고했다. "그럼 성전 돈을 수로 건설에 사용하려는 계획을 반대하는 이유는 뭔가? 우리가 무엇을 잘못했지?"

"정상적인 상황이라면 수로에 관한 건은 순조롭게 진행되었을 겁니다. 하지만 신뢰를 잃은 상태 아닙니까? 우리는 매일 사용하는 동전을 보며 빌라도가 저지른 일들을 떠올리고 있습니다. 신뢰를 회복해야 합니다. 그게 가장 중요한 과제입니다."

나는 이를 위해서는 단 하나의 방법, 빌라도의 면직밖에는 다른 길이 없으리라는 말은 차마 입 밖으로 꺼내지 못했다. 빌라도는 너무나 여러 번 신뢰를 파괴했다. 결론은 메틸리우스 자신에게 넘겨주어야 했다. 메틸리우스는 다시 한번 다른 측면에서 문제를 살폈다.

"내가 제대로 봤다면 우리 문제는 성전과 관련돼 있어. 유대인의 눈으로 보기에 우리는 거룩한 성전을 훼손한 거야. 하지만 이 건을 다시 한번 우리 시각에서 봐봐. 우리는 성전을 존중하려 했어. 세계의 다른 신전들을 존중하듯 말이야. 우리는 어느 곳에서나 거룩한 공간에 대한 예의를 갖추지. 식민지를 맡은 장관이 여러 사람 앞에서 그 나라의 신에게 희생제물을 바치는 방식으로 말이야. 제의에도 참여하지. 신을 예배하는 무리는 그를 자신들의 지도자로 받아들이기 마련이니까. 그런데 왜 너희에게는 이 방식이 통하지 않는 걸까? 왜 너희는 유대인이 아닌 사람이 성전 안으로 들어가는 것마저 반대하지? 다른 신들은 이방인이 자신의 제단에 제물을 바치는 모습을 좋아해! 왜 너희 신은 손님에 대한 환대가 그렇게나 형편없느냐 말이야!"[12]

"우리 신은 희생제물과 봉헌예물만 요구하는 게 아닙니다. 온

---

[12] 이방인들도 예루살렘 성전에서 자신들을 위한 희생제물을 바칠 수 있었다. 그들은 제물로 쓸 짐승을 구매한 후 거룩한 구역에는 들어가지 않고 사제들을 통해 제물을 바쳤다. AD 66년에 있었던 이 희생제의의 중지는 로마인들에 대항하여 봉기가 일어났음을 가리킨다(*De Bello Judaico*, 제2권 제17장, 2.409 이하 참조). 당시 중지되었던 희생제의에는 황제와 로마 민족을 위해 매일 두 차례씩 드리는 희생제물도 포함되어 있었다(*De Bello Judaico*, 제2권 제10장, 4.197). 일찍이 황제는 황제를 위한 제사를 자신의 비용으로 지불하며 명령했다(*Legatio ad Gaium*, 157). 후에 비용은 유대인 일반 대중에게로 전가되었다(*Contra Apionem*, 2권, 6.77로부터 추론할 수 있다).

삶으로 신의 계명을 진지하게 받아들이는 사람만이 그에게 제물을 바칠 수 있습니다. 우리 종교는 생활 전체와 밀접하게 연결돼 있습니다. 이런 전통은 다른 곳에서는 발견할 수 없겠죠. 이방 민족의 신들은 삶을 다해 자신의 계명을 따라 살라고 요구하지 않으니까요. 그들은 누구에게나 제물을 받을 겁니다."

"하지만 우리는 너희 유대인조차 신의 계명을 철저히 지키지 않는다는 걸 똑똑히 보고 있어. 너도 집에 작은 우상을 갖고 있잖아!"

"우리는 계명을 완전하게 지킬 수 있다고 말하지 않습니다. 그 때문에 성전이 중요한 겁니다. 우리 민족이 계명을 어긴 것에 대한 은총을 구하기 위해 일 년에 한 번 대사제가 지성소에 들어갑니다. 민족 전체만 속죄를 구해야 하는 건 아닙니다. 우리 각자는 모두 속죄제물을 통해 자신이 계명을 어긴 것을 용서받아야 합니다. 우리가 신의 계명을 진지하게 여긴다는 바로 그 이유로 우리는 성전에 그토록 의존하는 것입니다. 성전 없이는 속죄도 없습니다!"

"너희 학자 모두가 그렇게 가르치나?"

"모든 유대인이 저와 같은 의견일 겁니다."

"세례자 요한도? 너는 그가 사람들에게 죄 사함을 얻기 위해서는 요르단 강에서 세례를 받으라고 요구했다 하지 않았나? 세례자는 그것으로 너희 종교 전체에 이의를 제기한 것 아닌가? 성전에 관계없이 사람들이 속죄받을 수 있다면 성전이 무슨 필요가 있겠나? 에세네파들은 이에 대해 어떤 입장이지? 그들은 노골적으로 성전제의에 참여하지 않던데."

메틸리우스에게 경의를 표하고 싶었다. 그가 옳았다. 여기엔 모순이 있었다.

이제 그는 거침없이 말을 쏟아냈다. "그러니까 너희들 안에 성전의 종교적 지위를 전복시키려는 무리가 있는 거군. 너희들은 그들을 성인이라 부르지. 반면 우리 로마인들은 서투른 조치들로 성전의 거룩함을 훼손했고. 그런데 너희는 우리를 성인이 아니라 신앙을 어지럽히는 자들이라 부르는군!"

나는 반박했다. "우리 성인 중에는 아무도 이방 상징을 성전 근처로 가져오려는 자는 없습니다. 그게 다른 점이죠."

"그럴 수도 있겠군." 그는 다시 흥분한 채로 방안을 이리저리 돌아다녔다. 마침내 그가 소리쳤다. "이제야 알겠어. 우리 정책이 왜 너희 성전의 거룩함과 충돌하는지. 너희들 안에서조차 성전의 지위는 논쟁의 여지가 있어. 성전이 내부로부터 의문시되기 때문에 너희는 그 불편한 심경을 외부의 자극으로 투사하는 거야. 우리의 침해에 대항해 너희가 성전을 고수한다는 열광주의는 실은 너희 자신을 향한 것이야!"

메틸리우스는 큰 깨달음을 얻었다는 듯 말했다. 내 생각에 그는 로마의 역할을 과소평가했다.

"성전의 지위가 우리에게 논쟁의 대상일지도 모릅니다. 하지만 성전은 우리에게 무한한 가치를 지니고 있기에 논쟁을 벌이는 것입니다. 우리 신은 보이지 않고 형상도 없이 예배받고자 한다는 바로 그 이유로 우리는 세상 속에 유일하고 가시적인 그 장소에 매달리는 겁니다. 그분께 조금이라도 더 가까이 다가서기 위해서 말이지요!"

우리는 꽤 오랫동안 이 땅의 종교와 정치 상황에 관해 이야기를 나눴다. 메틸리우스는 총명한 남자였다. 그는 우리 종교에서 중요하게 여기는 요소를 빠르게 이해했다. 한 지점에 있어서만큼은 그는 완전히 믿을 만했다. 그는 가능한 한 최소한의 억압과 폭력으로 이 땅에 평화를 유지하고자 했다. 선한 의도를 지니고 있었다. 물론 그는 내 꿈에서 잔인한 야수의 모습으로 나타난 체제, 여전히 자신의 무자비한 발톱으로 나를 짓누르고 있는 그 체제를 섬기고 있었지만. 나는 오늘 그 무자비함을 다시 한번 느꼈다. 야수의 짓누름에서 도망쳐 나왔다고 생각했던 순간, 야수는 다시 나를 덮쳤다. 나는 다시 내 민족에 대한 배신을 강요받았다. 이번에는 내게 더욱 가까운 자들에 대한 배신일 수도 있었다. 이 모든 것이 평화와 질서라는 이름으로 자행되고 있다. 이것이 진정한 평화인가?

꿈에서는 야수를 무찌르고 나를 해방한 한 '사람'이 나타났었다. 그러나 지금 나에겐 아무런 느낌이 없다. 숙소로 돌아가 티몬과 말코스와 이런저런 대화를 나눴다. 고통스러운 생각들이 잠시 흩어져 위로를 얻었다. 그러나 내 생각은 줄곧 바라빠와, 이제 내가 조사해야 할 예수에게로 향했다. 그는 누구인가? 반노스와 같은 고행자? 세례자 요한 같은 예언자? 그도 아니라면 미치광이? 혹은 테러리스트?

친애하는 크라칭어님께,

당신은 또 한 번 원칙적인 질문을 던지셨습니다. 두 세기에 걸친 역사비평 주석들로 인해 우리가 갖고 있는 자료들이 신뢰할 만하다는 믿음을 잃었다고 말이죠. 우리는 여러 자료가 편파적이고 일방적이며 역사적인 정보보다는 종교적 메시지를 담고 있다는 사실을 깨닫게 되었습니다. 당신은 이러한 깨달음이 제 이야기에서 빠져 있다고 말씀하십니다. 그리고 구체적으로 물으십니다. "도대체 우리가 빌라도에 대해 무엇을 알 수 있단 말입니까?"
물론 모든 자료는 오류 가능성이 있는 인간에게서 비롯합니다. 역사적 진실을 거짓 없이 전달하는 데 인간들이 무능하다면, 마찬가지로 그들의 자료를 다듬어 역사적 진실을 완전히 지워버리는 데도 인간은 무능할 겁니다. 두 경우 모두 불완전한 인간의 한계 때문에 벌어지는 일이니까요.
당신을 하나의 사고실험으로 초대해도 될까요? 1세기 팔레스타인에 '후대 역사가 기만 위원회'가 있다고 가정해봅시다. 그들은 과거를 파악하려는 우리에게 잘못된 상을 남기려 골몰합니다. 그러나 위원회가 아무리 유능하다 한들 모든 자료를 통제하고 개조할 수는 없을 겁니다. 그 위원회가 실제로 다양한 저술가와 필경사를 설득해 빌라도에 관한 기록들, 즉 지금 우리가 필론과 요세푸스, 타키투스의 글과 복음서에서 읽고 있는 기록들을 그들

작품에 삽입하게 할 수 있었을까요? 우연한 장소에 빌라도의 동전을 숨겨놓으려고 온 팔레스타인을 쏘다녔을까요? 심지어 빌라도가 자기 황제에게 '티베리에움'Tiberieum을 바쳤다는 비문을 만들도록 했을까요? 그 비문이 눈에 띄지 않도록 가이사리아에 있는 극장 계단으로 쓰이도록 계획할 수 있었을까요? 불가능합니다. 빌라도에 관한 유적과 자료의 우연성은 우리에게 어떤 확신을 줍니다. 빌라도는 실존 인물입니다. 그의 생애에 관해 복음서가 전하는 기록이 다른 여러 자료와 모순되지는 않으나 그것들에서 유래한 것은 분명 아닙니다. 복음서는 빌라도가 어떤 역사적 배경에서 활동했는지를 의심의 여지 없이 드러내고 있습니다. 헤로데 안티파스에 관해서도 비슷하게 이야기할 수 있을 것입니다. 왜냐하면 우리는 초대 그리스도교의 진술을 성서 바깥 자료들과 견주어 확인할 수 있기 때문입니다. 그렇다면 유사한 추론을 통해 복음서에 보존된 예수 전승들 역시 실제 역사적 배경을 지니고 있다는 결론을 내려야 하는 것 아닐까요? 물론 이 전승들의 내용이 역사적 진실과 완전히 일치한다고 주장하려는 것은 아닙니다. 당신은 제가 당신처럼 회의적으로 판단하지 않는다고 말씀하십니다. 바로 그 때문에 저는 당신의 비판적 시선을 포기하고 싶지 않습니다.

다음 편지를 기다리며,

제8장 · 나자렛 탐문

마침내 세포리스에 있는 집으로 돌아왔다. 내 체포 소식을 들었던 가족들은 나를 보자 더없이 행복해했다. 자유의 대가가 무엇인지는 말하지 않았다. 살아남기 위해 약은 머리를 쓴 일, 그리고 뒤따르는 수치심에 대해서는 말을 아꼈다. 모든 것이 실수이기를, 잠에서 깨었을 때 깨끗이 털어내 버릴 나쁜 꿈이기를 얼마나 바랐던가. 그러나 꿈도 실수도 아니었다. 현실이었다.

우리는 바룩이 가족 사업에 함께 하도록 설득했다. 그는 똑똑했고 글을 쓰고 계산하는 데 능했다. 무엇보다 에세네파 사람들과 함께 살면서 창고를 관리하는 법을 익힌 상태였다.

자, 이제 본론으로 들어가자. 예수에 대한 조사 임무 말이다. 가장 먼저 떠오른 것은 그의 고향을 방문하는 일이었다. 그곳에는 틀림없이 그의 친척이나 지인들이 살고 있을 것이다. 조사를 위해서가 아니더라도 우리는 자주 나자렛에 들려 올리브를 구매하곤 했다. 세포리스에서는 올리브를 기름으로 가공해 시리아 도시에 있는 유대인에게 팔아 큰 이윤을 남겼다. 그들은 갈릴래아의 올리브 기름을 선호했다. 이방인들의 손이 닿지 않았기에 정결하다고 여겼기 때문이다. 그렇다. 그들은 우리가 만든 '정결한' 기름을 이방인 경쟁자의 기름보다 훨씬 더 높은 가격으로 구매했다.[1] 우리로서는 나쁠 게 없었다. 사업은 나날이 번창했다.

나는 티몬, 말코스와 함께 나자렛으로 갔다. 늘 그랬듯 가장 규모가 큰 밭을 소유한 농부에게서 올리브를 구했다. 그러나 이번에는 다른 평범한 사람들과 안면을 트는 데 관심을 두었다. 어렵지 않았다. 농부들은 수확물을 사려는 중개 상인에게 관심을 가질 수밖에 없기 때문이다. 톨로메오도 그중 하나였다. 그는 아내 수산나와 함께 초라한 집에 살고 있었다. 그들은 50대로 보였으며 다른 가족 없이 외로이 지내고 있었다. 자녀가 없는 걸까? 아니면 아이들이 장성해 출가한 걸까? 우리는 올리브 가격을 흥정했다. 가격을 심하게 깎지는 않았다. 가능한 한 그와 친해져 많은 것을 알아내는 데 이 대화의 목적이 있었기 때문이다. 티몬과 말코스가 구매한 올리브를 나귀에 싣는 동안 나와 톨로메오, 수산나는 문 앞에 앉아 날씨와 농사, 올리브 장사에 관해 이야기

---

[1] 유대 전쟁 당시 반란군 지도자였던 기살라의 요한은 정결한 기름을 시리아에 사는 유대인들에게 팔면서 막대한 이익을 얻었다. 그는 자신이 지불했던 기름 가격의 8배의 가격으로 기름을 팔았다. (*De Bello Judaico*, 제2권 제21장, 2,591 이하)

했다. 자세히 보니 톨로메오와 수산나는 울상을 짓고 있었다. 그들은 탄식했다. "이제 이런 일 모두 우리 홀로 해야 한답니다."

나는 궁금해하며 그들을 바라보았다. 톨로메오가 말했다.

"우리에겐 장성한 아들 셋이 있었습니다. 그런데 더는 여기 없지요."

"저런… 그들이 죽었나요?"

"아니요. 살아 있습니다. 하지만 떠나버렸죠. 도망쳐 버린 겁니다. 우리를 이렇게 홀로 남겨두고서."

"자녀들과 다투신 건가요?"

"천만에요. 우리는 사이가 좋았습니다. 요즘에 젊은이들이 우리 아이들처럼 집을 떠나고 있어요."

수산나가 끼어들었다. "젊은 사람들 잘못이라고 할 수는 없어요. 우리 마을에서 사라진 첫 번째 사람은 이웃이던 엘르아잘(엘르아살)이었어요. 갑자기 떠났죠. 아내와 아이들을 데리고서요."

"왜 사람들이 그렇게 사라지는 건가요?"

"엘르아잘은 가난한 농부였어요. 가난하게 살면서 자기 땅의 소산으로 먹고살았죠. 몇 해 동안 흉년이 이어졌어요. 엘르아잘은 굶어 죽지 않으려 종자로 쓸 씨앗까지 먹어버렸습니다. 수확물 양이 적어지니 종잣값은 천정부지로 올랐죠. 이제 여분의 곡물을 챙겨놓은 사람만 떼돈을 벌고 있어요. 하지만 가난했던 사람들은 이전보다 훨씬 더 가난해졌지요. 엘르아잘은 빚더미에 앉았습니다. 빚을 갚을 엄두도 내지 못했죠. 그가 어떻게 해야 했을까요? 다른 사람들처럼 자기 자식을 띠로에 있는 노예시장에 내다 팔아야 했을까요?[2] 아니면 채권자가 빚을 갚으라며 자신을 법정에 세울 때까지 기다려야 했을까요? 그리고는 자기 부인이 비참한 지경에 처하는 걸 보려고? 엘르아잘은 자존심이 강한 사람이었어요. 불의를 참지 못했죠. 그는 어느 날 자기 가족과 함께 산속으로 사라져버렸습니다."

나는 그것이 무엇을 뜻하는지 잘 알고 있었다. 바라빠가 반노스를 떠난 후 그도 역시 그곳으로 사라졌었다. 엘르아잘은 젤롯당에 가입한 것이다. 갈릴래아에 사는 모든 사람이 산속으로 도망치는 게 무엇을 의미하는지 잘 알고 있었다. 나는 말했다.

"엘르아잘이 모든 가족을 데리고 사라졌다니 차라리 다행이네요. 아무도 빚을 핑계로 남은 가족을 괴롭히지는 못할 테니까요. 얼마 전 비슷한 경우가 이집트에서 있었다고 들었습니다.[3]

---

[2] 유대인 노예들은 자발적으로 영속적인 노예 상태를 선택하지 않는 한 7년째 되는 해에 몸값 없이 풀어주어야 했다(신명 15:12 이하 참조). 그들은 유대인이 아닌 자들에게는 노예로 팔릴 수 없었다. 그렇게 되면 법적으로 보증된 해방에 대한 희망이 사라질 것이기 때문이었다. 이와 달리 이방인 노예들은 영속적인 노예 상태로 있었다. 그렇지만 그들 중 다수가 유대교로 개종했으며 이를 통하여 그들은 유대인 노예들의 특권을 누릴 수 있었다. 고대사회라는 사실을 염두에 두었을 때 유대교는 놀라울 정도로 노예제를 제한했다. 그들은 노예제를 일정한 기간으로 제한했으며, 이 기간에도 유대인 노예들은 휴식의 날, 즉 안식일을 지켰다.

[3] 다음의 이야기는 필론의 저작 *De Speacialibus Legibus*(단행법單行法에 대하여), III,159~162에서 유래했다. 이 이야기는 이집트에서 널리 퍼져 있는 이야기에 뿌리를 두고 있다. 팔레스타인에서도 채무자의 상황이 절망적이었다는 사실은 마태 5:25~26과 18:23~35에 나와 있다. 하지만 마태오복음서 본문이 전제하는 채무로 인한 감금은 유대교의 법에는 없다. 이는 당시 유대인들이 외국법의 적용을 받았음을 보여준다.

어떤 가난한 사람이 돈을 갚지 못하는 상태였는데 처벌받을 것이 두려워 도망쳤답니다. 그에게 돈을 빌려준 징세관은 그의 아내와 자녀, 부모와 친척을 강제로 끌고 갔죠. 그들이 대신 돈을 갚거나 도망친 자가 어디 있는지 말할 때까지 때리고 학대했습니다. 하지만 도망자의 가족은 이렇게도 저렇게도 할 수 없었죠. 그가 어디로 도망쳤는지 몰랐고 그들 역시 도망자처럼 가난했기 때문입니다. 하지만 징세관은 가족을 풀어주지 않고 고문하고 고통스러운 방식으로 죽였습니다. 심지어 모래가 가득 찬 바구니를 밧줄로 가족들 목에 매달아 광장에 세워두기까지 했습니다. 바람과 뙤약볕을 맞으며 치욕과 절망을 느끼도록 말입니다. 돈을 갚지 못하던 사람들에게 끔찍한 본보기가 되어야 했지요. 실제로 몇몇 채무자는 칼이나 독, 밧줄로 자신의 생명을 끊었습니다. 고문 없이 죽는 것이 오히려 행복하다고 여겼기 때문이겠죠. 스스로 목숨을 끊지 않은 사람들과 그들의 가족은 마치 재산을 상속받듯이 차례차례 고통의 자리로 끌려 나왔어요. 제일 먼저 가장 가까운 친족, 다음에는 친척, 먼 친척까지, 더는 친척이 존재하지 않는다면 이웃까지 끌려왔죠. 마을과 도시는 그렇게 주민들을 하나씩 잃었습니다. 산속으로 도망친 이들은 고통스러운 현실에서 탈출해 숨어 있으려는 거예요."

부부는 내 말을 주의 깊게 들었다. "그런 일이 우리에게도 일어난다면 우리 마을 역시 이집트 마을처럼 텅텅 비겠군요. 더 많은 사람이 사라질 겁니다. 엘르아잘이 그랬듯이 말이죠."

나는 좀 더 나아간 질문을 던져보았다. "당신의 아들도 그 이유로 사라진 건가요?"

"아니요. 그 애들은 좀 달랐습니다." 톨로메오가 말했다. "우리는 정말 가난했지만 지금까지 잘 버텨왔습니다. 아이들도 조금 더 머무를 수 있었을 거예요. 그런데 엘르아잘이 본을 보인 거죠. 그는 우리 마을의 모든 사람에게 보여줬습니다. 어찌해야 할 바를 모르겠다면 지금 서 있는 곳을 박차고 나가라는 본보기를 말이에요."

수산나가 동의했다. "엘르아잘이라는 본보기가 없었더라면 아마 우리 아이들은 힘든 현실을 감내하며 그냥 살았을 거예요. 그런데 엘르아잘의 일이 있고 나서 이 모든 것을 무조건 받아들일 필요는 없다는 걸 알게 된 거죠."

톨로메오가 말을 이었다. "우리 큰아들 필립이 먼저 사라졌어요. 그 아이는 다른 마을 사람들처럼 대지주와 소작 계약을 맺은 상태였습니다. 소작지에서 나오는 수확물 절반은 아들이 갖고 나머지 절반은 지주에게 건네는 방식이었죠. 그럭저럭 살 만했습니다. 문제는 지주가 농지에서 멀리 떨어진 곳에 살고 있다는 점이었어요. 그는 지중해 연안 프톨레마이스에 살면서 자신의 땅을 관리하는 감독관을 두고 있었습니다. 감독관은 수확철이 되면 소작농들에게 오는데 그때 자주 분쟁이 일어납니다. 지주에게 수확물이 어떤 상태인지는 중요치 않아요. 중요한 건 그걸 이용해 돈을 벌어야 한다는 점이죠. 시중에 수확물 양이 적은 상태, 그러니까 수확물 값이 비쌀 때 내다 판다면 더 많은 이윤을 얻을 수 있겠죠. 그래서 이른 추수를 원했어요. 곡물 가격이 높은 시기에 내다 팔기 위해서요. 하지만 소작농에게 수확물은 판매하려는 물건이 아니라 먹고 살아야 하는 음식이잖아요. 더 시간을 들여 풍성하게 결실 보기를 바라는 건 당연하지 않겠어요? 그래서 수확 시기를 최대한 늦추고 기다리기를 원합니다. 지주가 이른 추수를 요구하며 감독관을 보냈을 때 소작농들은 번번이 그들을 빈손으로 돌려보냈어요. 이런 일이 있으면 지주는 후에 감독관 두 명에게 소작농을 협박할 것을 명령해 보냅니다. 지금 즉시 수확물을 내놓지 않으면 재판에 넘기거나 쫓아내 버리겠다는 뜻을 전달하는 겁니다. 필립과 그의 동료들은 격분했어요. 감독관 두 명을 흠씬 두들겨 패서 마을에서 쫓아냈지요.[4] 이제 그 아이는 법정에 서야 할 처지입니다. 그가 어떻게 해야 했을까요? 도시 시민이 시골 촌뜨기에 대항해 송사를 거는 경우 프톨레마이스 법정은 언제나 도시 시민을, 지주를 편들어 왔습니다. 남은 길은 하나뿐이에요. 산속으로 도망치는 거죠."

"제게도 산속으로 숨어든 친구가 있습니다." 그렇지만 바라빠는 곤경에 처해서가 아니라 자신의 신념을 따라 젤롯당에 가입했다.

---

[4] '악한 포도원 소작인들'에 관한 비유(마르 12:1~9)의 배경에는 이런 종류의 사건들이 있다. BC 3세기 중반 빚을 회수하려고 했지만 실패했던 제논Xenon의 편지들이 파피루스에 보존되어 있다. 그가 위임했던 징수자는 마을로부터 추방된다(CPJI, Nr. 6, p.129 이하 참조).

내가 자기 아들을 비난하지 않자 톨로메오는 고마워하는 눈빛으로 나를 바라봤다. "많은 이가 산속에 숨어든 사람들을 강도 떼 취급합니다. 하지만 사실 그들은 절망으로 어찌할 바 몰랐던 평범한 사람들일 뿐이에요."

그의 아내가 입을 열었다. "모두가 산속으로 도망치는 건 아닙니다. 우리 둘째 아들 야손은 달랐죠. 우리는 살아남기 위해 농사짓는 일 말고도 날품팔이 일도 해요. 야손은 일감을 찾기 위해 사람들이 모이는 시장으로 자주 갔죠.[5] 시장에는 자신들이 원하는 일을 시킬 노동자들을 찾는 부유한 농부와 관리들이 있으니까요. 이따금 엄청나게 오랫동안 기다렸지만 일감을 구하지 못한 채 온종일 서성대는 날도 있었습니다. 사람들은 그런 우리 아이를 보고 게으름뱅이라고 비난했죠. 야손은 누구보다도 열심히 일하기 원했을 거예요. 그 아이가 일거리를 구하지 못한 사람들 틈바구니에 끼어 있을 때 사람들은 더 많이 일할 기회가 있는 큰 도시 이야기를 나누었을 겁니다. 이 작은 동네에서 일거리를 찾기 어려워질수록 꿈은 더 커졌겠죠. 야손은 시장에서 기회를 얻지 못했어요. 그 아이도 언젠가는 우리가 경작하는 이 땅의 일부를 자신이 상속받게 되리라는 사실을 잘 알고 있었습니다. 하지만 가족을 부양하기에 이 땅은 턱없이 작다는 사실도 알고 있었겠죠. 어느 날 그 아이는 알렉산드리아로 떠나버렸습니다. 작

---

[5] 마태 20:1~16는 사회적 문제로서의 실업을 전제하고 있다.

년에 잘 지내고 있다는 편지를 보냈더군요. 돈을 더 벌게 되면 우리를 찾아오겠다면서. 지금은 형편이 어려운가 봐요."

수산나는 계속했다. "여기서 미쳐버리는 것보다야 외국으로 가는 게 낫지 않겠어요? 우리 마을을 돌아다녀 보시면 미친 거지들을 만나게 되실 거예요. 그들도 한때는 집과 농장을 갖고 있던 사람들이에요. 그런데 곤경에 처하게 되자 미쳐버린 거죠. 마귀가 씐 거예요. 마귀가 무너진 그들 마음을 파고들었답니다. 지금 그들은 무덤가와 길 어귀를 어슬렁거리며 배회하고 있어요. 대다수는 얼마 못 가 죽지요. 그전까지는 예전에 알고 지내던 사람들에게서 옹색하게 빌어먹으며 살았고요. 우리 아이 중에 미친 사람은 없다는 게 참 다행이에요. 뭐... 막내아들이 거의 미칠 뻔했지만 말이에요."

부인의 눈가에 눈물이 맺혔다. 나는 톨로메오에게 고개를 돌렸다. 그가 말을 이었다.

"막내아들, 바르톨로메오(바돌로매)가 우리 곁을 떠난 게 최악이었어요. 제 아내는 여전히 왜 아들이 우리 곁을 떠나갔는지 이해하지 못해요."

"그런데 막내아들은 정말 왜 떠난 것이죠? 큰형과 작은형이 당신들 곁을 떠난 상태라면 당신들 땅으로 가족을 부양할 수도 있지 않나요?"

"그래서 이해를 못 하겠어요." 수산나가 말했다. "다른 아이들은 곤경에 처해서 떠나갔다고 쳐요. 어쩔 수 없이 그랬다고요.

그런데 막내는 우리 곁에 머무를 수도 있었어요. 적어도 아이 하나는 자기 부모 곁에 있어야죠!"

톨로메오가 힘이 빠진 목소리로 말했다. "그 아이는 틀림없이 돌아올 겁니다. 이미 한 번 왔었거든요. 그 녀석이 가난 때문에 떠난 건 아니에요. 하지만 그 녀석도 어떤 곤경에 처했던 것 같아요. 바르톨로메오는 매우 예민한 아이였어요. 엘르아잘네 아이들과 친구였죠. 막내아들은 왜 엘르아잘 가족이 강도 떼가 되어야 했는지 이해하지 못했어요. 많이 괴로워했죠. 그 녀석은 형들이 떠났을 때도 충격을 받았을 겁니다. 그러면서 불의한 이 세상에 분노하게 된 거겠죠. 그 아이는 더는 이렇게 살 수 없다고 생각했었나 봐요. 부자들이 더는 가난한 이들을 억눌러서는 안 되고, 재판관들이 귀족을 비호해서는 안 되고, 이방인이 이 나라를 압제해서는 안 된다고. 언젠가는 세상이 바뀌어야 한다고. 이 땅의 불의가 하늘을 향해 소리치고, 하느님께서 모든 것을 보고 들으신 후에 이를 가만 내버려 두지 않으시리라고 믿었던 것 같아요. 하느님께서 세상을 변혁해 모든 사람이 배부르고 젊은이들이 자리를 잡고 부자들이 움켜쥐었던 부를 내려놓고 압제자들이 힘을 잃도록 하실 것이라는 믿음, 하느님께서 직접 통치하시리라는 믿음을 품었던 것 같습니다."

내가 쓸쓸하게 말했다. "많은 이가 하느님의 통치를 기대하죠. 하지만 그렇다고 모두 자기 부모를 떠나지는 않습니다."

"바로 그거에요!" 톨로메오가 말했다. "그 녀석도 스스로 그렇게 생각한 건 아니었어요. 우리 마을에 왔던 한 사람이 우리 아이를 설득한 거라고요. 예수라는 자예요. 그는 온 나라를 돌아다니며 하느님의 통치가 이미 시작됐다고 선포하고 있어요. 모든 것이 달라질 때까지 사람들이 오랫동안 기다릴 필요가 없다고 말이죠. 커다란 변화가 이미 진행 중이라는 겁니다. 세상에서 가장 중요한 변화 말이에요. 심지어 이 변화가 가족보다도, 아버지와 어머니보다도 더 중요하다고 말한답니다. 바르톨로메오가 우리를 찾아왔을 때 그 아이는 예수가 했다는 말들을 우리에게 전해 주었어요. 아름다운 말이었죠.

> 가난한 자인 여러분은 복이 있습니다,
> 하느님의 나라가 여러분의 것이기 때문입니다.
> 이제 굶주린 여러분은 복이 있습니다,
> 여러분은 배부르게 될 것이기 때문입니다.
> 이제 울고 있는 여러분은 복이 있습니다,
> 여러분은 웃게 될 것이기 때문입니다.[6]

이런 말을 하며 온 지역을 돌아다닌다고 합니다. 자기가 처한 상황을 견디지 못하는 젊은이들에게 말하고 다닌다는 거지요. 자

---

[6] 루가 6:20~21 참조. 마태오의 병행 구절은 경제적 의미에서의 가난한 자를 '하느님 앞에서 가난한 자들'처럼 좀 더 다양한 방식으로 해석될 수 있는 '마음이 가난한 자들'(마태 5:3)로 바꾸었다. 이는 산상수훈의 중심 부분을 새롭게 표현한 것으로 본래 원문과는 일치하지 않는다.

신을 따르라고, 모든 것이 변화할 것이라고, 가난한 자들은 더는 가난하지 않을 것이라고, 굶주린 자는 더는 굶주리지 않으며 우는 자는 더는 울지 않게 될 것이라고."

수산나가 끼어들었다. 눈에 띄게 흥분해 있었다. "예수라는 작자는 사기꾼이에요. 젊은이들을 병들게 하죠. 그의 말이 아름답게는 들리죠. 우는 자가 복이 있고 웃게 될 것이다? 실제로 어떤 일이 일어나는지도 모르고. 잃어버린 자식들 때문에 울고 있는 부모들을 생각해보세요. 모든 것이 달라질 거라고요? 실제로 무슨 변화가 일어났나요? 아이들이 부모에게서 도망쳐서 가족이 산산이 조각나고 있을 뿐이에요!"

톨로메오는 자기 아들을 감쌌다. "산속으로 숨어드는 것보다야 예수를 따르는 게 낫지 않겠어? 미치는 것보다 새로운 희망이라도 품고 사는 게 나을지도 모르지. 외국으로 떠나지 않고 갈릴래아에 머물기라도 하잖아. 여보, 그 아이는 다시 돌아올 거야. 나는 희망을 버리지 않았어."

수산나가 대답했다. "왜! 우리 아들은 우리와 함께 있지 않으려는 거죠?" 톨로메오는 시선을 피했다. 낯선 사람 앞에서 논쟁하기를 꺼리는 눈치였다. 수산나는 분노하여 외쳤다. "그 애가 여기 있을 때 저는 호되게 꾸짖었어요. '네가 하는 일은 정말 옳지 않아. 우리를 보렴. 우리는 늙었어. 우리는 평생을 다 바쳐 너희를 키웠지. 그런데 너희는 이제 우리를 거들떠보지도 않는구나.' 그 녀석이 제게 뭐라고 했는지 아세요? 언젠가 자기 선생에게 누군가가 와서 그를 따르겠다고 했답니다. 그런데 그 전에 우선 자기 아버지 장례를 치르고 가겠다고 말했다는 거예요. 예수라는 작자가 말했대요. '죽은 사람은 죽은 사람들이 장사지내게 하십시오.'[7] 그리고 그에게 요구했답니다. 즉시 자기를 따르라고요. 이런 사람이 멀쩡한 인간인가요? 부모는 더는 아무런 쓸모도 없다고 생각하는 건가요? 장례 치를 필요도 없이 짐승에게 물어뜯겨도 상관없다는 말이냐고요! 제가 잔뜩 화가 났을 때 그 아이는 조금도 흔들리지 않고 예수의 다른 말을 전하더군요.

> 누구든지 나에게 올 때 자기 부모나 처자, 형제자매나 심지어 자기 자신마저 미워하지 않으면 내 제자가 될 수 없습니다.[8]

자기 가족을 믿지 못한다면 도대체 누굴 믿어야 한다는 말인가요? 인생에서 무엇이 가치 있냐는 말이에요. 이 젊은 놈들이 우리를 돌보지 않는다는 게 억장이 무너지도록 슬퍼요. 저런 말 같지도 않은 말들을 내뱉는다는 게 정말 끔찍하다고요!"

나는 잠깐 멈추었다가 물었다. "예수는 이 마을 출신인데 그의 친지들은 그런 가르침에 대해 뭐라고 하나요?"

수산나는 비웃으며 말했다. "그들은 예수가 미쳤다고 생각하죠. 언제 한번은 친지들이 예수를 강제로 집에 끌어다 앉혀 놓으

---

[7] 마태 8:21~22 참조
[8] 루가 14:26 참조

려 했어요. 그런데 그에게 가까이 갈 수가 없던 거예요. 너무 많은 이들이 예수를 둘러싸고 있었죠. 어쩔 수 없어서 예수에게 말만 전했다 하더라고요. '당신 어머니와 형제가 왔습니다. 당신과 이야기를 하고 싶답니다.' 그랬더니 예수가 뭐라고 답했는지 아세요? 이렇게 되물었답니다. '누가 제 어머니고 형제입니까?' 그리고는 주변 사람들을 둘러보며 덧붙였다죠. '하느님의 뜻을 행하는 자, 그들이 내 형제자매요 어머니입니다.'"[9]

수산나는 오열하기 시작했다. 톨로메오는 그녀에게 손을 얹고 떨고 있는 몸을 다독이고 있었다. 그의 눈에도 눈물이 고여 있었다. 티몬과 말코스는 준비를 끝내고 출발하자고 채근했다. 해가 떨어지기 전에 세포리스로 돌아가야 했다. 나는 안타까움을 뒤로 하고 부부와 작별했다.

예수는 사람들에게 거부감을 일으키기에 충분한 인물이었다. 많은 부분 에세네파를 떠올리게 했다. 여기나 거기나 젊은이에게 휘두르는 엄청난 권력을, 주변 세상과 극단적으로 단절하고 부를 멸시하는 태도를 볼 수 있었다. 또 대변혁, 세상이 모두 뒤집히리라는 강렬한 희망이 두 곳 모두에서 발견됐다. 하지만 커다란 차이도 있었다. 예수 뒤에는 보물을 숨겨놓고 관리하는 잘 조직된 공동체가 없었다. 그는 집을 주지도 안전을 보장하지도

---

[9] 마르 3:21,31~35. 예수 생전에 그의 가족이 예수와 긴장 관계에 있었다는 것은 신빙성이 있다. 그러나 나중에 그의 가족은 그리스도교 공동체에 속하게 된다(예를 들어 예수의 형제 야고보, 갈라 1:19 참조).

않았다. 그는 광야에 머무르지도 않았고 오히려 떠돌아다녔다. 대부분 겐네사렛(게네사렛) 호수 근처, 가파르나움(가버나움)과 베싸이다(벳새다) 사이 어딘가에 체류 중인 듯 보였다. 수산나는 내가 언젠가 그와 그를 따르는 사람들을 만나게 되면 바르톨로메오를 찾아 안부를 전해달라고 부탁했다.

예수가 평화를 해치는 위험 인물인지 나는 판단할 수 없었다. 그러나 분명 나자렛에 사는 가족들에게 그는 평화를 해치는 위험 인물임에 틀림없었다. 종말에 관한 옛 예언 하나가 떠올랐다. "아들이 아비를 우습게 보고 딸이 어미에게 거역하며 며느리가 시어미와 맞서는 세상, 식구끼리 모두 원수가 되었다."[10] 가족의 분열을 예언한 이 말씀이 정말 실현되고 있는 것일까?

---

[10] 미가 7:6. 루가 12:53 참조. 루가의 이야기는 미가서의 예언이 예수의 선포 가운데 이루어졌다는 사실을 전제한다.

친애하는 크라칭어님께,

당신은 제가 예수를 하층민으로 여겼다는 데 다시 한번 이의를 제기하셨습니다. 그렇게 단정할 수는 없다고 말이지요. 예수를 사회적으로 분류할 때 우리는 그에 관해 아는 것이 거의 없다고 말입니다. 빌라도의 경우와는 달리 성서 외에 예수에 관한 자료는 거의 없고 고대 저자들의 몇몇 언급만 있을 뿐인데 학자들 대다수는 그 언급조차 중요한 것은 아니라고 여긴다는 사실을 지적하셨습니다.

당신과 저는 요세푸스의 작품 『유대 고대사』에 언급된 예수 이야기 상당 부분이 후대 그리스도교인에 의해 수정된 것이라는, 아마도 가필된 것이라는 데 의견을 같이합니다.[1] 하지만 AD 62년 예수의 형제 야고보의 처형을 보고하는 요세푸스의 기록에는 의심의 여지가 없다고 생각합니다. 요세푸스는 여기서 '그리스도라고 불렸던 예수'를 언급합니다. AD 64년 네로 황제가 로마 방화의 책임을 전가했던 '크레스티아노스'에 대한 타키투스의 언급 역시 의심할 여지는 없어 보입니다. 타키투스는 그들의 이름을 '그리스도'에서 도출해냈고, 예수가 '티베리우스(티베리오.디베료) 치하에서 행정장관 본티오 빌라도의 사주로 처형됐다'고 『연대기』에

---

[1] *Antiquitates Judaicae*, 18권 3장, 63~64.

서 보고하고 있습니다.[2]

우리는 이 짧은 기록들을 통해 예수가 지배계층과 갈등하고 있었다는 사실을 추론할 수 있습니다. 한 로마인 지방관리가 그의 죽음에 책임이 있습니다. 후에 유대인 지배층 귀족들은 그의 추종자들을 박해합니다. 수에토니우스Suetonius와 소小 플리니우스Plinius 역시 그의 추종자들과 관리 사이에 벌어진 갈등을 보고하며 예수를 언급합니다.

정말로 이 자료들이 전혀 중요하지 않다고 말씀하시는 건가요? 예수가 상류층에 속하지 않았다는 사실은 상당히 개연성이 있으며, 예수의 처형에 대한 책임은 '유대인들'에게 있는 것이 아니라 한 로마 관리에게 있다고 당신은 말씀하십니다. 이 두 가지 사실이 잘 알려져 있었다면 그리스도교 역사는 전혀 다른 모습이었을 것이라고 추정하시면서 말입니다. 앞서 언급한 고대 자료들은 예수에 관해 많은 것을 말해줍니다. 또 이 자료를 언급하지 않는 역사비평 주석가들에 대해서도 많은 것을 말해주지요.

예수를 사회의 어느 계층에 배치하느냐는 문제는 제 이야기에서 중요한 문제가 될 겁니다. 제가 이 문제를 바라보는 제 관점을 당신에게 이해시킬 수 있을까요?

안부를 전합니다.

게르트 타이센

---

[2] *Annales*, 제15권 44.

제 9 장 · 아르벨라 동굴에서

나는 사업차 세포리스에서 율리아의 베싸이다*로 가게 되었는데 이를 두 번째 조사 기회로 삼았다. 티몬, 말코스와 함께 아소키스 평원을 지나 겐네사렛 호수 쪽으로 이동했다. 돌아오는 길에 티베리아에 들러 쿠자와 요안나를 만날 생각이었다.

호수의 북쪽 연안 어디쯤에서 예수를 만나거나 적어도 그의 흔적을 발견하기를 바랐다. 그러나 그와 깊은 관계를 맺고자 했던 것은 아니다. 우리는 서로 너무도 다른, 전혀 다른 세계에 속한 사람들이다. 나는 갈릴래아의 가장 현대적인 도시에 사는 부유한 가문 출신의 상인이고, 그는 보잘것없는 마을 출신의 서민

---

* 베싸이다 앞에 붙은 '율리아'는 아우구스투스 황제의 아내 리비아Livia를 가리킨다. 아우구스투스 황제 사후 리비아는 그의 유언에 따라 율리우스 가문에 입양되었고 이후 그녀의 공식 이름은 율리아 아우구스타Iulia Augusta가 되었다.

일 뿐이다. 내 귓전에는 톨로메오가 전해 준 냉혹하고 이해할 수 없는 그의 말들이 울려대고 있었다.

> 부자가 하느님의 통치 안으로 들어가는 것보다 낙타가 바늘귀를 통과하는 것이 더 쉽습니다.[1]

> 두 주인을 섬길 수 없습니다. 그는 한 쪽을 미워하고 다른 쪽을 사랑하거나, 한 쪽에는 충실하고 다른 쪽은 멸시할 것이기 때문입니다. 하느님과 재산을 동시에 섬길 수는 없습니다.[2]

> 부자들에게 화가 있을 것입니다. 그들은 그들의 몫을 이미 받았기 때문입니다.[3]

저런 말에서 부유한 도시인을 경멸하는 가난한 농민의 심경을 읽어내지 못할 사람이 있겠는가? 부자는 저 말을 어떤 심정으로 듣고 있었을까? 착잡한 심정이었을 것이다. 예수는 폭동을 일으키기 위해 소박한 사람들의 곤경을 이용하는 사람인가? 부자에

---

[1] 마르 10:25. 이 말은 부자가 하느님의 통치 안으로 들어가는 것은 불가능하다는 뜻이다.

[2] 마태 6:24 참조.

[3] 루가 6:24. 이 말의 배경에는 다음과 같은 사상이 담겨 있다. '누구에게나 특정한 양의 '행운'이 할당되어 있다. 부자들은 자신들의 할당량을 이미 받았다. 따라서 이제는 가난한 자들의 순서다.'

대한 적개심을 부채질하는, 부자에게서 재산을 빼앗고 권력을 훔쳐낸다면 모든 게 달라지리라는 헛된 희망을 불러일으키는 이인가? 현실에 짓눌린 젊은이들이 그를 따르는 것은 어쩌면 당연하다.

그렇게 생각에 잠긴 채 세포리스에서 베싸이다로 향하는 길을 터벅터벅 걸었다. 아름다웠다. 푸른 풍경이 햇빛에 반짝이고 있었다. 언덕 위로는 수평으로 이어진 선의 모양으로 계단을 이룬 경작지들이 어른거렸다. 과일나무들이 밝은 햇빛 사이 사이로 그늘을 드리우며 자리 잡고 있었다. 갈릴래아는 경이로운 땅이다. 모든 이가 충분히 먹을 것을 얻을 만한 풍요로운 땅.[4] 이 땅은 모든 이를 먹여 살리기 위해 존재하는 것이 아닐까? 사람들이 이 땅을 봤다면 곤궁과 비탄이 창조에 속할 리 없다고 생각하지 않을까?

세상의 창조자시여,

당신은 한없이 크시며

---

[4] 요세푸스의 갈릴래아 묘사를 참조하라. 갈릴래아는 "전 지역에 걸쳐 비옥하고 목축에 있어 풍요로우며, 모든 종류의 수목들이 심겨 있다. 그리하여 토지노동에서 아무런 기쁨도 발견할 수 없는 자라 할지라도 풍작으로 말미암아 기운이 날 정도다. 따라서 전 지역이 거주자들에 의해 경작되고 있다. 도시들 또한 셀 수 없이 많으며 풍요로운 땅 덕분에 시골 어디에도 많은 사람이 산다. 가장 작은 마을에도 최소 15,000명의 주민이 살고 있었다."(*De Bello Judaico*, 제3권 제3장, 2,41~42) 표기된 숫자는 어느 정도 과장되어 있다.

아름다움에 둘러싸여 계시고
당신 주위로 빛이 흐르고 있습니다.
시간의 수수께끼 속에서
공간의 비밀 속에서
당신을 느낄 수 있습니다.
당신은 세상의 기적들 가운데 드러나 계시고,
피조물의 고통 가운데 숨어 계십니다.
돌 안에서 잠드시고
꽃 안에서 꿈꾸시며
동물 안에서 움직이시고
인간에게 말씀하십니다.
빛을 생명으로 바꾸시고
곡식과 포도주를 자라게 하시니
모든 이를 위해 그렇게 하십니다.
가난한 자와 부유한 자
흑인과 백인 모두를 위해
주여, 이 땅은 당신의 것이며
당신께서 우리에게 주신 당신의 동산입니다.[5]

---

[5] 시편 104편에서 착상을 얻어 작성되었다.

찬란한 날이었다. 갑작스럽게 울리던 시끄러운 비명이 생각에 잠긴 나를 깨우지 않았더라면 찬란한 날은 그대로 찬란하게 남았을 것이다. 그러나 모든 것이 급변했다. 무장한 한 무리의 남자들이 우리를 향해 돌진해왔다. 15명 남짓의 강도들이 우리 세 사람을 덮친 것이다. 저항할 틈도 없이 우리는 바닥에 내팽개쳐졌다. 손이 묶이고 눈이 가려진 채 좁은 길을 따라 산을 올라야 했다. 두려움이 다시 엄습했다. 심장이 터질 듯 뛰었다. 온몸에 식은땀이 흐르고 근육은 경직되었다. 우리를 어떻게 하려는 것일까? 그저 평범한 강도들인가? 그렇다면 왜 돈을 빼앗은 뒤 우리를 버려두지 않는 걸까? 그들은 짧은 암호로만 대화했다. 습격의 의미와 목적을 알려주는 어떤 단서도 없었다. 그들과 대화하려 했지만 아무도 내 말에 응하지 않았다.

세 시간쯤 지났을까. 우리는 산간 지역을 지났다. 나는 동굴 안으로 들어간다는 사실을 알아챘다. 길은 가파르게 변했고 대열은 갑자기 멈췄다. "이제 너희는 좁은 계단과 사다리로 내려간다. 조심하는 게 좋을 거야. 한 발만 삐끗하면 목숨을 잃을지도 모르니. 자, 이제 절벽을 따라 내려갈 거야." 우리는 여전히 눈가리개를 하고 있었기에 우리가 어디에 있는지 확인할 수조차 없었다. 그들은 이 모든 것을 비밀에 부치는 듯했다. 길의 어떤 부분은 돌을 깎아 만든 계단이었고 어떤 부분은 사다리로 이어져 있었다. 손으로 천천히 더듬으며 앞으로 나아갔다. 쉽사리 지날 수 없는 지점에 이르면 옆에 있던 무리 중 하나가 어디로 발을 내디뎌야 하는지 말해주었다. 이런 생각이 엄습해왔다. 이들이 나를 죽이려 한다면 슬쩍 밀기만 하면 된다. 그뿐이다.

마침내 우리는 단단한 땅을 딛게 되었다. 그러나 이제는 좁은 구멍을 통과하듯 바짝 땅에 엎드려야 했다. 티몬과 말코스, 그리고 강도 무리가 흩어지는 걸 느꼈다. 이리저리 끌려갔고 모든 방향감각을 잃었을 때 눈가리개가 풀렸다. 내 앞에는 작은 기름 등잔이 어둠으로 가득 찬 공간을 희미하게 밝히고 있었다. 소음을 통해 어딘가에 다른 사람들도 있다는 것을 알 수 있었다. 돌로 된 벽으로 에워싸인 공간에 나는 홀로 남았다.

아르벨라 동굴이다. 그래, 그곳이다. 옛날부터 저항군은 이곳을 자신들의 은신처로 삼아왔다. 아버지는 위대한 왕 헤로데가 어떻게 그들과 맞서 싸웠는지 이야기 해주곤 했다. 끔찍한 이야기였다. 그 이야기를 전하는 아버지의 음성이 들리는 듯했다.[6]

"아르벨라 동굴은 가파른 산비탈에 자리 잡고 있었고 어느 쪽으로든 접근하기가 쉽지 않았어. 동굴에 들어가기 위해서는 좁다란 길을 수없이 통과해야 했단다. 그 길은 기어가는 수밖에 없어. 동굴 입구는 수많은 바위로 이루어진 깊은 산골짜기, 그중에서도 가파르게 솟아난 벼랑에 뚝 떨어져 있지. 헤로데는 이곳에 접근할 수 없어서 오랫동안 애를 먹고 있었단다. 그러던 그

---

[6] 다음 이야기는 요세푸스가 쓴 *De Bello Judaico*, 제1권 제16장, 4.310~313을 그대로 따른 것이다. 아르벨라 동굴은 이야기에 등장하는 것보다 훨씬 작다. 저항군들이 사용했던 동굴들은 유대 광야에서 발견된다. 여기서는 그 장소를 갈릴래아로 바꾸었다.

가 아주 위험한 계획을 떠올리게 되지. 힘세고 잘 훈련된 이들을 상자에 넣어 밧줄로 벼랑 아래로 내리라고 명령했어. 동굴에 다가설 방법을 찾아낸 거야. 군인들은 저항하는 모든 이를 향해 무기를 휘둘렀고 가족을 포함해 모든 저항군을 몰살시켰지. 헤로데는 그들 중 몇 명이라도 살려두려 했는데 헤로데의 뜻대로 따라준 저항군은 하나도 없었어. 감옥에 갇히기보다 차라리 죽기를 바랐던 거지. 저항군 중에는 아들이 일곱이나 있는 노인도 있었어. 그의 아내와 아들들은 헤로데 왕이 자신들을 사면해 주리라 믿고 노인에게 동굴에서 떠나자고 제안했지. 그 말을 들은 노인은 자신이 먼저 동굴 입구 쪽에 자리 잡은 다음 아들들을 하나씩 불러 벼랑 아래로 밀어 죽여버렸어. 그 잔혹한 풍경을 멀리서 본 헤로데는 연민에 사로잡혀 노인에게 당신의 아이들을 죽이지 말라고 소리쳤지. 노인은 헤로데의 그 말에 꿈쩍도 하지 않았어. 오히려 그 반대였지. 그는 헤로데에게 욕지거리를 해대고는 자기 아내도 밀쳐 떨어뜨렸어. 모든 가족을 벼랑 아래로 밀쳐 죽인 그는 결국 자기 자신도 뛰어내려 생을 마감했지."

나는 그 아르벨라 동굴에 있다. 광신도들 손에 떨어진 것이다. 자기 자식을 기꺼이 죽일 준비가 돼 있는 자는 자기 신념이 요구한다면 누구든 주저 없이 죽일 수 있다. 그 미치광이 노인도 예수의 말에 고개를 끄덕이지 않았을까? "자기 아버지와 어머니, 아내와 자식을 미워하지 않는 자는... 내 제자가 될 수 없습니다." 예수도 젤롯당원이 아닐까? 동굴에 숨지 않고 공개적인 자리에서 가르쳤기에 선동적인 메시지가 선명하게 드러나지 않았던 건 아니었을까?

발걸음 소리가 들렸다. 외곽선이 불분명한 그림자들이 바위벽 위에 어른거렸다. 한 사람이 내게 다가왔다. 그는 자신의 얼굴을 알아볼 수 없도록 기름 등잔을 머리 위로 들고 있었다. 그는 말했다.

"너는 너희 가족이 몸값을 치르기 전까지 우리의 포로다. 너희 짐을 샅샅이 뒤져봤지. 꽤 부자더군. 우리는 은 반 달란트를 원한다. 한 달 안에 가져와야 할 거야. 네 두 노예는 우리 메시지를 전하기 위해 집으로 보낼 거다. 넌 우리 요구를 전하는 편지를 써야 해."

"우리 가족이 그 돈을 주지 않는다면 어떻게 합니까? 반 달란트는 정말 큰돈입니다!"

곁에 있던 다른 이가 조용히 말했다. "어찌 되든 너희 가족은 돈이 많이 필요할 거야. 장례는 돈이 많이 드니까. 시체는 우리가 처리해주지."

"제가 편지를 쓰지 않는다면요?"

"그러면 무덤이 세 개 생기겠지."

"정말 돈 때문에 이러시는 겁니까?"

"나는 너와 어떤 이야기도 나누지 말라는 명령을 받았다. 편지나 써! 일이 잘 끝날지 비극으로 끝날지는 모두 네게 달렸어."

그 말이 채찍처럼 나를 때렸다. 내가 할 수 있는 건 단 하나뿐이었다. 나를 납치한 이들에게 얼음처럼 차가운 증오를 내보이는 것. 그들은 인간이기를 포기했다. 나에겐 악마와 짐승일 뿐이다. 노인과 일곱 아들 이야기에 관한 기억만이 나를 붙들어주고 있었을 따름이다. 한때 나는 이런 이들을 영웅이라고 생각하지 않았던가? 이들도 어쩌면 냉혹한 영웅심으로 가득 찬 사람들이 아닐까? 다시 대화를 시도할 용기를 얻었다.

"당신들은 왜 이런 일을 하는 겁니까?"

다른 이가 나에게 소리쳤다. "닥쳐! 그냥 쓰기나 하라고!"

그는 결박된 내 손을 풀어줬다. 파피루스 한 장과 잉크, 작은 필기대가 앞에 놓였다. 편지 쓸 준비를 하는 동안 나는 긴장하면서도 생각의 끈을 놓지 않으려 했다. 바라빠에 관해 물어보면 어떨까? 나는 젤롯당원들이 자주 여러 그룹으로 나뉘어 싸운다는 이야기를 들었다. 바라빠가 이 그룹이 아닌 다른 그룹에 속해 있다면? 혹은 그가 이미 젤롯당을 떠났고 배신자로 간주되고 있다면? 아니지. 성급하게 자그마한 기회라도 날려 버린다면 나는 걷잡을 수 없는 상황에 처하게 되겠지. 어쩔 수 없었다. 편지를 써야 했다.

안드레아가 아버지 어머니께 문안 인사드립니다. 잘 지내고 계시리라 믿습니다. 저는 언제나 두 분을 마음 깊은 곳에 담아두고 삽니다. 유감스럽게도 저는 커다란 불행에 직면했습니다. 강도들이 저를 붙잡았고 제 몸값으로 은 반 달란트를 요구하고 있습니다. 이들은 두 분이 돈을 마련할 시간으로 한 달을 주겠다고 말합니다. 그렇지 않는다면 저와 티몬, 말코스를 죽이겠답니다. 아버지 어머니, 그러나 안심하세요. 저는 로마인의 감옥에서도 벗어났지 않았습니까? 이 고난도 이겨내겠지요. 바룩에게 안부 전해주십시오. 티몬과 말코스가 이 편지를 전달할 겁니다. 두 분께 평화가 함께 하기를!

이들은 분명 편지를 전하기 전에 내용을 읽어 볼 것이다. 그들이 내가 빌라도의 감옥에 투옥됐었다는 사실을 알게 된다면 호의적으로 태도가 변할 게 분명하다. 어둠 속에 우두커니 앉아 있던 감시자에게 파피루스를 건넸다. 그는 편지를 들여다보지 않았다. 편지를 읽을 수는 있는 걸까? 적잖이 실망했다. 그는 방을 떠나기 전 내 양손을 다시 묶었다. 나는 그가 미로 같은 통로 안으로 사라지는 소리를 들었다. 다시 나 혼자였다.

골똘히 생각에 잠겼다. 이들은 갈릴래아 마을에서 사라졌던 그 젊은이들인가? 엘르아잘과 필립처럼 불의한 세상에서 고통받던 이들일까? 그런데 이제는 다른 이에게 불의를 행하다니? 그들에게 무슨 일이 일어났기에 누군가의 명령으로 아주 침착하게, 당연한 일을 행하듯 무고한 사람의 생명을 위협할 수 있단 말인가?

며칠 전 톨로메오와 대화할 때만 해도 나는 젤롯당원들의 행동을 조금은 이해할 수 있겠다고, 그들의 마음에 공감할 수 있다고 생각했다. 절망적인 상황에 저항하는 자는 이해할 만하지 않은가? 그런데 이제 나는 알게 됐다. 인정과 동정이 얼마나 허무하게 무너져 내리는지를. 손과 발이 묶인 채로 그들의 동굴에 앉아 불확실한 운명과 마주하고 있다면 누구도 저항군이 영웅이라고, 그들이 용기 있다고 찬양할 수 없으리라. 경멸이 차올랐다. 빌라도를 보며 느꼈던 그 경멸감이. 권력자가 내 목숨줄을 잡고 흔들 때 느껴지는 두려움 이면에는 경멸감이 자리 잡고 있었다. 붙잡힌 상황을 이용하는 파렴치한 태도에 대한 분노가 느껴졌다. 이들도 마찬가지 아닌가? 다른 점이 있다면 빌라도가 좀 더 세련된 방식으로 위협하고 협박했다는 점 정도일 것이다. 빌라도 이들도 자신들이 가진 힘을 이용하지 않는가? 권력자와 젤롯당원, 서로 무슨 차이가 있단 말인가?

눈을 감았다. 갈릴래아의 풍경이 떠올랐다. 형언할 수 없이 아름다웠던 계곡과 언덕, 차가운 공기 속에서 이글거리던 태양. 그 모든 것이 얼마나 아름다웠던가. 하지만 태양 아래서 벌어진 일들, 인간들이 서로 착취하고 이용하며 협박하고 학대하는 이 짓거리는 얼마나 역겨운가. 이 역겨운 일들 위로도 태양은 뜨고 진다. 아무 관심도 없다는 듯이. 오래된 경구 하나가 떠올랐다.

> 나는 몸을 돌려 해 아래 벌어지는 모든 불의를 보았다. 그리고 보라. 불의로 고통받는 자들의 눈물이 있으나 그들을 위로할 자는 없도다. 그리고 그들에게 불의를 행하는 자들은 너무

도 강했기에 그들에게는 위로할 자가 있을 수 없었다. 그때 나는 여전히 살아 있는 자들보다 이미 숨져 죽은 자들을 더 찬양하였다. 그리고 이 둘 모두보다 해 아래 벌어지는 악한 일을 아직 모르는 자가 한층 더 낫다.[7]

아름다웠던 태양을 마음에 떠올렸다. 작열하는 태양을 다시 마주할 수만 있다면.

얼마나 오랫동안 기름 등잔의 미미한 불빛을 응시하고 있었을까. 등잔은 띠로에서 만들어진 것이었다. 틀림없이 페니키아의 도공이 빚고 갈릴래아 상인이 팔레스타인으로 들여왔을 것이다. 그도 습격을 당했던 걸까? 주인을 알 수 없는 등잔은 이제 아르벨라 동굴을 비추고 있다. 가느다랗게 타오르는 그 불빛 안에서 나는 희망을 찾고 있었다.

다시 발소리가 들렸다. 결박이 풀린 채 알 수 없는 방으로 이끌려 갔다. 몇 명의 남자들이 둥그렇게 앉아 있었는데 얼굴은 알아볼 수 없었다. 어슴푸레한 빛이 방안을 휘돌고 있을 뿐이었다. 재판을 위한 회합 같았다. 나는 또다시 심문당하는 건가? 내 앞에 한 사람은 높은 자리에 앉아 있었다. 그가 우두머리임이 분명하다. 그는 내게 말을 걸었다.

---

[7] 전도 4:1~3 참조

"요한의 아들 안드레아, 로마인들이 너를 감옥에 가뒀다는 게 사실인가?"

계산이 맞아떨어졌다. 나는 안심했다. 그들은 편지를 읽었고 미끼를 물었다. 나는 빌라도에 항의하는 시위에 관해 상세히 설명했고 본래 이 시위는 빌라도의 로마식 수로에 관한 것이 아니었다는 생각을 전하며 이야기를 끝맺었다. 문제는 돈이었다. 로마인들은 세금이란 명목으로 부당하게 이 땅을 착취해왔고 이제 한계에 다다랐다. 그들은 유일하게 정당한 세금, 즉 성전에 바치는 세금마저 강탈하려 했다. 사람들은 맞서 싸워야 했다. 우두머리로 보이는 자는 옆에 앉은 사람에게 몸을 돌렸다. "자네도 그 시위에 참여했었지. 이 말이 믿을만한가?"

고개를 끄덕였다. 그는 나를 시위 현장에서는 보지 못했다고 말했다. 하지만 세포리스에서 온 두 젊은이가 부당하게 체포됐다는 소식은 들었다고 했다. 어떤 죄를 범했기 때문이 아니라 로마의 적으로 알려졌기 때문이라고 덧붙였다. 다시 우두머리로 보이는 자가 말했다.

"네가 로마인에 반대하고 있으니 우리는 몸값을 포기하도록 하지. 다만 네가 우리 편에 서 있다는 확실한 증거가 필요해. 네 말대로 로마인들은 우리 유대인에게서 부당하게 세금을 거두고 있지. 차라리 너희 가족이 매해 로마에 바친 액수만큼을 우리에게 넘겨주면 그 보상으로 너희 상인 행렬이 이 지역을 지날 때 불편한 일 없이 지나갈 수 있도록 보장하지. 어떤가? 공정한 제안이지 않나?"

그건 협박이었다. 하지만 내가 무엇을 할 수 있겠는가? 갈릴래아에 사는 많은 이가 이런 종류의 협정 아닌 협정에 관해 쑥덕거렸다. 강도들과 젤롯당원들은 정기적으로 상인에게서 통행세를 받았다. 통행세는 그들의 습격 빈도를 줄일 유일한 방안이었다. 이런 의미에서 그의 제안은 '사업상 통상적인 것'이었다. 다만 가격이 터무니없이 높을 뿐이었다. 나는 흥정을 시작했다.

"로마 관청은 유대인에게서만 부당하게 세금을 걷습니다. 이방인은 예외로 하고요. 제 가족은 이방인 노예 몇 명을 소유하고 있는데 그들을 계산에 포함하는 건 말이 안 됩니다."

나는 티몬이 이방인의 피가 반쯤 섞인 노예라는 사실을 감추려 했다. 그는 우리가 '하느님을 경외하는 자들'이라 부르는 사람들에 속했다. 그들은 유일신을 믿고 십계명을 지키며 회당예배에 참석했다. 다만 할례는 받지 않았다. 티몬이 이 사람들 손에 있는 한 절대로 이 사실이 알려지면 안 된다. 소문에 따르면 젤롯당원들은 죽음과 할례 둘 중 하나를 택하라고 사람들을 협박한다지 않는가? 누군가 유대교 신앙을 지녔다고 생각한다면 젤롯당원들은 극단적인 선택으로 상대방을 밀어 넣었다.

놀랍게도 그들은 내 말에 동의했다. 이방인 노예 두 명은 계산에서 뺐다. 그러나 나는 고삐를 늦추지 않았다.

"또 우리는 갈릴래아에서 로마인에게 세금을 직접 내지 않습니다. 헤로데 안티파스에게 내죠. 그는 그 일부를 로마에 넘겨주고요. 이 부분, 안티파스가 차지하는 부분만큼은 차감되어야 합니다. 그는 유대인입니다. 합법적인 우리의 지도자죠."

날카로운 대답이 돌아왔다. "그는 이두메인이야! 헤로데 가문은 통치권을 가로챘을 뿐이다!"

몇 차례 갑론을박이 이어지다가 내가 이따금 정보를 제공하겠다고 약속하자 소폭이었지만 또 한 차례 세금 감면이 이뤄졌다. 이때 나는 프톨레마이스와 갈릴래아 국경에 곧 닥치게 될 경계 강화조치, 즉 나의 가짜 정보를 팔아넘길 수 있었다. 협상이 진행되는 동안 나는 내가 훨씬 더 평온해졌다는 사실을 알았다. 사람들이 사업적으로 행동하기 시작하면 계산이 가능해진다. 광적인 테러리스트보다 악랄한 상인이 상대하기 편하다.

우두머리는 협상을 마치며 만족스러워했다.

"좋은 거래였다. 상호 이익에 근거한 거래야."

"당신들이 나를 이 동굴로 납치한 사실에 근거한 거래지요."

그가 웃었다. "나를 믿게, 안드레아. 나는 오랜 세월 사람들이 자발적으로 유익한 일을 하게 하는 건 어렵다는 사실을 배웠다네. 때때로 거들어 줄 필요가 있지."

빌라도도 그렇게 말했었다.

그는 잠시 말을 멈추었다가 다시 진지하게 말했다. "한 가지 더. 너희가 거래 약속을 지키지 않는다면 우리는 가이사리아와 다른 지역에서 너희가 테러리스트들과 연관되어 있다는 소문을 퍼뜨릴 거야. 그렇게 되면 너희 사업에도 긍정적이지만은 않을 거야, 그렇지?" 그리고 그는 다시 웃었다. "자, 그럼 이제 먹고 마시자고."

분위기는 편안해졌다. 그들은 티몬, 말코스를 데려왔다. 이제 여러 기름 등잔이 불을 밝혔기에 얼굴들을 알아볼 수 있었다. 대부분 나와 같은 또래였다. 우두머리만 확실하게 서른 살이 넘어 보였다. 그곳에서 나는 누구를 보았던가? 내 눈을 믿을 수 없었다. 바라빠였다. 바로 그였다. 나는 그에게 달려가려고 했다. 하지만 그는 무심하게 몸을 돌려 내게서 멀어져 갔다. 내가 잘못 본 걸까? 나는 그를 다시 보기 위해 다른 이들 눈에 띄지 않게 자리를 옮겼다. 확실하다. 바라빠였다. 그는 다시 내게 등을 돌렸다. 나는 어렴풋이 깨달았다. 그는 우리가 서로 알고 있다는 사실을 누군가가 알아채기를 원치 않는다. 아직 모든 위험요소가 사라진 게 아니라는 뜻일까? 당황했다. 하지만 그는 무심한 듯 출신은 어디인지, 아버지 직업은 무엇인지, 형제자매가 몇인지 따위를 물었고 나는 태연하게 대답했다.

이제 나는 확신했다. 그는 내가 전혀 알지 못하는 사람이라는 인상을 주고자 애쓰고 있었다. 이유가 있을 것이다. 나는 그와 함께 연기했다. 우리 눈이 짧게 마주쳤을 때 그의 눈은 다정하게 나를 바라보고 있었다. "나야 나. 자네 친구 바라빠"라고 확증하려는 듯이. 기분 좋은 온기가 온몸을 흐르고 지나갔다. 이 패악한 무리 가운데 친구가 있다는 건 얼마나 다행스러운 일인가. 이제 마음을 놓아도 되었다.

우리는 하룻밤 더 동굴에서 지내고 다음 날 꼭두새벽에 출발하기로 했다. 모두 잠에 곯아떨어졌다. 티몬, 말코스의 편안하고도 고른 숨소리가 들렸다.

친애하는 크라칭어님께,

당신은 '아래로부터의 관점'으로 예수를 보려는 제가 이야기 주인공으로 부유한 상인을 택했다는 사실을 의아해하십니다. 제가 그를 주인공으로 선택한 이유는 간단합니다. 우리는 안드레아에게 우리 자신을 동일시할 수 있기 때문입니다. 그는 예수가 살던 사회, 그 세계의 일반적인 삶과는 거리가 있는 삶을 삽니다. 그는 자신의 종교 전통 안에서 순전하게 살지도 않습니다. 그는 (아직) 예수를 직접 만난 적도 없고 단지 예수의 흔적을 찾는 '연구자'일 뿐입니다. 역사비평 연구자에 견줄 만하지요.

안드레아는 다양한 전승을 근거로 예수의 상을 재구성해야 합니다. 진술들을 결합하고 비판적으로 평가해야 하지요. 역사 기술은 '과거에는 이랬고 저랬지'라는 식으로 간단하게 이루어지지 않습니다. 그보다는 '이 자료와 저 자료를 근거로 이것이 더 나은 통찰이라고 가정하며 다음과 같은 사건의 모습을 그려보는 중이야'라는 식으로 이루어지지요.

안드레아는 유사성을 기준으로 예수를 둘러싼 여러 개혁 운동을 조명합니다. 이건 역사학이 하는 일과 매우 비슷하지 않나요? 그는 예수와 젤롯당, 과거 팔레스타인에 있었던 여러 종교 운동 사이의 공통점을 살피고 있습니다.

그는 표면적으로는 명확하지 않은 연관성, 예를 들어 빈곤과 종교 소요, 정치적 저항 사이의 연관성을 발견합니다. 역사학자가 여러 조건과 조건들의 상호작용을 잘 엮어 명료하게 설명하듯 말이지요.

비판, 유비, 관계성은 역사의식의 근본 범주입니다. 이는 안드레아의 조사에서도 드러나지요. 그는 학자가 아닙니다. 그가 학자라면 자신의 방법론을 해명해야 할 테지요. 그것을 제가 이 편지에서 하고 있습니다. 더 나아가 자신의 주장을 검증하려면 공개적으로 접근 가능한 자료의 출처를 밝혀야 할 겁니다. 각주에서 제가 수행하는 일이 바로 이것입니다. 큰 틀에서 보면 안드레아는 역사비평 연구라는 모험을 감행하는 듯 보입니다. 대상이 자신에게 먼 거리에 혹은 가까운 거리에 있는지는 더는 중요하지 않습니다. 내키지 않았던 연구 대상이 이미 안드레아에게 사느냐 죽느냐 하는 심각한 문제로 바뀌고 있거든요. 연구자가 자신이 조사해야 할 사건 안으로 끌려 들어간 겁니다.

당신께서 제기하신 정치 문제에 관해서는 다음 장에서 다루어보려 합니다. 색다른 시각으로 문제를 바라보려 하니 귀담아들어 주시겠습니까?

애정을 담아

게르트 타이센

제10장 · 폭력과 원수 사랑

　잠이 오지 않았다. 꿈을 꾼 것인지 비몽사몽 중에 환상을 본 것인지 분명치 않았다. 지나간 날들의 이미지가 혼란스럽게 뒤섞여 떠돌았다. 젤롯당 재판석에 앉은 나를 보았다. 내 옆에는 빌라도가 서 있었다. 이내 장면이 뒤바뀌고 나는 갈릴래아 지역을 떠돌고 있었다. 얼마 지나지 않아 어둠이 찾아왔다. 내가 예루살렘 감옥에 있는지 아르벨라 동굴에 있는지 알 수 없었다. 어둠 속에서 정체를 알기 어려운 얼굴들이 떠올랐다. 젤롯당 지도자였다. 그는 나를 내려다보며 히죽거렸다. 잠시 후 빌라도가 나타났고 그 역시 나를 보며 비웃고 있었다. 곧 그들의 얼굴은 야수로 변했고 입으로는 으르렁거리는 소리를 내기 시작했으며 거대한 이빨과 앞발을 드러내 보였다. 그 흉측스러운 괴물이 앞발로 내 얼굴을 짓누르려 했다.

깜짝 놀라 깨어났다. 누군가 날 흔들었기 때문이다. 순간 나는 이들이 나를 밤에 몰래 죽이려 하는 줄 알았다. 그러나 귀에 익은 목소리가 속삭였다. "쉿! 조용히 뒤를 따라와." 바라빠였다. 밖으로 향하는 통로를 살금살금 걸어갔다. 밖으로 나온 우리는 바위를 더듬으며 작은 동굴에 다다를 때까지 기어 올라갔다.

바라빠가 말했다. "여긴 안전해. 내가 오늘 밤 야간 보초를 서거든."

"바라빠!" 그를 힘껏 부둥켜안았다.

우리는 앉아 잠시 아무 말 없이 별을 바라다보았다. 갈릴래아 땅 위로 무수한 별이 흩어져 있었다. 달은 바위 위로 희미한 빛을 비추었고 달그림자는 고요한 겐네사렛 호수 수면 위에 머물러 있었다. 우리는 그림자 속에 웅크리고 앉았다. 우리를 주시하는 사람은 아무도 없었다. 바라빠가 속삭였다.

"오늘 모른 척한 걸 용서해 줘. 그 사람들이 우리가 서로 아는 사이란 걸 알게 됐다면 그들은 네 목숨값으로 더 많은 걸 얻어내려 했을 거야. 강요하고 협박해서 말이야. 네가 그 제안을 거절했다면 어떤 일이 일어났을지 아무도 모르지. 몸값을 장기 계약으로 바꾸자는 건 내 생각이었어."

"참 고맙군. 그럼 말해봐. 내가 그들의 제안을 거절했더라면 그들이 정말 날 죽였을까?"

바라빠는 말이 없었다. 나는 다시 물었다. "정말 날 죽이려 했을까?"

그는 한숨을 내쉬었다. "네가 무슨 생각을 하는지 잘 모르겠어. 어쩌면 우리가 잔인한 살인마들이라고 생각할지도 모르지. 그래, 나도 사람을 죽였어. 첫 번째는 로마 군인이었지. 나는 그를 죽여야만 했어. 그렇지 않았다면 그가 나를 죽였을 테니까. 두 번째는 우리가 사형 판결을 내린 부유한 지주였어. 그는 한 가족을 자살로 내몰았거든. 그들은 빚 때문에 감옥에 가야 할 처지였는데 감옥으로 이송되기 전 죽음을 택했지."

"난 아무도 위협하지 않았잖아. 어떤 사람도 괴롭히거나 억압하지 않았어. 그런데 너희는 나를 죽이겠다고 위협했지. 왜지? 이유는 딱 하나야. 내가 부유한 가문 출신이기 때문이지. 그게 내 유일한 죄야!"

바라빠는 손가락을 입술에 대고 흥분하지 말라고 타일렀다. 조심해야 했다. 조금 떨어진 곳에서 돌 하나가 굴러떨어졌다. 나는 숨을 멈췄다. 별다른 일이 일어나지는 않았다. 우리는 외진 동굴에 홀로 있었다.

"널 죽이려는 건 아니었어. 네가 가진 돈을 원했을 뿐이지. 넌 이 모든 걸 강도질이라 비난하겠지만 부자들이 가난한 이들에게서 갈취해간 것들을 생각해봐. 우리는 부자들이 훔쳐 간 것을 원래 주인에게 돌려줄 뿐이야. 진짜 주인을 다시 찾아주는 거지. 여기 모인 녀석들을 봐. 대다수는 집과 농장에서 내쫓긴 사람들이야. 갈 데가 없어서 우리를 찾아온 거라고. 우리는 이들의 마지막 버팀목이자 희망이야."

"하지만 너는 다른 희망도 있었어. 네 가족은 상황이 그리 나쁜 편은 아니었잖아?"

"나는 예외지. 내게는 끝마쳐야 할 과업이 있어. 그 때문에 여기 머무는 거야. 불의를 행하는 모든 부자, 재판관과 관리를 처벌해야 해. 사실 이 일은 국가가 해야 하는 일이지. 하지만 국가는 수수방관만 하고 있어. 그래, 국가는 가난한 사람들에게 불리한 법을 내세워 오히려 불의를 저지르고 있지. 우리가 국가의 의무를 대신해야 해. 정의를 세워야 한단 말이야. 악행을 저지른 이들이 마음 편히 돌아다닐 수 없다는 걸 깨닫게 되면 평범한 서민들의 고혈을 짜내는 일 따위는 할 수 없겠지. 나는 불의한 작자들을 약탈하고 죽일 뿐만 아니라 정의로운 세상을 실현하기 위해 최선을 다하고 있어!"

"노예 두 명을 죽이겠다고 위협하는 게 정의야? 티몬과 말코스가 누구에게 불의를 저질렀는데? 그들이 누굴 억압했어?"

바라빠는 침묵했다. 나는 고삐를 늦추지 않았다.

"악인을 그처럼 선명하게 골라낼 수 있어? 부유한 사람들은 제 집에서 시종과 노예, 노인과 아이와 함께 살고 있어. 너희가 한밤중에 그 집을 불태운다면 무고한 사람들도 함께 죽을지도 몰라. 그들은 부자도, 압제자도, 고혈을 짜내는 이도 아니고 단지 억압당하는 이들, 고혈을 빨리고 착취당하는 이들이란 말이야! 너희가 부자 한 명을 죽일 때 너희는 그와 함께 사는 노예들을 공격하고 죽여야 하겠지. 그의 재산을 파괴할 때 너희는 그

농장에서 뼈 빠지게 함께 일한 모든 이를 위한 터전을 파괴하는 거라고. 나도 부자들, 사회의 지배층이라 불리는 이들이 저지른 끔찍한 일들을 기억해. 하지만 너희가 하는 대로 폭력으로 이들에게 맞선다면 대체 무엇이 나아진단 말이지?"

바라빠가 어렵게 입을 열었다. "얼마 전 한 사람이 여기서 나갔어. 그도 너처럼 말했지. 나는 그와도 친했어."

"그 사람은 지금 뭐 하는데?"

"갈릴래아 호수에서 고기 잡을 때 알게 된 이상한 예언자를 따라다닌다더군."

"혹시 예수야?"

"그를 알아?"

"본 적은 없어. 여기저기서 이야기만 들었지. 난 그도 젤롯당이리라 생각했는데. 그가 부자에 대해 말하는 걸 보면 네가 했던 말과 매우 비슷하게 들리거든."

"틀렸어, 안드레아. 그는 미쳤어. 나는 그렇게 미친 생각을 하는 자는 이제껏 만나 본 적이 없어."

"예수도 너희와 똑같이 대변혁을 말하지 않나? 하느님께서 불의를 좌시하지 않으신다고. 그분의 통치가 이 땅에 임할 거라고 말이야."

"차이가 있지. 아주 큰 차이가. 우리도 하느님께서 홀로 통치하시기를 바라지. 우리를 압제하는 로마인이 아니고. 하지만 우리는 우리 운명을 스스로 개척해야 해. 하느님께서도 그런 사람

폭력과 원수 사랑 | 193

들만을 도우시지.¹ 그분은 적에 대항해 봉기하고 폭력을 사용할 수 있는 이들만을 도우셔. 예수가 어떤 말을 했는지 알아? 시몬이 그 사람이 말한 비유 하나를 내게 전해 주더군.

> 하느님의 통치는 땅에 씨를 뿌리는 사람과 같습니다. 그가 자고 일어나 밤과 낮이 지나면 씨는 자라고 커집니다. 그는 어떻게 그런 일이 일어나는지 알지 못합니다. 땅은 저절로 열매를 맺습니다. 처음에는 줄기가 뻗고, 다음에는 이삭이 트고, 그다음 낟알이 가득 찹니다. 열매가 익으면 그는 낫을 댑니다. 추수할 때가 됐기 때문입니다.²

그 미친 작자는 천진난만하게 하느님의 통치를 상상하지. 하느님의 통치가 저절로 온다고. 아주 부드럽고 조용하게 말이야. 땅에서 곡식이 자라듯 하느님의 통치가 자라난다고 생각하는 거지. 예수는 때로 수수께끼 같은 말로 하느님의 통치를 이야기해. 이미 그런 세상이 와 있는 것처럼 말하지. 로마인들이 우리 땅에 떡하니 서 있는 걸 보면서도 말이야! 우리 모두 하느님의 통치가

---

¹ 요세푸스에 따르면 젤롯당은 다음과 같이 가르쳤다. "주저하지 말고 강하고 담대하게 행동으로 옮긴다면 하느님께서는 반드시 (로마인들로부터 자유를 얻도록) 우리 편이 되어 주실 것이다. 또는 더 좋게는 신념 안에서 큰 목적을 성취하기 위하여 (그 목적을 수행하는데) 따르는 어려움도 마다하지 않는다면 그렇게 해주실 것이다." (*Antiquitates Judaicae*, 18권 1장, 5)

² 마르 4:26~29 참조

여기 없다는 걸 잘 알고 있잖아. 그는 미친 거야. 시몬도 마찬가지고."

"누구?"

"시몬, 우리를 떠난 친구지. 예수를 따르는 '젤롯당원 시몬'이라 불리더군.³ 언젠가 그가 예수에게 물어봤대. 대체 왜 불의에 즉각 저항하면 안 되냐고. 그가 뭐라고 답했는지 알아?

> 여러분은 옛사람에게 하신 말씀을 들었습니다.
> 눈에는 눈, 이에는 이.
> 하지만 저는 여러분께 말합니다. 악에 대항하지 마십시오.
> 오른뺨을 때리는 자에게 왼뺨을 내미십시오.
> 속옷을 뺏고자 법정으로 끌고 가려는 자에게
> 겉옷까지 내어주십시오.
> 부역으로 2km를 갈 것을 강요하는 자에게
> 4km를 가주십시오.⁴

안드레아, 이런 말을 하는 자가 미친 게 아니라면 뭐란 말이야.

---

3 루가 6:15. 마태오는 시몬을 "가나나인"Κανανaῖος(히브리어에서 유래했다. '가나'(열의를 내다))이라고 부른다. 그는 시몬이 '젤롯', 즉 젤롯당원이라는 루가의 진술을 확증한다(마태 10:4 참조). 또한 요세푸스로부터 전해진 인상과는 달리 젤롯당에 대한 신약성서의 언급들은 젤롯당이 유대 전쟁이 진행되었을 때에야 저항그룹으로 형성된 것은 아니라는 사실을 보여준다.

4 마태 5:38-41 참조

우리가 이 말을 직접 들었다면 이렇게 답해줬겠지. 누가 널 때린다면 똑같이 때려주어라. 네 속옷을 빼앗는 자가 있다면 그의 집을 불살라 버려라. 누군가 널 협박한다면 그의 자녀들을 납치해 협박해라. 이렇게 해야만 불의를 막을 수 있어!"

"시몬이란 그 젤롯당원은 예수가 퍼뜨리는 그 이상한 생각을 좋게 보았다고?"

"'이상한'이란 말로는 부족해! 누구든 자기 친구에게는 불의를 행하느니 차라리 당하는 쪽을 택하는 걸 생각하곤 하지. 하지만 원수에 대해서는 어떨까? 친구는 돕고 원수는 없애는 게 우리가 할 일 아닌가? 시몬이 이에 관해 물었을 때 예수가 말했다고 해.

> 여러분은 옛사람에게 하신 말씀을 들었습니다.
> 네 이웃을 사랑하고 원수를 미워하라.
> 하지만 저는 여러분께 말합니다.
> 원수를 사랑하십시오.
> 여러분을 박해하는 자를 위해 기도하십시오.
> 그러면 하늘에 계신 아버지의 아들이 될 것입니다.
> 그분은 악한 자와 선한 자들 위로 태양이 떠오르게 하시고
> 의로운 자와 불의한 자들 위로 비를 내리시기 때문입니다.[5]

---

[5] 마태 5:43~45 참조

어떤 인간이 자기 원수에게 이렇게 관대할 수 있지? 그런 건 충분히 강하고 독립적이어서 원수들이 피해를 줄 수 없는 자나 가능해. 위대한 승자인 왕과 황제나 할 수 있단 말이야. 이 빌어먹을 예수는 억압받는 우리 땅을 돌아다니며 소수 상류층에게나 어울릴 법한 태도를 보통 사람들에게 가르치고 있어. 그가 가르치는 이 태도는 자신을 괴롭히는 자들에게 대항하려는 억압받는 이들의 연대를 무너뜨리고 상류층에 대한 증오심을 마비시킨단 말이야!"

"그럼 그가 사람들에게 신분 높은 이들을 따라야 한다고 가르친다는 거야? 하지만 그가 부자들에게 했던 신랄한 말들이 무성하게 퍼져 있어."

"그건 맞아. 그는 상류층에 대한 백성의 불만을 선명하게 표현하지. 예를 들면 이런 거.

여러분도 알다시피
소위 민족을 다스린다는 자들은 백성을 억누르고
높은 자들은 백성을 짓누릅니다.
하지만 여러분은 그래서는 안 됩니다!
크고자 하는 사람은
섬기는 자가 되어야 합니다.
첫째가 되려 하는 사람은

모든 사람의 종이 되어야 합니다.[6]

사람들은 이 말을 듣고 매우 기뻐했겠지. 그리고는 생각하겠지. 폭력 없이도 억압과 착취를 끝낼 수 있겠구나 하고 말이야. 그런데 억압이 어디에 구체적으로 존재하지? 사람들이 세금을 내야한다는 그 사실 자체가 억압이야. 사람들은 어디서 돈을 구해야할지 알지 못하지. 이미 빚을 졌고 재산을 잃었거든.[7]

억압은 말이야, 지배자들은 수확물을 가로채고 백성들은 끊임없이 최소한의 생계유지를 걱정하게 만든다는 것을 의미해. 지배자들은 자신들의 체제를 공고히 하기 위해 억압을 지속해야 하지. 세금과 공물 부담은 언제나 주민을 두 부류로 갈라놓기 마련이야. 한쪽에는 현 상황에서 이득을 얻는 소수의 사람이 있고, 다른 한쪽에는 생존을 염려하는 대다수 사람이 있지. 생존에 대한 걱정은 상황을 바꾸려는 용기를 갉아 먹어. 아주 조그마한 생존 가능성만 엿보이더라도 사람들은 노력과 행운으로 난관을 극복할 수 있다고 믿게 돼 있어. 실패하는 사람들은 불운한 운명을 갖고 태어났거나 노력을 다하지 않은 사람으로 여겨지지. 이게

---

[6] 마르 10:42~43 참조

[7] 세금의 체납과 빈곤, 도피가 "강도질", 즉 무장투쟁으로 연결된다는 사실은 요세푸스의 저술(*Antiquitates Judaicae*, 18권 4장, 274)을 통해 분명하게 추론할 수 있다. 오랫동안 이어진 저항시위로 인해 밭을 갈 수 없기 때문에 사람들(시위에 참여하는 농부들)은 "세금을 낼 수 없을 것이므로 농사의 중단이 필연적으로 강도질로 이어질 것이라는 사실"을 두려워했다.

바로 이 땅을 지배하는 억압이야. 문제는 바로 세금이야!

예수에게 물어봤지. 이 억압에 맞서 뭘 하려고 하는 건지. 우리는 구체적으로 물어보았어. '카이사르Caesar에게 세금을 바쳐도 됩니까 안 됩니까?' 그러자 그는 데나리온 한 닢을 가져오게 하더니 동전을 들고 물어봤어. '동전에 있는 이 초상은 누구를 그린 것입니까? 동전에 쓰인 이 글씨는 누구를 가리킵니까?' 우리가 대답했지. '카이사르요!' 그가 말했어.

> 그렇다면 카이사르의 것은 카이사르에게,
> 하느님의 것은 하느님께 드리십시오.[8]

구체적인 답변을 요구할 때마다 그는 언제나 피해가고 있어. 꽃길만 걷고 싶은 거라고!"

"과연 그가 순진하다고 할 수 있을까? 많은 사람이 억압 없는 정치를 하겠다 하면 순진하고 어리석다고 말들 하지. 하지만 예수는 그 말을 하는 게 아니잖아. 예수는 모든 민족과 사회가 억압이 필요하다고 말할 때도 자신의 말을 듣는 이들은 달라야 한다고 말하고 있어. 우리의 과제는 억압하는 자들과 억압받는 자들로 갈라진 이 분열을 극복하는 일이라고 말이야."

---

[8] 마르 12:13~17. 현재 마르코 복음에 들어 있는 이야기에서 질문하는 이들은 바리사이파 사람들과 헤로데 당원들이다. 그러나 실제로는 저항 동조자들이 예수의 대화 상대였을 가능성도 있다.

폭력과 원수 사랑

"예수는 우리가 줄곧 그려왔던 그림을 표현했을 뿐이야. 우리 주변국들은 왕과 신하들이 땅을 차지하고 그 땅에서 일하는 농부들은 노예보다 약간 더 나은 지위에 있을 뿐인 그런 나라를 만들었지. 우리는 처음부터 이런 상황에 저항해왔어. 그리고 계속 싸울 거야!"

"하지만 하느님께서는 우리가 다른 민족의 지배를 받는 일을 허락하시지 않았나? 어떻게 우리가 하느님의 뜻을 거스를 수 있단 말이지?"

"하느님은 우리가 이집트에서 노예가 되는 일을 허락하셨지. 하지만 그분은 우리를 노예 상태에서 해방시키시면서 자신의 본래 뜻을 드러내셨어. 우리는 이 땅에 들어왔을 때부터 200년 동안 중앙 정부 없이 적들과 싸웠고 서로를 도우며 자유로운 농민으로 살았지. 한 민족이 최소한의 지배만으로도 살아남을 수 있다는 걸 보여준 거야."

"그렇다 하더라도 그 후에 왕이 탄생했고 그의 지배를 받아야 했잖아. 왕국과 함께 지배층이 공고해지는 걸 경험했다고."

"왕이 없었다면 우리는 다른 민족에게 정복당했을 거야. 하지만 우리는 처음부터 우리 왕들이 이집트의 파라오처럼 나라를 다스리는 것에 저항해왔어! 지배자들의 권력이 과도하게 힘을 발휘할 때 예언자들이 등장해 그들을 비판했지. 왕들이 몰락했을 때 우리 예언자들은 그 모든 이유가 권력을 남용한 데 있다고, 그것에 관한 징벌이라고 말했어."

"결국 우리는 바빌로니아와 페르시아, 그리스에 예속됐잖아!"

"하느님은 우리가 바빌로니아의 포로가 되었을 때 새 예언자들을 보내주셨지. 예언자는 새로운 출애굽을 약속했어. 하느님은 바빌로니아를 정복하고 우리를 풀어준 페르시아 왕 고레스Cyrus를 사용하신 거야."

"페르시아인들이 우리 지배자로 남아 있는 채로 말이지. 하느님도 그것을 원했다는 거고?"

"페르시아인들은 우리가 하느님의 계명을 따라 사는 걸 허락했어. 백성이 빈곤과 부채로 시달리며 두 계급으로 분열될 위기에 처했을 때, 페르시아의 관리였던 느헤미야는 하느님의 이름으로 개혁을 단행했지. 모든 부채가 탕감됐어. 이스라엘인들이 비로소 자유를 얻은 거지."[9]

"느헤미야의 개혁은 폭력이 아닌 다른 대안이 있다는 걸 보여준 게 아닐까?"

"상황이 호의적이라면 그렇겠지. 하지만 그런 경우는 드물어. 그리스인과 시리아인이 우리를 지배하던 때 상황은 바뀌었지. 그리스 정복자들은 우리 민족 중에 자유로운 소농이 많다는 데 놀랐어.[10] 우리는 그만큼 지배자들의 억압을 방지하려 했

---

[9] 느헤 5장 참조

[10] 알렉산드로스 대왕 때 살았던 압데라의 헤카타이오스Hekataios는 유대인들에 대해 다음과 같이 보고한다. "모세는 그들 모두에게 땅을 나누어

던 거니까. 그러나 그리스인들은 우리 전통을 존중하지 않았지. 정복한 모든 땅을 자기들 소유로 여기고 거기 사는 이들도 자기 소유로 생각했어. 그들은 그리스 본토에서도 소수의 시민에게만 자유를 허락했지. 우리 땅에서도 그 질서를 도입하려 했던 거야. 그들은 몇몇 부유한 유대인에게 그리스식 도시를 예루살렘에 건설하도록 명령했어. 사람들은 그리스 생활양식을 받아들일 때 자신들의 신앙을 그리스 신앙과 뒤섞어야만 했어. 그때 우리 성전이 제우스에게 바쳐졌지. 이를 참지 못한 사람들은 봉기를 일으켰고. 하느님에 대한 신앙과 더불어 우리 민족의 자유를 지켜내기 위해서 말이야. 거기에는 소농들의 자유와 생존을 보장하려는 생각도 담겨 있었지.[11] 그때부터 우리는 우리가 신앙을 포기한다면 주변 민족이 가해오는 폭압에 대항할 수단이 없다는 걸 알게 됐어. 지금도 로마인들이 모든 자유를 압살하지 못하도록 막는 건 다름 아닌 우리 종교 전통에 대한 존경뿐이야. 그 존경심 때문에 신앙에 대한 모든 공격에 열정적으로 저항하는 거라고."

"그렇지만 지금은 폭력이 아니라 개혁을 요구하는 시대가 아

주었다. 사제들에게는 그들이 예배에 전념할 수 있도록 약간 더 큰 몫을 받았다. 하지만 유대인들에게는 자기 땅을 파는 것이 금지되어 있었다. 더 부유한 자들이 더 가난한 자들을 억압하지 못하도록 하기 위함이었다." (Diodorus Siculus XL, 3, 7)

[11] 마카베오의 봉기 이야기는 마카베오 상권과 마카베오 하권에 묘사되어 있다.

닐까? 느헤미야 때처럼 말이야."

"환상이야. 폭력 없이는 이 땅에서 아무것도 변하지 않아! 로마인들이 점점 더 뚜렷한 목표를 가지고 우리 땅을 자기들 제국에 편입시키려 하는 걸 너도 모르진 않겠지. 그들은 처음에는 우리 지배자들을 통해 우리를 다스렸어. 그 후에는 우리를 지배하는 이들을 로마인에게서 은덕을 입은 헤로데 가문으로 교체했지. 결국 그들은 직접 유대와 사마리아 땅을 다스리기 시작했어. 처음 20년 동안은 우리 종교 전통을 존중했지. 하지만 지금은 성전이 갖는 고유한 지위를 의문시하고 있어. 이방 동전을 주조할 뿐만 아니라 카이사르 동상을 예루살렘으로 들여와 우리 민족이 갖는 독특성을 조금씩 지워나가는 거지! 이제 아무도 '높은 자들은 백성을 짓누릅니다. 하지만 여러분은 그래서는 안 됩니다'라고 말할 수 없게 된 거야. 오히려 '모든 곳에서 로마인들이 우리에게 선정을 베풉니다. 여러분은 그 은덕을 입고 있어요'라는 말이 횡행하겠지. 이제 아무도 억압을 억압이라 부르지 않을 테고 착취를 착취라고 여기지도 않겠지. 그러니 지금은 폭력이 필요한 때라고! 지금은 느헤미야의 때가 아니야. 나자렛 예수의 때는 더더욱 아니지!"

"예수도 변화가 일어나기를 원하잖아!"

"바로 그거야. 그는 피 흘림 없이도, 저항하지 않고도 세상이 변할 수 있다는 헛된 희망을 불러일으켜. 모든 것에 순응해야 한다고 말하는 사람보다 더 나쁘지. 그는 변화를 원하면서도 동시에 평화를 원해. 그건 환상이야. 그것도 아주 위험한 환상!"

"너희의 바람도 환상이긴 마찬가지 아닐까? 시몬은 너희 방법으로는 아무것도 나아지지 않는다는 걸 깨닫게 된 게 아닐까? 그래서 이 굴에서 벗어나려고 예수를 따라간다는 핑계를 댄 건 아니었을까?"

"그는 골칫거리야. 동굴을 떠난 그의 모습을 보고 더 많은 사람이 우리를 떠나려 하겠지. 그래서 우리 일원 중 누군가는 시몬을 배신자로 처단해야 한다고 제안했어."

"믿을 수 없군…"

"내가 말렸지."

바라빠는 나직하게 말했다. 하지만 나는 그 말을 듣고 깊은 감동을 받았다. 감사와 연민의 마음이 어두운 밤의 정적 속으로 스며들고 있었다. 온 세상이 한 생명을 구하는 데 관심을 기울이는 듯 모든 것이 우리 둘을 바라보는 것 같았다.

"바라빠, 이 생활을 그만둬. 꼭 시몬의 길을 걸을 필요는 없어. 다른 길도 있다고."

"그렇게 간단한 일이 아니야. 내가 여기서 달아나면 동굴을 떠나려는 누군가를 배신자로 여겨 살해하는 걸 막을 사람이 아무도 없어. 나도 죽이려 하겠지. 직접 손에 피를 묻힐 필요도 없을 거야. 내가 로마 군인과 지주 한 명을 죽였다고 관청에 밀고하기만 하면 될 테니까. 나는 여기 있어야 해."

동트기 전에 돌아가려면 이제 출발해야 했다. 돌아가기 전에 나는 바라빠에게 조그만 목소리로 말했다. "방법이야 어찌 됐든 난 널 도울 거야. 디아스포라 유대인들 사이로 도망칠 수도 있겠지. 날 믿어. 내가 널 도울게."

우리는 아무도 눈치채지 못하도록 조심스럽게 돌아왔다. 자리에 누웠으나 잠을 이룰 수는 없었다. 혼란하고 맥락 없는 이미지가 잠 못 이루는 나를 괴롭혔다. 생각이 점차 정리되면서 나는 내가 가진 딜레마를 분명히 깨달았다. 나는 로마인을 위해 이스라엘 온 땅을 여행하고 있었다. 하지만 마음으로는 그들에 대한 충성을 거부했다. 내 민족의 운명이 로마인의 이익보다 중요했다. 나는 여기서 우리 민족의 운명에 자신을 동일시하는 동시에 로마인과 마찬가지로 나를 비참하게 다루는 사람들을 만났다. 지금 이곳이 빌라도와 함께 있던 그곳과 무엇이 다른가? 협박과 이를 반대하는 협박, 압력과 이를 거부하는 압력, 위에서 그리고 아래에서 터져 나오는 폭력을 보았을 뿐이다.

양쪽 모두에 사려 깊은 사람이 있었다. 메틸리우스는 극악무도한 사람이 아니었다. 그런 로마 관리들이 진정한 평화를 이룩할 수는 없을까? 억압을 현명하게 조직해 불필요한 고통을 피하게 할 수 있지 않을까? 정치를 통해 현명한 해결책을 발견할 수는 없을까? 메틸리우스는 그저 예외적인 인물에 불과할 뿐인가? 그리고 바라빠, 그 역시 예외가 아닐까? 그가 말한 모든 것은 그 혼자만의 생각은 아니었을까? 그는 저항을 위한 폭력, 최소한의 폭력을 말하지만 그 역시 한번 선택한 이 길에서 벗어날 수 없게 된 건 아닐까? 두 길 사이에서 나는 내 길을 가야 한다. 여기에도 저기에도 나를 위한 집은 없었다. 하느님께 기도드렸다.[12]

> 주, 나의 하느님이시여,
> 제가 어찌 제 소신을 지킬 수 있단 말입니까?
> 제가 어디로 가든지
> 저는 바른길에서 벗어납니다.
> 제가 다른 이들처럼 말할 수 있다면
> 고통을 느끼지 않으련만!
> 그들은 주장하기를,
> 세상은 폭력과 억압을 통해서만
> 목표에 도달할 수 있도록 만들어졌다 말합니다.
> 그리고 그들은 성공합니다.
> 부자가 됩니다.
> 명성과 권력을 얻습니다.
> 죄 없이 살기 원하는 제 노력이
> 제가 늑대들과 함께 울부짖지 않으려는 것이
> 무의미한 건 아닙니까?
> 저는 갈기갈기 찢기고,
> 제 안은 고통으로 가득합니다.

---

[12] 시편 73편에서 착상을 얻어 작성되었다.

> 제가 다른 사람처럼 그렇게 말했다면
> 저는 제 모든 것을 배반하는 것입니다.
> 그렇지만 저는 항상 당신 곁에 있습니다.
> 당신은 저를 제가 원치 않는 곳으로 이끄시며
> 제 명예를 회복시키시고
> 다시 존귀한 삶을 살도록 이끄십니다.

다시 선조들을 생각했다. 이집트인을 속였던 아브라함, 자기 형제를 비열하게 속였던 야곱, 자기 민족의 적을 섬겼던 다윗, 그들 역시 비뚤어진 길을 걸었다. 그들도 길을 잃고 이리저리 헤맸다. 내가 걷는 이 뒤엉킨 길도 선한 목적지에 다다를 수 있을까? 하느님께서는 모든 것을 선한 곳으로 이끄실까?

잠시 잠이 들었다. 그러나 이내 깨어났다. 아직 어두운 밤이었지만 젤롯당원들은 티몬과 말코스, 내 눈을 가린 채 동굴 밖으로 우리를 이끌고 나왔다. 나는 지난밤에 경사진, 위험천만한 암벽들을 보았었다. 다시 목숨을 건 산행이 이어졌다. 바위를 지나 사다리에 다다랐다. 산등성이에 도착했을 때 기쁨에 겨워 눈물이 날 뻔했다. 우리를 인도하는 자들이 우리가 동굴의 위치를 기억하지 못하도록 이리저리 끌고 다녔다는 것을 깨달았다. 두 시간이 지난 후에야 우리는 눈가리개를 풀 수 있었고 나귀를 돌려받았다.

우리는 여전히 산비탈에 서 있었고 우리 앞에는 갈릴래아 호수가 펼쳐져 있었다. 호수 위에는 골란 고원 위로 떠 오른 아침 햇살이 반짝였다. 모두가 넋을 잃은 채 물 위에 펼쳐진 화려한 장관을 바라보고 있었다. 젤롯당원 한 명이 나를 쳐다보며 말했다. "저는 마따디아(맛다디아)의 아들 마티아(맛디아)라고 합니다. 부탁 하나만 들어주실 수 있으신가요?" 그는 호수 북쪽 끝자락을 가리켰다. "저 안개에 싸인 곳이 가파르나움입니다. 저기 살고 계시는 제 부모님께 이 편지와 돈을 좀 전해 주세요. 그분들은 제 도움 없이는 살아가지 못하십니다. 전 그 가난을 견딜 수 없었죠. 그래서 여기 있는 겁니다."

나는 그러겠노라고 약속했다. 나는 그가 가리킨 방향을 오랫동안 바라보았다. 아침 안개 속 저기 어딘가 사람들의 집이 있다. 그들은 허리가 휘도록 일했고 고통을 겪었으며 탄식했고 결국 절망했다. 그러나 태양은 무심하게 그들 위로 다시 떠올랐다. 마치 모든 것이, '자신 아래서 벌어지는 모든 불의'[13]가 자기와는 상관없다는 듯이.

뒤를 돌아보았다. 티몬과 말코스가 안내자들과 작별하고 있었다. 햇살은 모든 얼굴이 변화된 것처럼 보이게 했다. 두 젤롯당원 역시 여느 평범한 사람처럼 보였다. 티몬과 말코스 옆에 서니 그들은 훨씬 더 젊어 보였다. 풍상에 시달린 그들의 얼굴에서 어린아이의 흔적을 느꼈다. 거기서 우리는 함께 서 있었다. 테러

---

[13] 전도 4:3 참조

리스트와 소박한 사람들, 그리고 나. 태양이 모든 사람 위에서 빛난다면 그건 인간의 모든 고통에 대해 무관심하다는 뜻일까? 아니면 저 강도들과 우리 사이에 어떤 차별도 두지 않는 형언할 수 없는 자비의 표현일까?

난 악인과 선인에게, 의로운 이와 불의한 이에게 매일 새롭게 당신의 태양을 뜨게 하시는 하느님을 찬양했다. 태양이 로마인과 젤롯당원, 가난한 자와 부자, 주인과 노예에게 차별 없이 햇빛을 비춘다면 나 역시 로마인과 유대인, 고관들과 젤롯당원, 부자와 가난한 자 사이에서 이리저리 헤맬 권리가 있는 것은 아닐까? 파멸하지 않고도 이 경계들을 넘나드는 게 가능한 건 아닐까? 새로운 용기를 얻었다. 다시 걸음을 재촉했다.

친애하는 크라칭어님께,

지난 장이 당신의 심기를 불편하게 했군요. 당신은 예수 선포의 '정치화'를 비판하십니다. 모든 사람의 종이 되어야 한다는 말은 정치적 역학관계와는 연관성이 없었을 겁니다. 제가 이해하기로 그 말은 예수가 '이방인'들의 정치에 거리를 두고 있음을 알려 줍니다. '이방인'의 반대개념은 '이스라엘'입니다. '여러분은 그래서는 안 됩니다'라는 말은 이스라엘이 다른 민족처럼 그래서는 안 된다는 것을 뜻하지요. 이때 예수는 이스라엘 전체를 대표하는 제자들에게 말씀하고 계신 것입니다. '열둘'은 이스라엘의 열두 지파를 상징합니다.

여기서 근본적인 해석 문제와 맞닥뜨립니다. 예수는 그리스도교 공동체를 창설하려 하지 않았습니다. 그는 이스라엘을 회복하려 했지요. 그의 말을 그리스도교 교회에만 연결하는 사람은 그의 말이 유대-팔레스타인 공동체 전체를 향한 것임을 깨닫지 못한 것입니다.

그는 놀라운 변혁을 기대했습니다. 가난한 자, 아이, 유순한 이와 외국인이 이 변혁을 통해 인정받게 됩니다. 그것이 곧 하느님의 나라입니다. 하느님의 나라는 순수하게 '영적인 실체'가 아닙니다. 사람들은 그 안에서 먹고 마실 수 있습니다. 하느님의 나라는 팔레스타인에 있고 사람들은 사방에서 그곳으로 몰려옵니다. 새로운 성전이 그곳에 있습니다.

예수는 정치적으로 급진적인 변혁을 고대했습니다. 하지만 그 변혁이 정치를 통해 이뤄지리라고는 생각하지 않았습니다. 목표는 '정치적'이나 그 실현은 정치 없이 이뤄집니다. 하느님께서 이 목표를 실현하실 것입니다. 이 말은 다른 이에 대한 폭력을 통해 하느님의 나라가 이뤄지지는 않는다는 것을 뜻합니다. 그렇다고 해서 전적으로 수동적으로 이뤄진다는 뜻은 아닙니다.

저는 스스로 묻곤 합니다. 왜 역사적 예수는 위대한 신학자들에게 덜 중요한 주제로 여겨지게 되었을까? 분명히 거기엔 예수에 관한 상을 역사적으로 정당하게 그리는 일이 매우 어렵다는 이유가 있었겠지요. 그러나 어렴풋하게 짐작하는 일 정도는 가능하지 않았을까요? 역사적 예수를 살폈다면 예수의 선포는 교회 안만이 아니라 사회 전체를 향해 있음을 깨달았을 것입니다.

우리는 이 문제로 다시 돌아오게 될 겁니다.

존경하는 마음을 담아,

게르트 타이센

제11장 · 가파르나움에서의 갈등

가파르나움은 율리아의 베싸이다로 가는 길에 있다. 아르벨라에서 12km 정도 떨어진 곳이다. 우리 목적지는 그곳에서 5km 더 떨어져 있었다. 해가 지기 전에 베싸이다에 도착해야 했다. 다음 날이 안식일이었기 때문이다.[1]

가능한 한 빨리 가파르나움에서 해야 할 일을 완수하기 위해 서둘렀다. 마따디아 가족은 어부들이 사는 호숫가의 작은 집에 머무르고 있었다. 아버지는 고기를 잡으러 나갔고 그의 아내 한나는 밭에 일하러 나가지 않고 집에 있었다. 12살쯤으로 보이는 딸 미리암은 병에 걸려 창백한 얼굴과 열로 들뜬 눈빛을 하고 오두막 구석에 누워 있었다. 미리암의 형제자매는 소리가 나지 않

---

[1] 당시 시간 구분에 따르면 일몰과 함께 하루가 끝나고 다음 날이 시작되었다.

게 움직이고 있었다. 숨이 조여오듯 답답하고 고요했다. 나는 이 분위기를 알고 있었다. 죽음을 두려워하는 분위기. 아무도 그에 관해 말하려 하지 않았다. 하지만 모두 알고 있다. 누구든 이 집에 발을 들여놓았다면 죽음의 그림자와 구원을 향한 고집스런 희망을 느꼈을 것이다. 편지와 돈을 건넸을 때 우중충했던 그 눈들이 밝게 빛났다. 긴 설명이 필요 없었다.

"아르벨라에서 만났던 한 분이 여러분께 이걸 전해달라 하더군요. 안부 인사와 함께요."

가족들은 그 말이 무슨 뜻인지 잘 알고 있었다. 그들은 나를 조그만 방으로 안내했고 진심으로 환대해 주었다. 티몬과 말코스는 밖에서 나귀를 돌보았다. 미리암이 커다랗고 퀭한 눈으로 나를 바라봤다. 아이가 내게 뭔가를 물어보려는 것 같아 나는 아이에게 다정하게 미소지었다. 소녀가 말했다.

"아저씨가 메시아신가요?"

마음이 덜컥 내려앉았다. 아이는 아팠고 고열로 헛소리를 해대고 있었다. 나는 친절하게 대답했다.

"나는 안드레아라고 한단다. 세포리스에서 온 상인이지."

소녀는 실망한 채 물었다. "그럼 메시아께서 언제 오시는지 아시나요?"

나는 호기심 많은 아이에게 흔히 하는 대답을 건넸다.

"세상이 끝나는 날 오시지."

"아니에요. 그분은 이미 오셨어요."

의아한 표정으로 한나를 바라봤다. 그녀가 설명했다. "몇몇 사람들이 메시아라고 여기는 한 예언자를 말하는 겁니다. 그 사람이 병자를 치료하고 마귀를 쫓아냈다지 뭐에요. 많은 이가 그 사람을 메시아로 믿어요. 젊은 사람 중에는 그를 따르는 이들도 생겼지요. 미리암은 그 사람이 와서 자기를 낫게 해주기를 바라고 있어요."

"예수를 말씀하시는 거군요?"

미리암은 고개를 끄덕였다. "혹시 그분을 보셨어요?"

"아니. 하지만 나도 정말 그를 보고 싶구나. 최근 들어 많은 사람이 그에 관해 이야기하거든. 가끔 이 부근에 그가 나타난다고 하던데?"

"그분은 한 장소에 오래 머물지 않아요." 한나가 설명했다.

미리암이 중얼거렸다. "그분은 왜 이곳에 오시지 않는 거죠? 이렇게 아픈 나를 왜 고쳐주지 않으시죠?"

한나는 아이 곁으로 다가가 머리카락을 쓰다듬어주며 예수가 했다는 말을 들려주었다.

눈먼 자들이 보고 저는 자들이 걷습니다.
나병 환자가 깨끗해지고 귀머거리가 듣습니다.
죽은 사람이 살아나고
가난한 자들에게 복음이 전해집니다.

나에게 걸려 넘어지지 않는 사람은 행복합니다.[2]

소녀가 나지막이 말했다. "그분이 오신다면 얼마나 좋을까요?"
한나는 딸을 담요로 감싸 품에 안았다. "나는 그분을 모셔올 수 없어. 나도 마음이 아프단다. 하지만 그분이 한 이야기들은 또 해줄 수 있지. 들어볼래?" 미리암이 고개를 끄덕였고 한나는 이야기를 시작했다.[3]

한 여인이 12년 동안 하혈로 고통받고 있었단다. 병을 치료하기 위해 그녀는 숱한 일을 견뎠고 많은 의사를 찾기도 했어. 치료비로 전 재산을 날리기만 했지. 상황은 더 나빠지고 있었어. 그러던 차에 예수에 관한 소문을 듣고 그녀는 군중들 속을 헤집고 들어가 예수의 옷을 몰래 만졌어. 그녀는 '저분의 옷자락만 만져도 나는 구원받을 거야'라고 믿고 있었거든. 옷에 손이 닿자마자 하혈이 멈췄어. 그녀는 자신이 나았다는 걸 온몸으로 느꼈지. 하지만 동시에 예수도 뭔가 알아차렸단다. 그는 돌아서서 물었어. "누가 제 옷을 만졌습니까?" 제자들이 말했지. "백성들이 이렇게나 혼란스럽게 당신을 밀치고 있는데 누가 밀쳤냐고 물으시는 겁니까?" 하지만 예수는 누가 자신의 옷을 만졌는지 알기 위해 주변을 둘러봤어. 그때 치유 받은 여인

---

[2] 마태 11:5~6 참조
[3] 마르 5:25~34 참조

이 예수 앞에 엎드렸단다. 예수는 말했어. "딸이여, 당신의 믿음이 당신을 구원했습니다. 평안히 가십시오."

미리암은 여인에게 일어난 모든 일이 자신에게 일어나는 양 이야기를 경청했다. 하지만 아이는 더는 참지 못하고 소리쳤다.
"그런데 왜 그분은 제게 오시지 않는 거죠? 그 여인처럼 저도 그분의 옷자락을 만지고 싶어요. 도대체 왜 그분은 여기 나타나질 않느냔 말이에요!" 미리암은 흐느끼기 시작했다.

나는 아이를 바라보다가 문득 한 생각이 떠올라 손을 아이 이마에 얹고 말했다.

"얘야, 넌 이야기 속 여인과 같아. 너도 그 사람을 만지면 건강해진다고 믿지. 그런데 이야기 마지막에 예수가 뭐라고 말했는지 듣지 못했니? 그는 "당신이 날 만져서 구원받았습니다"라고 말하지 않았어. "당신의 믿음이 당신을 구원했습니다"라고 말했지."

할 수 있는 게 아무것도 없을 때나 나올 법한 절망적인 위로였다. 내가 하는 행동이 옳다고 확신할 수도 없었다. 다만 죽음의 두려움으로 고통스러워하는 아이에게 상냥한 말을 건네고 싶었을 뿐이다.

미리암은 고마워하며 나를 바라봤다. 아이는 이내 평화로움을 되찾았다. 그리고 예수에 관해 더 많은 이야기를 해달라고 청했다. 한나는 자기 딸을 치료해달라고 예수에게 간청한 여인 이야기를 해주었다. 이야기 속에서 예수는 아이에게서 멀리 떨어져 있었지만 그 아이를 치유했다.[4] 한나는 덧붙였다.

"그분은 우리 집에 꼭 오지 않아도 너를 낫게 하실 수 있어."

이어서 그녀는 다시 보게 된 눈먼 사람 이야기, 치료받은 나병 환자 이야기, 다시 걸을 수 있게 된 다리 저는 사람 이야기를 들려주었다. 그녀의 이야기는 점점 더 황당무계한 내용으로 채워져 갔다. 하지만 미리암은 모든 이야기에 빠져들었다. 그 이야기는 아이 자신의 이야기였다. 아이는 눈이 멀었으나 보게 되었고, 다리를 절었으나 걸을 수 있었으며, 병들었으나 다시 건강을 되찾았다. 아이는 모든 단어에서 새 희망을 길어 올리고 있었다.

나도 이야기에 취해 시간 가는 줄 몰랐다. 이야기 대부분이 유치하고 미신으로 가득 차 있으며 원시적이어서 거부감을 불러일으켰다. 하지만 시간이 흐르면서 이야기에 가엾고 불쌍한 이들의 희망이 담겨 있음을 깨달았다. 이 이야기를 들었을 굶주리고 목말라 하는 이들, 불구가 된 몸으로 고통받는 이들, 병들고 의지할 데 없는 이들은 이 이야기를 듣고 자신의 상황에 갇혀 무너지지 않았을 것이다. 이 이야기가 있는 한 그들은 희망하기를 멈추지 않을 것이다.

한나는 이 예수 이야기들을 어디서 들은 걸까? 예수 자신에게서 직접 들은 걸까? 어쩌면 가엾은 아이를 위해 이런저런 이야

---

[4] 마르 7:24~30 참조

기를 직접 지어냈을지도 모른다. 한나가 아이에게 해줄 이야기가 고갈되면 나라도 이야기 몇 가지를 지어내야 할 것만 같았다. 이야기만으로 아이가 건강을 되찾을 수 없다는 사실 정도는 나도 안다. 하지만 이 이야기들 없이는 아이가 나을 수 없으리라는 사실도 알고 있다. 그 사이 아이의 아버지가 고기 잡는 일을 마치고 집에 돌아왔다. 그는 비보를 전해 들을 각오를 한 듯한 표정을 하고 문을 열었다. 미리암이 평온히 누워 있는 걸 발견하고 아들에게서 온 편지와 돈을 건네받았을 때 그의 표정은 드디어 밝아졌다.

나는 미리암을 돕기 위한 계획을 세웠다. 배로 4시간이면 티베리아에 사는 의사 히포크라테스에게 갈 수 있었다. 이름에서도 알 수 있듯 그는 그리스인이었다. 오늘 저녁에라도 마따디아의 아들 중 하나가 티몬과 말코스와 함께 그곳으로 건너가면 내일 정도엔 의사를 이 집으로 데리고 올 수 있었다. 마따디아는 내 제안을 거절했다. "의사를 부를 돈이 없어요. 가진 돈은 먹고사는 데 몽땅 들어가죠. 세금도 내야 하고요."

나는 내가 돈을 대겠다고 말하면서 그를 안심시켰다. 즉시 히포크라테스에게 편지를 써 급하게 이곳으로 와서 도와줄 것을 청했다. 치료에 필요한 비용은 모두 내가 책임질 것이다. 나는 동시에 쿠자와 요안나에게 다음 주에 티베리아에서 만나고 싶다는 소식도 전했다.

해가 지기까지는 한 시간쯤 남았다. 의사에게 편지를 전하려

가파르나움에서의 갈등 | 219

는 이들은 호숫가로 내려갔고, 낮게 떠 있는 태양이 배가 검은 점이 되어 사라질 때까지 호숫가를 비추고 있었다. 우리는 집으로 돌아와 안식일 등잔에 불을 붙이고 축복 기도를 한 후 음식을 먹었다. 오래지 않아 누군가 문을 두드렸다. 두 남자가 마따디아와 대화하기를 원했다. 나이든 한 사람은 가말리엘이라 했고 젊은 사람은 다니엘이라 했다. 마따디아는 모두 들어오라고 말했고 두 사람은 식탁에 한 자리씩을 차지했다. 가말리엘이 입을 열었다.

"당신 아들이 낯선 이들과 함께 고기를 잡으러 가더군. 이 안식일에 말이오. 안식일에는 일하는 게 금지돼 있다는 사실을 잊은 게요?"

마따디아는 그를 진정시키며 말했다. "잊을 리가요. 그들은 고기를 잡으러 간 게 아닙니다. 미리암을 위해 의사를 데리러 간 거죠. 티베리아에 유명한 의사가 있답니다. 저희는 안식일 규정을 어기지 않았어요."

다니엘이 끼어들었다. "안식일이 지날 때까지 기다릴 수 있지 않습니까?"

나는 어이가 없어 대화에 끼어들었다. "제가 그들을 보냈습니다. 보시다시피 미리암은 도움이 절실합니다. 치료를 위해서라면 안식일 규정을 어길 수도 있습니다."

"아니요!" 다니엘이 반박했다. "다른 가능성이 없는 경우에만 가능합니다."

화가 치밀어 올랐다. 세포리스에서는 안식일에 의사를 부르는 일이 자연스러웠다. 이 시골 사람들은 왜 이토록 편협하단 말인가! 모르긴 몰라도 저 두 사람이 우리 식사를 방해했다는 것만큼은 분명하다. 가말리엘은 생각에 잠긴 채 말했다. "허용되는 일이 있긴 하지. 안식일에 양이 우물에 빠졌다면 그 양은 밖으로 끌어 올려도 되네."

다니엘이 발끈했다. "제 생각은 달라요. 하느님께서 그 양이 살아남기를 원하신다면 그 양은 어쨌든 간에 살아 돌아올 겁니다. 사람은 안식일이 지난 다음에야 관여할 수 있어요."[5]

가말리엘이 반박했다. "양이 어떻게 스스로 살아 돌아올 수 있겠나? 익사하고 말 거야. 자네는 하느님께 기적을 명령하는 건가? 자네 에세네파 사람들은 우리 바리사이파보다도 더 엄격해. 우린 실행 가능한 해결책을 바란다네. 대부분의 율법학자가 안식일에 동물을 구하는 건 허용된다는 내 의견에 동의하고 있

---

[5] 실제로 에세네파는 무엇보다 쿰란에서 발견한 CD(다마스쿠스문서)를 통해 알 수 있는 것처럼 엄격한 견해를 견지했다. "아무도 안식일에 가축이 새끼를 낳는 것을 도와서는 안 된다. 그리고 그것이 우물이나 구덩이에 빠질 경우 안식일에는 다시 꺼내서는 안 된다."(CD XI, 13 이하) 똑같은 것이 인간에게도 적용된다. "살아 있는 사람이 물웅덩이나 그 외의 장소에 빠졌을 경우 (안식일에는) 아무도 사다리나 밧줄, 그 밖의 (다른) 것으로 그 사람을 꺼내서는 안 된다."(CD XI, 16 이하) 여기서 바리사이파 사람은 보다 온건한 입장을 견지한다. "가축 한 마리가 (안식일에) 물웅덩이에 빠졌다면 이불과 방석을 가져와 그것을 가축 아래 놓아둔다. 가축이 올라온다면 그것을 밟고 올라올 것이다." (즉, 그로 인해 안식일을 어겼다는 걱정을 하지 않아도 된다. *Shabbat B'Shabbato* 128b). 마태 12:11은 사람이 안식일에 능동적으로 가축을 도와도 된다는 AD 1세기의 생각을 전제한다.

어. 이처럼 사소한 사례를 근거로 삼아 볼 때 이런 결론에 도달하게 되지. 안식일에 동물을 구하는 게 허락된다면 사람을 구하는 건 당연히 허용돼야 하는 것 아니겠나?"

미리암은 이 논쟁을 주의 깊게 바라보고 있었다. 그리고는 말했다. "예수도 안식일에 사람을 낫게 했어요. 엄마, 그 이야기를 저분들께 해주세요!"

한나는 두 사람 앞에서 예수에 관한 이야기를 해야 하는 것에 곤혹스러워했다. 하지만 어느 어머니가 이 상황에서 간절한 자식의 청을 거절할 수 있겠는가? 그녀는 말했다.

> 예수는 안식일에 회당에 들어갔습니다. 거기에는 한쪽 손이 오그라든 남자가 있었지요. 사람들은 예수가 안식일 규정을 지키는지 어기는지 엿보며 그를 주시하고 있었습니다. 예수는 손이 오그라든 사람에게 다가가 말했지요. '일어서서 한가운데 서십시오!' 그리고는 다른 사람들을 보며 말했습니다. '안식일에 선을 행하는 게 허락되어 있습니까, 아니면 악을 행해야 합니까?' 사람들은 아무 말도 하지 않았죠. 예수는 노기를 띤 채 주위를 둘러보았습니다. 완고한 사람들의 마음 때문에 슬픔으로 가득 차서는 그 남자에게 말했습니다. '손을 뻗으십시오.' 그가 손을 뻗었고 곧 그는 나았습니다.[6]

---

[6] 마르 3:1~5 참조

식탁에 앉은 사람들은 그녀의 말에 주의를 기울였다. 이야기가 끝나자 가말리엘이 친절한 투로 말했다.

"미리암, 이 이야기는 우물 속에 빠진 양 이야기와는 다른 경우 아닐까? 양을 즉시 꺼내주지 않는다면 그 양은 틀림없이 물에 빠져 죽었을 거야. 하지만 손이 오그라든 남자는 하루 정도는 더 기다릴 수 있지 않겠니? 이건 목숨을 살리느냐 죽이느냐의 문제는 아니란다. 선을 오늘 당장 행하느냐, 아니면 내일 행하느냐의 문제지."

다니엘이 끼어들었다. "안식일 규정 기준을 약하게 하다 보면 어떤 일이 벌어지는지 바로 여기서 나타나는 겁니다! 사람들은 규정의 약점을 이용하죠. 예수도 마찬가지예요. 많은 율법학자가 안식일에 다른 이를 도와도 된다는 점에 있어서 예수와 같은 의견을 내죠. 예수는 그걸 알고 이 태도를 극단까지 밀어붙이는 겁니다. 언제 안식일 규정을 지켜야 하는지 지키지 않아도 되는지, 남에게 도움을 베풀지 말지를 한 개인이 결정할 수 있다는 거예요!"

한나는 초조하게 이야기를 듣고 있었다. "전 이렇게 세세한 이야기는 이해하지 못해요. 하지만 분명한 건 안식일에도 사람은 도울 수 있다는 거잖아요. 안식일이 사람을 위해 창조된 것이지 사람이 안식일을 위해 창조된 것은 아니잖아요? 생명이 안식

일보다 소중하니까요."⁷

가말리엘이 한나에게 답했다. "부인의 마음을 모르는 바는 아니지만 규정에 관한 규칙들을 세세하게 정하는 건 중요합니다. 예를 들어 도움이란 걸 생각할 때 누군가는 자기 이웃의 추수를 돕는 것도 도움에 속한다고 주장하며 안식일에 일할 수도 있을 겁니다. 각자가 규정의 기준을 제멋대로 해석한다면 혼란이 가중될 뿐이죠. 정확하게 규칙을 세우는 건 중요합니다."

보다 못해 내가 끼어들었다. "자, 그럼 최소한의 경우에 대해서만 확실하게 해둡시다. 안식일에 사람을 구하기 위해 의사에게 연락을 취하는 건 가능하겠지요? 히포크라테스에게 사람을 보냈을 때 우리는 어떤 잘못도 하지 않은 거예요. 그렇죠?"

아, 나는 그 이름을 내뱉지 말았어야 했다. 다니엘이 곧바로 내게 달려들었다. "히포크라테스? 지금 이방인 의사를 부르러 갔단 말이오? 티베리아에는 유대인 의사가 없습니까? 정말 충격적이군. 처음에는 안식일 규정을 어기더니, 이제는 정결례까지. 당신은 유대인과 이방인이 접촉해서는 안 된다는 걸 모릅니까? 정결한 사람과 부정한 사람은 분명하게 구분해야 한단 말입니다! 아니, 이 유대인 소녀를 이방인 의사가 치료하게 한다고요? 이 방 안에 그가 들어온다고요?"

나는 짜증이 난 채 대꾸했다. "그는 티베리아에서도 유대인을

---

⁷ 마르 2:27 참조

치료합니다. 가파르나움에서는 왜 안 되죠?"

마따디아는 시위하듯 우리에게 등을 돌리더니 의자를 가져와 여전히 열로 가득한 아이를 품에 안고 한나를 향해 앉았다. 가말리엘이 진지하게 말했다.

"티베리아에 사는 사람들은 정결례를 엄격하게 지키지 않네. 헤로데 안티파스는 그 도시를 지었을 때 그곳 자체가 우리 율법에 어긋난다는 걸 알고 있었지. 티베리아는 무덤들 위에 건설됐기 때문이야.[8] 우리 율법은 그런 곳에 사는 사람들은 정결치 못하다고 말하지. 하지만 그곳 사람들은 이런 사실에 아랑곳하지 않고 살지. 티베리아는 부정한 도시네!"

다니엘이 그를 지지했다. "그렇게 경솔한 태도가 온 나라에 퍼지고 있어요. 예수를 따르는 이들은 정결함과 부정함 사이의 차이를 무시하지요. 그들은 음식을 먹기 전에 손을 씻지도 않아요.[9] 안식일에 들판의 곡식 이삭을 훑기도 하고,[10] 이방인에게서 자신들을 구별하지도 않더니 이제는 이방인 의사를 유대인 집에도 들이는군요!"

나는 화가 났다. "난 예수의 추종자가 아니오! 예수를 본 적도 없습니다. 예수가 뭐라 했든, 당신들이 뭐라 하든 난 상관없습

---

[8] 티베리아가 묘지 위에 건설되었다는 사실에 대해서는 *Antiquitates Judaicae*, 18권 2장, 38 참조
[9] 마르 7:1 이하 참조
[10] 마르 2:23~28 참조

니다. 난 이방인 의사를 부를 거고 그가 저 소녀를 치료할 겁니다!"

잠시 침묵이 흘렀고, 시간이 지나자 내 노기도 조금은 가셨다. 궁금한 게 생겼다. 대체 예수란 사람은 어떤 생각을 품고 있는 걸까? 두 손님을 바라보며 물었다.

"그런데 대체 예수가 정결례에 대해 뭐라고 했답니까?"

가말리엘이 입을 열었다. "그가 정결법에 관해 이야기하는 걸 본 적이 있지. 그는 우리의 모든 노고와 고민을 몇 문장으로 싹 다 지워버렸네."

> 밖으로부터 사람 안으로 들어오는 그 어떤 것도
> 사람을 부정하게 만들 수 없습니다.
> 오히려 사람에게서 나오는 것이 사람을 부정하게 만듭니다.[11]

"그 말은 정결함과 부정함 사이에 어떤 차이도 없다고 말하는 겁니까?"

"바로 그거네. 그가 옳다면 부정한 음식도, 부정한 사람도, 부정한 장소도 없어. 아니면 모든 게 정결하거나. 이방인에게서 모든 걸 살 수 있고 모든 걸 이방인에게 팔 수도 있겠지."

나는 귀가 번쩍 뜨였다. "이방인에게서 올리브 기름도 살 수

---

[11] 마르 7:15 참조

있겠네요?"

가말리엘이 끄덕였다. "결과적으로 그렇게 되겠지."

나는 예수의 생각이 올리브 장사에 미칠 영향에 대해 생각해 보려 했다. 하지만 불현듯 마따디아가 대화 안으로 끼어들었다.

"정결과 부정에 관한 이 토론이 나랑 무슨 상관입니까! 당신들은 모든 피조물이 쉬어야 한다는 안식일 규정에 관해 말하는데, 뜻을 알 수조차 없는 이야기들로 병든 아이를 쉬지도 못하게 만든다면 당신들이야말로 안식일을 어기는 것 아닙니까! 이 아이가 얼마나 아픈지 보이지 않습니까? 우리가 이 아이를 얼마나 걱정하는지 보이지 않냐고요! 그런데 당신들은 도움을 주기는커녕 도와야 하는지 돕지 말아야 하는지, 허락되었는지 허락되지 않았는지 토론만 하고 있군요. 아픈 이 아이 앞에서 최소한의 예의인 침묵조차 지키지 않으면서요. 예수가 했다는 말이 생각나네요. 당신들을 향한 말인 것 같군요.[12]

저주받으리라.
너희 율법학자와 바리사이파 사람, 이 위선자들아.
너희는 잔과 대접의 겉은 정결하게 닦는다.
그러나 너희 속은 약탈과 부정으로 가득 차 있구나.
저주받으리라.

---

[12] 마태 23:25~27 참조

너희 율법학자와 바리사이파 사람, 이 위선자들아.

너희는 겉으로는 아름답게 보이는 회칠한 무덤 같구나.

하지만 무덤 속은 뼈와 부정함으로 가득 차 있다.

그가 옳소!"

의심의 여지가 없었다. 당장 자기 집에서 나가라는 말이었다. 두 율법학자는 몸을 일으켰다. 가말리엘은 마지막까지 포기하지 않고 말했다.

"마따디아, 그 말은 옳지 않아! 자네가 아이 걱정에 그런 얼토당토않은 말을 한다는 건 잘 아네. 아이가 건강하기를 기도하지." 둘은 서둘러 집을 빠져나갔다.

나는 그들을 뒤따라 가려 했다. 그들을 따라잡았다면 화해의 말이라도 건넸으리라. 하지만 지금은 미리암을 진정시키는 게 더 중요했다. 아이 옆에 앉아 부드럽고 평화로운 이야기, 우화와 동화를 들려 주었다. 아이는 금세 잠들었고 우리도 잠자리에 들었다.

이윽고 아침이 되었고 예배를 드리러 갔다. 마을은 엄숙한 침묵에 빠져 있었다. 6일 동안 고되게 일한 사람들이 몸을 곤추세우고 자신들의 거처에서 걸어 나왔다. 모든 이가 회당에 모였고 가말리엘은 성서 낭독과 설교를 맡았다. 그는 축복의 말로 시작했다.

찬양받으소서. 주, 우리 하느님이여!

세상의 왕,

빛을 만드시고 어둠을 창조하신 분,

평화를 세우시고 모든 것을 창조하신 이.

땅과 그 위에 사는 이들에게

빛을 베푸시고

그의 자비로 매일 영원토록

창조를 새롭게 해나가시는 분![13]

그는 이제 출애굽기를 읽었다. 시나이 산에서 일어난 계시 이야기였다. 그의 설교는 한 문장에 집중돼 있었다.

온 땅이 내 것이다. 너희는 내게 사제의 왕국, 거룩한 백성이 되어야 한다![14]

가말리엘이 말했다.

"왜 하느님께서는 성전도, 희생제물도 없는 광야에서 사제에 관해 말씀하시는 걸까요? 온 세상이 성전이었기 때문입니다! 그분은 '온 땅은 내 것이다'라고 말씀하십니다. 우리는 어느 곳에

---

[13] 아침 성서 구절을 읽기 전에 하는 축복의 말이다. R. Rendtorff, *Arbeitsbuch Christen und Juden* (Gütersloh, 1979), 154에서 인용.

[14] 출애 19:5 이하 참조

있든지 바로 그곳이 성전인 것처럼 행동해야 합니다. 온 세상 안에 있는 모든 것 즉 태양과 빛, 낮과 밤, 육지와 바다, 동물과 식물이 거룩한 성전에 있듯 행동해야 합니다. 모든 피조물을 경외하는 마음으로 다루어야 한다는 뜻입니다!

여러분 중에 어떤 사람은 '성전 안에는 사제만 들어가지 않나?'라고 묻겠지요. 맞습니다. 하느님은 성전의 거룩함을 위해 특별한 몇몇 이들을 선택하셨다고 들어왔지요. 그러나 하느님은 우리 모두 거룩한 백성이 되기를 원하십니다. 특별한 거룩함을 지닌 사제들과 밖에 서 있는 다른 이들, 이런 두 계급이 존재해서는 안 됩니다. 그분 앞에서는 모두 똑같습니다.

또 어떤 사람은 '안식일에 하느님 앞에 나오는 것으로 충분하지 않나?'라고 묻겠지요. 세계가 하느님의 성전이라면 우리는 미처 의식하지 못했을지라도 항상 하느님 앞에 서 있는 겁니다. 하지만 우리는 안식일에 모여 서로에게 하느님의 존재를 떠올리게 합니다. 그렇지 않다면 우리는 그분을 잊고 말 겁니다! 우리가 엄격한 의무를 다해 일곱째 날 모든 일에서 우리 자신을 떼놓지 않는다면, 우리는 하느님을 생각하기보다 다른 여러 일을 중요하게 여기게 될 겁니다."

예배가 끝나고 가말리엘이 내게 다가왔다. 그는 미리암의 안부를 묻고 말했다. "어제는 우리 대화가 화해가 아닌 갈등으로 끝맺어 정말 안타까웠다네. 오늘이 가기 전에 마따디아와 속 이야기를 나누려 하네."

나는 가말리엘을 안심시켰다. 마따디아는 성품이 온순한 사람이고 미리암은 별 탈 없이 잠들었으며 아침에는 다소 나아 보였다고 말했다. 그리고 나 역시 어제의 대화를 그렇게 끝맺게 되어 안타까웠다고 전했다. 대화를 통해 율법학자들이 안식일 규정 준수를 타인에 대한 도움보다도 더 가치 있게 여긴다는 사실을 배웠다고 말했다. 하지만 왜 그토록 세세하고 정밀하게 규정에서 예외가 되는 규칙을 정해야 하는지, 왜 각자가 무엇이 안식일 규정에 맞고 틀리는지 결정하도록 놔두지 않는지 이해되지 않는다고 말했다. 가말리엘은 고개를 끄덕이고는 말했다.

"다른 민족의 삶을 잘 보게. 그들은 안식일을 모르지. 그들은 신을 위한 희생 축제만을 알 뿐이야. 그들이 일 년에 몇 번 축제를 지내는지 합해보게. 20일? 어쩌면 고작 30일뿐이야. 평범한 사람들은 대부분의 날 동안 일하지. 부유한 자들과 권력자들은 자주 쉬지만 평범한 사람들은 쉬지도 못하고 고통스럽게 일만 하네. 반면에 우리 유대인은 일 년 동안 52번의 안식일을 지키지. 주인과 부자만 안식일을 기념하는 게 아니야. 서민들도 마찬가지지. 하인과 노예도 안식일에 쉼을 얻는다는 말일세. 거기다 다른 축제일까지 포함해야겠지. 가을이면 찾아오는 신년 명절 로쉬 하샤나Rosch Haschana, 속죄일인 욤 키푸르Jom Kippur, 초막절인 숙콧Sukkot도 있지. 연초와 초여름에 지키는 유월절과 1주일간의 무교절도 있네. 우리 서민들은 1년에 60일 정도의 휴일을 가지고 있는 거야. 다른 민족이 우리를 보고 게으르다고 의심하는 것도 이상할 일은 아니지."[15]

"아무도 그런 전통을 폐지하려 하지 않습니다. 하지만 개별적인 규칙들은 왜 필요한 거죠? 세세한 규칙이 지켜지지 않았다고 흥분하는 모습도 이해할 수 없어요."

"물론이네. 이 전통을 폐지하려는 자는 없지. 하지만 부자들은 자기 노예와 여종, 소작인이 안식일에도 일하기를 바라. 더 많은 돈을 벌 수 있을 테니까. 그들은 직접 이 전통을 폐지하려고는 하지 않지만 이방인 경쟁자와 동료 사업가가 자기 사람들을 착취하고 안식일에도 부려먹는 일은 방관하고 있네. 안식일의 속 알맹이를 내던지고 싶어 해. 그들은 아마 수천 가지의 예외를 허락하도록 하고 싶을 걸세. 돈에 관련된 것이라면 아주 예리한 규정으로 그에 맞서도록 해야 하네. 그렇지 않는다면 부는 자기 의지를 끝까지 관철하고 말 걸세."

"당신은 예수 같은 사람이 이런 의미에서 안식일을 내적으로 약화시키기 때문에 걱정하는 건가요?"

"그가 그런 의도를 갖고 하는 건 아니겠지. 오히려 그 반대일 거야. 부자와 권력자들은 그에게서 도움을 받을 수 없지. 하지만 예수가 생각지 못하는 것은 그가 만든 예외로 안식일을 바라보는 새로운 흐름이 생길 수 있다는 사실이야. 안식일 노동 금지 규정을 느슨하게 적용하는 게 유행할 수도 있지. 어떤 이는 자신

---

[15] 타키투스(*Annales*, 제5권, 4)와 유베날리스 Iuvenalis(*Saturae* 풍자시), XIV, 105 이하)는 유대인들이 게으름 때문에 안식일을 지키고 있다고 생각했다.

이 바라는 대로 이를 악용할 수도 있을 테고."

"당신 말에 따르면 예수가 하는 행동은 금지된 것인가요?"

"그렇게 말할 수는 없네. 안식일과 정결례에 관해 예수가 가르치는 내용은 우리 일원의 의견과 맞아떨어지기도 해. 급진적인 견해이기는 하지만. 우리 율법학자 중에도 급진적인 견해를 가진 사람이 꽤 많다네."

"그럼 왜 그런 가르침에 대해 항상 논쟁이 일어나는 겁니까?"

"그런 주장을 하는 자들이 자신의 주장이 불러올 결과를 생각하지 않기 때문이야. 안식일 규정에 여백을 터놓으면 우리는 나중에 이방인처럼 살 수도 있다는 사실을 간과하고 있어. 예수에게는 이런 경솔함이 자주 드러나네. 그는 술꾼과 매춘부, 사기꾼들과 어울리지. 율법과는 정말 어울리지 않는 인간들 아닌가? 하지만 그들의 일이 금지된 것은 아니지. 죄인들을 올바른 방향으로 돌이키게 하는 자는 우리도 인정한다네. 하느님의 자비는 모든 이에게 유효하니까. 우리는 악인의 회개를 당연히 기뻐하지. 하지만 그들이 이전까지의 생활 방식을 포기했다는 사실을 확인하지 않고서 그들과 함께 흥청망청 먹을 수는 없네. 예수는 그런 짓을 하고 있는 거야. 그는 사람들에게 어떤 요구도 하지 않는다지. 그들이 저절로 회개하기를 바라면서 말이야. 나는 그러한 태도가 경솔하다고 보네. 그런 방식으로 몇 사람은 도울 수 있을지 모르지만 대다수에게는 어떤 영향을 끼치겠나? 사람들은 왜 자신들이 선을 행하려 애써야 하냐고 묻지 않을까? 예수가 옳다면 하느님께서도 자신을 용인할 거라 말하면서 말일세."

가말리엘은 생각에 깊이 빠져들었다. 그리고 더욱 확신에 차 말했다.

"그래, 예수는 내 학생일지도 모르지. 그는 자기 의견을 분명하게 주장하고 있어. 하지만 우리 백성과 일상의 삶에 미칠 영향을 깊이 고민하지 않으면 안 될 걸세. 예를 하나 들어보지. 어느 날 가파르나움에 사는 이방인 백인 대장이 그를 찾아갔어.[16] 그는 자신의 어린 종을 치유해달라 청했지. 물론 우리도 이방인을 도와야 해. 하지만 왜 하필이면 우리 민족을 억압하고 추악한 짓을 일삼는 그 사람인가! 이방인 장교 대다수가 동성애자라는 사실을 우리 모두가 알고 있지. 그들의 어린 종은 그들의 연인이야. 하지만 예수는 그런 것에는 관심이 없네. 그 어린 종이 어떤 사람인지조차 묻지 않았어. 그저 고쳐주었을 뿐이지. 예수는 생각하지 못했겠지. 언젠가 누군가 이 사건을 증거로 들이대며 예수가 동성애를 허용했다고 가르치리라는 사실 말이야."

"그 백인 대장이 동성애자였다고 확신하십니까?"

"물론 아니지. 하지만 모두 그런 의혹을 가졌던 건 분명하네. 이런 의혹에도 개의치 않고 예수는 그에게 간 거야. 난 이런 면에서 예수가 더 신중했으면 한다는 충고를 해주고 싶다네."

"좋습니다. 경솔한 행동일 수도 있겠죠. 하지만 그러한 행동

---

[16] 마태 8:5~13 참조

이 금지된 것인가요?"

"그건 아니지. 그렇게 말할 수는 없네. 하느님은 모든 이가 도움받기를 바라시니까."

"세리와 매춘부도요?"

"그들도."

"그렇다면 왜 예수가 그들과 함께 식사한다고 비난받아야 하는 겁니까?"

"다른 이가 그렇게 했다면 우리는 아무 말도 하지 않았을 테지. 하지만 예수는 영향력 있는 사람이야. 그는 선생이네. 우리 일원이란 말일세. 바로 그 때문에 우리가 그를 비난하는 거네. 그가 우리와 너무 닮았기 때문이야!"

"유대교 선생이 세리와 교제한다는 사실이 왜 비난받아야 합니까? 그들은 우리 상인들과도 친하게 지내는데요."

"이 사람아, 영향력을 생각해보게! 세리 개개인에 관해서는 우리도 상관할 바 없지. 그들도 다른 사람과 똑같은 사람들일 뿐이야. 하지만 그들은 우리 땅에서 로마인에게 부역한다네. 그들이 징수하는 돈 대부분이 이방인에게 흘러가지. 유대교 선생이 이방인의 지배를 용인한다는 인상을 주어서는 안 되지 않겠나? 우리는 허락할 수 없네. 로마인이 우리에게서 신적 정통성까지 얻었다는 인상을 주면 안 된단 말일세. 종교적 후광 말이야."

"예수가 그들에게 종교적 후광을 선사하는 게 두려우신 건가요?"

"그건 아니야. 하지만 그를 따르는 무리는 그렇게 오해할 수 있지. 백성들에게 하느님의 뜻을 가르친다는 명망 있는 자가 외국 군인을 노골적으로 도와줘선 안 되네. 모두가 지켜보는 가운데 세리와 교제해서도 안 되지. 예수는 우리가 이방인과 교제하고 이방인처럼 행동할 때 얼마나 큰 위험에 직면하게 될지 모르는 것 같네. 나는 생각 없이, 거침없이 행동하는 그를 비판하는 걸세. 그는 마치 경계에 선 사람처럼 행동하고 있어!"

생각 하나가 머리를 스쳐 갔다. 나 역시 경계에 서 있었다. 가말리엘의 눈에는 나도 문제적 인물일 게 뻔했다. 시간이 지나면 가말리엘은 날 이해할 수 있을까? 다음 질문은 예수가 아니라 나 자신에 대한 것이었다.

"예수는 자신의 행동을 무엇으로 정당화하고 있지요?"

"예수의 주장은 우리 바리사이파 사람들, 율법학자들도 주장할 수 있는 것들이야. 하지만 그는 우리가 일반적으로 사용하는 방식을 거절하지. 그는 자신의 의견을 다른 의견들 곁에 있는 또 하나의 의견으로 전하지 않네. 주장과 근거를 가지고 의견을 내는 게 아니라는 말일세. 그는 하느님 자신이 그를 통해 말씀하시듯 말하네! 우리 관례를 향한 이 경멸, 우리가 불쾌해하는 것은 이 때문이기도 하지."

우리는 예수에 관해 더 많은 이야기를 나눴다. 문득 나는 이 예수라는 인물이 날 매혹했다는 사실을 깨달았다. 나 역시 경계 위에서 진자처럼 흔들리고 있었다. 나를 세리에 견줄 수 있지 않을까? 돈이 아니라 로마인을 위한 정보를 모은다는 점에서만 다를 뿐. 예수는 나를 이해해주지 않을까?

가말리엘과 함께 마따디아의 집으로 돌아왔다. 가말리엘의 손에는 미리암에게 선물할 과일이 들려 있었다. "안식일에는 평화가 깃들어야 하는 법이지." 마따디아가 가말리엘을 바라보며 말했다. "샬롬, 그대에게 평화가 있기를."

갈등은 사라졌다. 티베리아로 떠났던 일행이 히포크라테스와 함께 돌아왔다. 미리암을 진찰한 그는 안도의 한숨을 내쉬며 말했다. "고비는 넘겼습니다."

비좁은 집 안이 환히 밝아졌다. 다시 한번 삶이 시작되었다는 듯이.

친애하는 크라칭어님께,

바리사이파에 관한 우리 의견이 일치한다니 기쁩니다. 저 또한 그들에 관한 연구가 여전히 진행 중이라는 사실을 잘 알고 있습니다. AD 70년 이전 상황을 밝히기 위해 바리사이파의 후대 텍스트를 사용하는 데 더 신중한 태도를 취하고 있습니다.

이와는 별개로 바리사이파에 관한 기존 설명은 수정해야 할 필요가 있겠습니다. 바리사이파에 관한 논박을 역사적 사실로 의심 없이 받아들일 때 우리는 역사학의 가장 기본적인 원칙을 위반하게 됩니다. 쿰란 텍스트를 발견함으로써 첫 번째 변화가 일어났습니다. 급진적인 에세네파와 비교해 바리사이파는 타협과 중용을 중시하는 분파임이 분명해졌지요. 이들은 AD 70년 성전이 파괴되는 참사 이후 유대교의 새로운 기초를 닦았습니다. 유대교를 새롭게 이해하려는 최근의 경향은 필연적으로 그들에 대한 역사적 판단 역시 변화시켰습니다.

근대 신학은 그리스도교 안에서 시대에 뒤떨어진 요소와 여전히 유효한 요소를 구별해야 한다는 과제를 갖고 있었습니다. 바리사이파적 요소들로 각인된 유대교에 그 책임을 지우는 것보다 손쉬운 방안이 있었을까요? 신학자들은 그리스도교 안의 유대교적 요소, '율법'에 구속되어 있는 구시대적 종교 요소를 치워버리고자 애썼습니다. 외적인 권위에서 인간의 해방을 쟁취하기 위한 투쟁으로 이해할 수 있겠지요.

여러 명망 있는 신학 교수들은 유대교에서 분리된 자기 이해를 발전시켰습니다. 그리고 이는 전혀 다른 이유로 유대인을 역사에서 지워버리려던 그리스도교 소시민 계층에게 큰 공감을 불러일으켰지요. 그들은 유대인들이 경제적으로 자신들을 위협한다고 느꼈고 자신들의 불만 사항들, 즉 자유주의와 자본주의, 민주주의와 종교의 쇠퇴 등 모든 일의 책임을 유대인에게 돌렸습니다. 자신이 현대적이기를 바랐던 자유주의 신학자들, 그리고 현대라는 시대로의 돌입을 두려워했던 소시민계층의 기묘한 연대가 이뤄졌습니다. 바리사이파(그리고 모든 유대인)에 맞서는 신약학의 논쟁에는 이들 모두의 필요를 충족시키는 요소들이 담겨 있던 셈입니다.

제가 왜 바리사이파적 유대교를 향한 시선을 교정해야 한다는 당신 의견에 그토록 기뻐했는지 당신은 이해하실 겁니다.

진심을 담아,

게르트 타이센

제12장 · 국경 사람들

우리는 가파르나움을 떠나 베싸이다로 향했다. 본래 계획했던 것보다 이틀 정도 늦었다. 베싸이다는 국경 건너편, 갈릴래아 호수 북쪽 연안에 자리한 작은 도시다. 헤로데 필립보(헤롯 빌립)의 영지에 속해 있었는데 얼마 전 필립보는 이 유대 마을을 헬라식 소도시로 확장하려 했었다. 아우구스투스Augustus(아우구스토, 아구스도) 황제의 딸 율리아Julia를 기리기 위해 이 도시의 이름을 율리아의 베싸이다라고 불렀다.[1] 그러나 예나 지금이나 이곳은 조금 규모가 큰 마을에 불과했다.

베싸이다로 가는 길은 반드시 세관을 통과하게 되어 있다. 우리는 그곳을 관장하는 세리 레위를 잘 알고 있었다. 우리는 그와

---

[1] 율리아의 베싸이다 건설에 대해서는 *De Bello Judaico*, 제2권 제9장, 1.167과 *Antiquitates Judaicae*, 18권 2장, 28을 참조하라.

통관세를 흥정했다. 물론 적당한 뇌물을 건넨 뒤 포도주 한잔 대접하면 상황이 해결되곤 했다. 쾌활한 남자였다. 그러나 이번에는 달랐다. 레위 대신 낯선 남자가 세관에 앉아 있었다. 그는 자신을 이렇게 소개했다.

"내 이름은 코스타바다. 이 구역을 담당하는 세관이지.[2] 어떤 물건을 가지고 왔나?"

'이 친구는 에두르지 않고 바로 직진하는군'하고 생각했다. 나는 그에게 물었다.

"레위는 어디 갔습니까?"

"레위는 더는 세리가 아니야. 당신들은 앞으로 나와 일 처리를 해야 할 거야."

"무슨 일이 생긴 건가요?"

코스타바는 어깨를 움찔했다. "그렇게 볼 수도 있겠지. 그는 이제 세리 일을 하지 않기로 했거든. 갑자기 사라져버렸어."

또 한 사람이 사라져버렸다. 나는 그에게 되물었다.

"강도들에게 간 건가요?"

"더는 몰라. 그에 관해서는 들은 게 없다. 어쨌든 지금은 내가 세관이다. 관세를 물어야 할 물건들은 뭔가?"

우리는 가져온 모든 것을 그에게 보여주었다. 코스타바는 물

---

[2] 고대 세계의 세리들은 국가의 관리가 아니라 국가로부터 세관을 임차하고 정해진 액수를 국가에 바치지만 그 외의 것은 착복하는 사업가들이었다. 그들이 사람들에게 미움을 받은 것은 당연해 보인다.

었다.

"이게 다인가?"

실제로 물건은 적었다. 나 정도 상인이 움직이기에는 턱없이 적은 양이었다. 나는 그 이유를 설명했다.

"갈릴래아에서 우리 상품의 일부를 사겠다는 손님을 만났지 뭡니까. 이건 그 나머지이고요."

내가 말한 '손님'은 매년 자신들을 통과하게 해주겠다는 명목으로 세금을 뜯어가는 젤롯당원들이었다. 코스타바는 의심쩍은 얼굴로 말했다.

"이럴 리가 없는데. 혹시 나머지를 숨긴 건가?"

나는 비죽이며 웃었다. 세리들과 오랫동안 만나 온 내 사업 수완이 발휘될 참이다.

"아무래도 제가 뭔가 잊어버린 것 같습니다."

코스타바는 우리 짐을 헤집고 있었다. 그리고 발견했다. 나머지 물건보다는 작은 크기의 가죽 부대, 포도주가 담긴 부대를 그는 끄집어냈다.

"이게 뭔가?"

"아이고, 그건 파는 물건이 아닙니다."

"상관없다. 관세를 매기겠어."

"그건 관세를 낼 수 없는 물건인데요."

"흥, 내야 할 걸? 아니면 다른 물건 모두 압류할 테니까."

"나라로 들여오는 물건에만 세금을 매기잖습니까? 그 물건은 그런 물건이 아닙니다."

"포도주를 이 땅바닥에 붓고 싶은 건가?"

"땅바닥에는 안되죠!"

코스타바는 우둔한 표정으로 나를 바라보았다. 나는 웃으며 말했다.

"이 포도주는 세금 대신에 우리가 함께 마시려던 술입니다. 과일과 빵도 있지요."

코스타바는 고개를 흔들었다. "세관에서 술판을 벌일 작정이었군."

나는 그를 달랬다. "포도주 한잔이 술판이라고 할 수는 없지 않겠습니까?"

"그렇게 시작하는 법이야."

"뭐가 말입니까?"

"이 모든 작태 말이다. 엉망진창이지."

나는 이해할 수 없다는 듯 고개를 흔들었다. "선생님은 세관에서 술 한잔 마시는 걸 엉망진창이라고 선언한 첫 번째 세리이시네요. 선임자들은 달랐는데 말입니다."

"바로 그 때문이야!"

코스타바는 완고했다. 차라리 선임자를 언급하지 말아야 했다는 걸 깨달았다. 아무래도 이 사람을 술에 취하게 할 수는 없겠다 싶었다. 코스타바는 술에 취하지 않은 맑은 정신에 일해야 한다는 성가신 의지를 지니고 있었다. 그는 내가 잘 알 듯 약간 취기가 도는 세리가 돌처럼 냉정하게 정신을 차리고 있는 사람보다 더 속이기 쉽다는 사실을 잘 아는 듯했다. 우리는 다시 사무적인 말투로 말을 주고받았다. 코스타바는 10%의 관세를 요구했다. 나는 항의했다. "이제까지 6%만 요구받아왔습니다."

"바로 그 때문이야!"

"무슨 소리입니까?"

"대체 왜 내 선임자는 자기 일을 포기했을까? 하찮은 6% 관세만으론 살기 어려웠기 때문이지. 그건 너무 적어."

"정해진 세율이란 게 있지 않습니까?"

"그게 뭐 어쨌다는 건가? 세율은 6%로 정해져 있지. 밀수가 이곳저곳에서 이어지지 않는다면 세리는 그것으로도 먹고살 수 있었을 거야. 난 밀수로 놓치게 될 4% 수입을 계산에 넣은 것뿐이다. 내가 이 조치 말고 할 수 있는 게 뭐가 있겠나? 사라진 수입을 채워 넣어야 하지."

"그건 상품에 공정하게 세금을 매기는 다른 사람에 비하면 부당한 일 아닙니까?"

"술을 퍼먹여 세리들을 속이는 너희가 맑은 정신으로 세금을 계산하려는 나를 비난하는 것이야말로 부당한 일 아닌가?"

나는 전략을 바꿨다. "그럼 2%만 추가하는 게 어떻겠습니까? 저같이 정직한 상인들을 위한 특별세율로 말입니다. 그러고 나서 다른 이들이 공정한 코스타바님께 불법적으로 세금을 내지 않은 것을 위로하는 의미에서 포도주 한 잔 하는 건 어떨까요?"

국경 사람들 | 245

코스타바는 말귀를 알아들은 것 같았다. 우리는 그 정도에서 합의했고 거래를 마친 뒤 세관 앞 그늘에 앉아 빵과 과일을 먹고 코스타바가 찾아낸 포도주를 함께 마셨다. 그때 나는 세관 가까이 다가오는 기이한 행렬을 보았다. 행렬 맨 앞에는 한 사내가 서 있었다. 그는 멀리서 봤을 때도 정상과 비정상 경계 위에 서 있는 사람처럼 보였다. 그 뒤로는 목발에 의지해 앞으로 절룩거리며 걸어가는 이빨 빠진 노인이 있었다. 노인 뒤에는 누더기 차림을 한 소경이 막대기로 땅을 두드리며 걷고 있었다. 이 세 명을 누더기 차림의 아이들이 둘러싸고 있었다.

"맙소사..." 코스타바는 얕은 신음을 내뱉었다. "저기 또 오는군. 세관에서 포도주만 마시면 저런다니까."

"그래요? 저는 이전에도 이렇게 세관에서 포도주를 마시곤 했는데요."

"저것들은 자기들과 나누어 먹자는 거야." 그는 심란하다는 듯 말했다. "누가 여기 있다는 걸 알아채면 저런 식으로 다가오지. 거머리처럼 성가시게 달라붙는 놈들이야. 아무리 뭐라 해도 저놈들을 떼어 놓을 수가 없어."

"언제부터 저들이 오는 거죠?"

"내가 여기 온 이후지. 아니, 정확하게 말하자면 레위가 이 새로운 풍습을 도입한 뒤부터겠군."

다가오는 무리의 목소리가 들렸다.

"예수가 다시 왔나요?"

나는 코스타바에게 물었다. "이게 예수와 무슨 상관이죠?"

"내 선임자 레위는 예수 추종자였어. 예수가 자주 국경을 넘다 보니 레위도 그를 알게 됐지. 예수는 때만 되면 국경을 넘나들었다고 하더군."

"왜죠?"

"내 짐작엔 갈릴래아가 안전하지 않다고 생각했기 때문인 것 같아. 안티파스가 그를 뒤쫓고 있었겠지. 그래서 그는 국경을 넘어 사라지는 방법을 택한 거야. 헤로데 필립보의 영지로 가는 거지. 여기를 지나가거나 아니면 배로 호수를 건너. 주로 아무도 알아챌 수 없는 밤에 이동한다더군. 띠로와 시돈, 히포와 가다라 같은 도시로 도망가기도 했지. 도시 한복판으로 가는 건 아니고 유대인이 많이 사는 도시 주변 시골로 가는 것 같아."

"저는 세포리스에서 왔습니다. 예수가 세포리스 근처 작은 마을 출신이긴 한데 그가 세포리스에 있었다는 걸 기억하는 사람은 없었습니다."

"딱 어울리는군. 그는 도시를 피해. 서민들 틈에 머물면서 작은 마을로 이동하지."[3]

"이 우스꽝스러운 행렬과 그가 무슨 상관이 있습니까?"

나는 천천히 세관에 다가오는 무리를 가리켰다.

"아까 말했지만 레위는 예수를 알게 됐고 그의 가르침에 감명

---

[3] 갈릴래아의 커다란 두 도시, 세포리스와 티베리아가 공관복음서에서 한 번도 언급되지 않는다는 사실은 주목할 만하다.

받았다네. 예수의 가르침 때문에 모든 행동이 바뀌었지. 그는 가난한 사람들에게 때마다 음식을 나누어주기 시작했어. 소문은 빠르게 퍼졌지. 사방에서 사람들이 레위에게 몰려들었다네. 하지만 이건 시작에 불과했지. 언젠가 예수가 다시 이곳을 지나갔을 때 레위는 예수를 따르기로 마음먹었네. 그리고 이곳을 떠나기 전 성대한 이별 잔치를 계획했어.[4] 가난한 사람들에게는 잊을 수 없는 잔치였겠지. 요즘도 저것들은 그 일에 대해 떠들곤 하거든. 우리 지역 사람들은 그 일이 있고 나서 예수를 '먹보와 술꾼, 세리와 죄인들의 친구'라고 부른다네.[5] 정말 정신 나간 잔치였어. 지금 보고 있는 쓸모없는 저 세 인간도 거기 있었어. 저들에게는 그 사건이 형언할 수 없는 대사건이었겠지. 저들은 예수가 여기 다시 오기만을 기다리고 있는 거네. 예수가 꽤 자주 이 세관을 지나 국경을 넘는다는 걸 잘 알거든. 그때마다 성대한 잔치가 다시 열리기를 바라는 거야. 이 세관에서 말이야. 저들은 나한테 항상 묻지. 도대체 언제 그 잔치를 다시 여느냐고 말이야. 내가 레위라도 된다는 듯이, 빌어먹을."

그사이 무리는 더 가까이 다가왔다. 그들의 목소리가 더욱 분명

---

[4] 레위가 벌인 잔치에 대해서는 마르 2:13~17 참조하라. 마르코 복음의 이야기에서는 레위와 예수의 만남, 예수를 따르기로 한 그의 결단이 일회적인 사건으로 서술되고 있다. 하지만 이 결단이 천천히 무르익었을 것이라는 추론도 가능하다. 복음서에 담긴 이야기들은 가장 중요한 요점을 짧은 공간에 압축하여 서술하기 때문이다.

[5] 사람들은 예수 생전에 이미 마태 11:19이 가리키는 것과 같이 예수에 대해 험담했을 것이다.

하게 들렸다. 그들은 내게 외쳤다.

"당신이 예수요?"

"저는 예수가 아닙니다."

"우리에게 먹을 것과 마실 것을 줄 겁니까?"

"다시 한번 말하지만 저는 예수가 아닙니다."

나는 그들과 정상적인 대화를 나눌 수 없다는 걸 깨달았다. 그들은 우리 주위를 둥그렇게 둘러싸고는 기대에 찬 눈으로 우리 음식을 쳐다보고 있었다. 누더기를 걸친 아이들이 무리와 우리 사이에서 이리저리 뛰놀았다. 나는 소리 질렀다.

"우리를 좀 가만히 놔두면 안 되겠니?"

아이들은 낄낄거리며 말했다.

"우리에게 줄 걸 가져왔어요?"

코스타바가 내게 속삭였다. "아무것도 주면 안 되네. 하나를 주면 계속 달라붙을 거야. 당신은 떠나겠지만 난 끊임없이 이놈들한테 시달릴 거라고. 벗어날 방법이 없네, 방법이."

"세관 안으로 들어갈까요?" 내가 제안했다. "그러면 물러갈지도 모르잖아요."

우리는 식사를 마쳤다는 듯 오두막 안으로 들어갔다. 티몬과 말코스는 나귀와 물건들을 지키기 위해 밖에 있어야만 했다. 우리는 오두막 바닥에 깔린 깔개 위에 앉았다. 오두막 안은 시원했다. 코스타바가 말했다.

"저 인간들이 굶어 죽는다고 생각하지는 말게. 가난한 사람들을 돌보는 구호 기금이 있어.[6] 다른 중개인을 거쳐야 하지만 나도 내 몫을 내고 있다고. 그 기금으로 저 가난한 사람들을 먹이는 거지. 하지만 저들의 꿈은 예수가 다시 이곳에 지나가고 큰 잔치가 열리는 거야. 매주 찾아와서 나를 괴롭히고 있어!"

우리는 다시 먹고 마시기 시작했다. 밖에 있는 이들을 생각하자니 마음이 편치는 않았지만 나는 코스타바와 좋은 관계를 맺어야 했다. 그에게 관세를 물어야 할 일은 이번이 마지막이 아닐 게 분명했기 때문이다. 나는 깊이 생각하며 코스타바와 대화를 이어갔다. 하지만 다시 방해를 받았다. 이빨 빠진 노인이 몰래 창가로 다가온 것이다. 그는 오두막 안으로 머리를 들이밀고는 쉰 소리로 그르렁거렸다.

음식을 대접할 때, 친구와 형제,
친척과 부유한 이웃을 초대하지 말라.
그들은 다시 너희를 초대하여 그것을 네게 갚는다.
오히려 네가 음식을 대접할 때
가난한 자와 장애인, 저는 자와 눈먼 자를 초대하라.
그러면 네가 복되리니,

---

[6] 유대인의 빈민 구제 제도는 잘 조직되어 있었다. 그 지역에 상주하는 가난한 자들에게는 하루 두 끼에 해당하는 물자를 매주 나누어주었다. 타지 출신의 가난한 자들에는 매일 두 끼 식사를 제공했다. 세리들의 금고에서 빈민 구제 기금을 위한 기부금을 받는 것이 금지될 정도로 세리들은 경멸의 대상이었다. 하지만 그들이 다른 방식으로 기부금을 내는 것은 허락되었다.

그들이 네게 갚을 수 없기 때문이다.

너는 의인들이 부활할 때에 네 보상을 받을 것이다![7]

오두막 안에다 이 말을 쉰 목소리로 밀어 넣은 후 그는 다시 머리를 뺐다. 코스타바가 말했다.

"이건 저들이 내게 자주 읊조리는 예수의 말이라네. 잘 봐. 이제 곧 2편이 뒤따른다고!"

이제는 무리의 합창이 들렸다. 그들은 한 시구를 시위 때 구호 외치듯 운율에 맞춰 소리치고 있었다.

내게로 오라,

수고하고 무거운 짐 진 자들아.

내가 너희에게 쉼을 주리라.

내게로 오라,

수고하고 무거운 짐 진 자들아.

내가 너희에게 쉼을 주리라.[8]

그들은 이 말을 반복했다. 견디기 힘들었다. 마침내 코스타바가 일어나 밖으로 나갔다. 그는 인내심을 잃었다. 고래고래 악을 쓰

---

[7] 루가 14:12~14 참조
[8] 마태 11:28 참조

국경 사람들

는 그의 목소리가 들려 왔다.

"이제 너희에게 쉼을 주지! 당장 꺼져! 사라져버리란 말이다! 우리도 이제 쉬고 싶다고!"

무리는 잠잠해졌다. 한 아이가 조용히 코스타바에게 물었다. "이제 저희를 식사로 초대하시는 건가요?" 다시 노인의 그르렁거리는 목소리가 들렸다. "코스타바, 당신도 예수의 비유를 알지 않소?"[9]

> 한 남자가 큰 잔치를 열고 많은 사람을 초대했습니다. 그리고 잔치 시간에 다음과 같이 말하도록 자기 종을 보냈지요. '어서 오십시오. 이제 잔치가 준비됐습니다.' 그런데 모두가 똑같이 핑계를 늘어놓기 시작한 겁니다. 첫 번째 사람이 종에게 말했지요. '저는 밭을 사서 불가피하게 나가서 그 땅을 살펴봐야 합니다. 부디 양해 바랍니다.' 그리고 다른 사람은 말했지요. '저는 황소 다섯 쌍을 사서 시험해보기 위해 가봐야 합니다. 부디 양해 바랍니다.' 또 다른 사람도 말했지요. '저는 결혼해서 갈 수가 없습니다.' 종은 가서 이를 자기 주인에게 보고했습니다. 그때 집주인은 분노하여 종에게 말했습니다. '속히 대로와 골목길로 나가 가난한 자와 불구자, 눈먼 자와 저는 자들을 이리고 데려오너라!' 종은 사람들을 불러모은 뒤 이렇게 말했습니

---

[9] 루가 14:16~24 참조

다. '주인님, 명령하신 대로 했습니다. 그런데도 여전히 자리가 남았습니다.' 그때 주인이 종에게 말했지요. '국도와 경계울타리로 가서 내 집이 다 차도록 억지로라도 사람들을 오게 해라!' 그러므로 제가 여러분께 전합니다. 초대받았던 저 사람들 가운데 그 누구도 내 잔치를 맛보지 못할 것입니다.

나는 다른 이들이 노인의 말을 경청한다는 사실을 깨달았다. 코스타바 역시 귀 기울여 듣는 것 같았다. 노인의 이야기가 끝났을 때 코스타바가 덧붙였다.

"비유를 끝까지 이야기하지 않는군. 그 이야기 다음은 이렇게 되지."

그러나 손님을 초대한 주인이 손님들을 보려고 들어왔을 때 주인은 거기서 제대로 의복을 갖춰 입지 않고 누더기를 걸치고 있는 사람을 보았습니다. 그리고 주인은 그에게 말했지요. '이보게, 제대로 된 의복도 갖춰 입지 않고 어떻게 내 식사 자리에 들어왔는가?' 그 사람은 아무 말도 하지 못했습니다. 그때 주인이 종들에게 말했습니다. '그의 손과 발을 묶어 바깥 어둠 속으로 던져라. 거기서 통곡하며 이를 갈 것이다.'[10]

---

[10] 마태오 복음에서만 발견되는 이 부분(여기서는 집주인이 왕으로 등장한다)은 연구자들 대다수의 일치된 견해에 따르면 예수 비유에 대한 후대의 첨가다(마태 22:11~14 참조).

코스타바의 목소리는 날카롭고 차가웠다. "자, 이제 사라져라. 그렇지 않으면 너희 손과 발을 사슬에 채워 감옥에 던져 넣을 군인들을 부르겠어!"

한 아이가 소리쳤다. "예수는 그런 결말을 말한 적이 없어요! 당신이 지어내 덧붙인 거죠? 그건 틀렸어요! 거짓말이라고요!"

코스타바가 호통쳤다. "이게 진짜 결말이라고. 너희들 모두 똑같은 일을 겪게 될 거야. 어서 썩 꺼져. 이 더러운 천민들아!"

오두막 안에 있던 나는 뜨거운 숯 더미 위에 앉은 기분이었다. 나가서 이 분위기를 누그러뜨려야 할까? 예수의 비유는 내 마음을 사로잡았다. 아이가 옳다. 코스타바가 덧붙인 결말은 맞지 않았다. 하지만 난 코스타바도 이해했다. 이 사람들에게 끊임없이 시달린다는 건 형벌이나 마찬가지였다. 일단 그의 작전은 성공했다. 나는 무리가 멀어져 가는 소리를 들었고 코스타바가 오두막으로 들어왔다.

"드디어 가는군. 이놈들은 국가적 재앙이야. 예전에는 빵만 슬쩍 쥐어져도 고마워하며 떠났지. 그런데 예수와 레위 같은 인간들이 희망을 선물한 이래로 더 뻔뻔하게 행동하고 있어. 저들은 대격변을, 하느님의 나라를 기다리지. 그날이 오면 예수와 함께 풍성하게 차려진 식탁에 앉게 될 거라는 거야. 절룩거리며 다리 저는 이들, 기침하며 엉망이 된 이들이 말이야. 행복을 누릴 순간이 다가온다는 거지. 하느님께서 예정해 놓으셨지만 이곳 사람들은 허락하지 않는 그 행복 말이야. 그때부터 저들은 어쩌구니없는 희망을 붙들고 살지. 어떤 마을도, 어떤 국가도, 어떤 인간도 들어줄 수 없는 요구를 말하면서. 그런 건 다른 세상에서나 가능한 일이야. 이 땅에서 통할 이야기가 아니라고!"

"아이들이 참 딱하네요. 가난하게 태어나서 뭘 할 수 있었겠어요."

"그건 당신 말이 맞지. 나라고 저놈들을 냉정하게 쫓아내는 게 쉽겠나? 하지만 내가 뭘 어쩌겠어? 내가 한 번이라도 저놈들에게 먹을 걸 주기 시작한다면 사방에서 거지들이 몰려올 거야. 레위가 한 일이 바로 그거야. 그는 여기 먹을 게 있다고 사람들을 길들여 놨어. 가끔 그런 생각을 하지. 레위가 사라진 이유가 그 때문은 아닌가 하고. 그는 이 상황을 견딜 수 없었던 거야. 도를 넘은 거지. 어떻게 항상 저 모든 이를 부양할 수 있겠나? 선택해야 했겠지. 파산하거나 세관 일을 포기하거나! 어쨌든 그는 사라졌어. 예수를 따라갔지. 레위가 만들어 놓은 상황에 내가 엮이고 싶지 않다는 걸 자네는 이해하겠지? 난 세관 일로 내 가족을 부양해야 해. 그냥 사라져 버릴 수 없다고. 레위처럼 자선으로 내 사업을 망치게 둘 수 없어. 빈민 구제 기금에 내 몫만 잘 내면 되잖아. 그 이상은 어쩔 도리가 없어."

이미 늦은 시간이었다. 우리는 시간에 맞춰 베싸이다에 도착하기 위해 서둘러야 했다. 나귀에 앉아 호수와 접한 길을 터벅터벅 걸었다. 갈릴래아 호수는 햇살에 반짝이고 있었다. 창백한 그림자와도 같은 산들이 호수와 대조를 이루고 있었다. 평화로운 늦은 오후였다.

갑자기 세관에서 만났던 거지 아이들이 나타났다. 그들은 손을 맞잡고 우리 길을 막았다.

"무슨 짓이야?" 내가 물었다.

"우린 세리 놀이를 하고 있어요."

"그럼 여기가 국경이란 말이니?"

"여기서부터 하느님의 왕국이 시작된답니다!"

벌컥 화를 내려 했지만 참았다. 이 조그만 아이들의 부탁 하나 들어주지 못하겠는가? 나는 아이들과 함께 놀아주기로 했다.

"너희 나라에 들어가려면 어떻게 해야 하지?"

아이들은 웃었다. 제일 나이 많은 아이가 말했다.

> 만일 여러분이 다시 아이들과 같이 되지 않는다면,
> 여러분은 하느님 나라에 들어가지 못할 것입니다.[11]

"너희 나라는 누가 다스리지?"

"이 나라는 우리가 다스려요. 아이들이요. 하느님의 왕국은 우리 거예요!"[12]

"그럼 난 통행세로 뭘 내야 할까?"

"먹을 걸 좀 주세요!"

---

[11] 마태 18:3 참조
[12] 마르 10:14 참조

"그게 전부니?"

"아저씨가 이렇게 쉽게 들어갈 수 있는 왕국은 없어요. 그저 가지고 있는 것 중에 약간만 내주면 돼요. 그럼 왕국은 아저씨 거예요."

난 이 모든 게 아이들의 장난일 뿐인지, 아니면 진실이 담긴 놀이인지 헷갈렸다.

"그래 좋아. 자, 여기 너희 왕국 통행세다. 받거라."

나는 아이들에게 둥글고 납작한 빵 몇 개와 과일을 나누어 주었다. 아이들의 눈이 환하게 밝아졌다. 아이들은 길을 열어주었고 우리는 지나갈 수 있었다. 또 하나의 국경을 넘었다.

친애하는 크라칭어님께,

이번 장이 마음에 드신다니 기쁩니다. 하지만 당신이 제시한 엄격한 학문적 기준 때문일까요? 당신은 이러한 질문을 던지셨습니다. 세리의 잔치 전승(마르 2:15~17)이 당시 그리스도교 공동체의 문제를 표현하고 있는 것은 아니냐는 질문 말입니다. 원시 그리스도교 공동체는 예수가 세리와 죄인과 함께 음식을 먹었다는 이야기가 필요했습니다. 이를 통해 이방인들이 유대교 음식 계명을 지키지 않는 경우가 있더라도 공동체 안에서 이방 그리스도교인과 유대 그리스도교인들의 공동 식사를 정당화해야 했기 때문이지요. 이 문제는 40년대 말 안티오키아(안디옥)에서 불거진 긴박한 것이었습니다.[1] 세리의 잔치 전승은 이 문제를 해결하기 위해 생겨난 것일까요?

이 이야기는 갈릴래아 호수(가파르나움)에 있는 세관을 전제합니다. 국경 근처일 수밖에 없는 곳이죠. 예수 시대에 가파르나움과 베싸이다 사이에는 국경선이 있었습니다. 이 국경선은 1세기를 지나면서 사라졌지요. 이 국경선은 아그리빠 1세가 요르단 동쪽과 서쪽을 통합했던 AD 39~44년에는 없어졌습니다. 그의 아들 아그리빠 2세 치하인 AD 54년부터 1세기 말에 이르기까지 그것은 국경선의 역할을 하지 못했습니다. 44년부터 54년 사이에 국경선의 사

---

[1] 갈라 2:11 이하 참조

정이 어땠는지를 파악하기란 어렵습니다. 아마도 요르단 동쪽 지역과 서쪽 지역은 로마의 한 속주로 통합되었을 겁니다. 다시 말해 세리의 잔치 전승은 예수 시대에 존재했던 상황을 전제하고 있습니다. 이 이야기는 우리를 30년대로 이끌어 갑니다. 우리는 이 이야기를 따라 원시 그리스도교 공동체에서 유대인과 이방인의 공동 식사가 문제 되지 않던 시기로 거슬러 올라가는 셈입니다. 사도회의가 열렸던 40년대에도 공동 식사는 긴박한 문제가 아니었습니다.

그렇다면 세리의 잔치 전승은 역사적 기억을 보존한 이야기라고 볼 수 있을까요? 하지만 적어도 이 이야기가 나중에 공동 식사 문제를 해결하기 위해 사용되었다는 것에는 논란의 여지가 없다고 봅니다.

인사를 전하며,

게르트 타이센

제13장 · 한 여인의 반박

이곳저곳에서 예수에 관해 묻고 다녔지만 우리는 어디서도 그를 만나지 못했다. 베싸이다로 가는 길에서도, 갈릴래아 호수를 따라 티베리아로 돌아오는 길에서도 그를 발견하지 못했다. 많은 이가 그에 관해 들었고 수많은 이가 그를 보았다. 그는 거의 모든 곳에 있었던 것처럼 느껴졌다. 그때그때 머물렀던 장소에 대한 소문이 사실이라면 그는 상상할 수 없을 정도로 빠르게 장소를 옮겨 다닌다고 생각할 수 있을 것이다. 누군가 우리에게 예수가 물 위를 걸어 다녔다고 이야기해 준 것도 놀랄 일은 아니었다.[1] 그는 여러 장소에 예상치 못하게 불쑥 나타났다가 곧 사라졌다. 또 하나의 수수께끼는 그가 자신을 따르는 그 많은 이를

---

[1] 마르 6:45~52 참조

어떻게 먹였는가 하는 것이다. 사람들은 그가 빵을 불어나게 할 수 있다고 수군거렸다. 7개의 빵으로 4,000명을 먹였다는 이야기도 들렸다. 다른 이야기에서는 5개의 빵으로 5,000명을 먹였다고 전해졌다.[2] 나는 한 마디도 믿지 않았다. 예수에게 불가능이란 없어 보였다. 사람들은 누군가 병자를 낫게 하면 그 사람의 모든 것을 믿곤 하지 않는가. 예수와 관련된 모든 기적 이야기는 그가 기적을 행하는 자라는 명성에 에워싸여 있었기에 생겨났을 것이다.

나는 이 기적들 가운데 하나는 설명할 수 있을 것 같았지만 확신할 수는 없었다. 우리는 티베리아에 도착해서 우리 가게에 짐을 가져다 놓았다. 티몬과 말코스는 그곳에 남고 나는 쿠자의 집으로 향했다. 그의 집은 그리스-로마풍의 현대식 가옥이었다. 기둥이 늘어선 가운데 마당 주변에 여러 개의 방이 있었다. 이층에는 휴게실이 있었는데 탁 트인 갈릴래아 호수의 장관을 볼 수 있는 곳이었다. 나는 요안나와 휴게실에 앉아 안티파스의 농장에서 곧 돌아온다는 쿠자를 기다렸다.

난 대화의 주제를 예수에 맞췄다. 요안나는 내게 예수에 관한 이야기를 가장 먼저 해준 사람이었다. 그녀가 예수를 후원한다는 말을 들었을 때 난 내 귀를 의심했다. 그녀는 숨김없이 이야

---

[2] '기적적인 빵 공급'에 대한 두 가지 텍스트를 참조하라. 마르 8:1~9는 4,000명을 위한 7개의 빵을, 마르 6:35~44는 5,000명을 위한 5개의 빵을 언급한다. 여기서 우리는 기적적인 일이 확장되었음을 명백하게 알 수 있다.

기했다.

"전 예수에게 돈과 생필품을 보내요.[3] 남편은 모르죠. 그에게 아무 말도 해서는 안 돼요. 전 가능하다면 예수의 말을 듣기 위해 그를 찾아갈 생각이에요."

지금까지 내가 만난 예수의 추종자들은 모두 서민이었다. 하지만 요안나는 상류층에 속했다. 그래서 나는 물었다.

"그를 후원하는 다른 부자들도 있나요?"

"몇몇 있지요. 예수는 여러 곳에서 후원을 받고 있답니다."

"그렇다면 사람들이 전하는 이야기와는 맞지 않네요. 그가 마술적인 능력으로 자기 추종자들을 먹인다고 하던데. 너무 황당한 이야기도 들었어요. 그가 빵을 불어나게 했다지 뭡니까."

"사람들은 이런저런 이야기를 할 수도 있겠죠. 제가 아는 분명한 건 이거에요. 저나 다른 사람이 예수에게 빵과 생선, 과일 같은 음식을 보내면 하인들이 이를 가져다 사람들 앞에 꺼내놓지요. 사람들은 그렇게 많은 음식을 본 적이 없으니 기적이 일어났다고 느낄 수도 있을 거예요. 그리고 사람들이 기적을 원한다면 실제로 기적은 일어나요."

"어떻게 말입니까?"

"모두가 나눠 먹을 만큼 충분한 빵이 있다고 믿게 되면 사람들은 더는 배고픔을 두려워하지 않아요. 자신이 숨겨놓고 몰래

---

[3] 루가 8:3에 따르면 "헤로데 안티파스의 청지기 쿠자의 아내 요안나"는 자기 재산으로 예수를 후원하던 여인 중 하나다.

먹으려던 빵까지 꺼내놓게 되죠. 자기 빵을 다른 이에게 주는 거예요. 손해 볼지도 모른다는 두려움이 사라진 거죠."

"빵이 기적적으로 불어났다는 이야기가 그렇게 설명될 수 있다고 생각하시는 건가요?"

"꼭 그렇다는 건 아니에요. 여기서는 이런 식으로 저기서는 저런 식으로 일어났다고 분명히 말할 수는 없겠지요. 사람들은 예수가 놀라운 방식으로, 일하거나 구걸하거나 조직을 꾸리지 않고서도 돕는 사람들을 찾아낸다는 데 놀라워하는 거예요."

"하지만 어느 곳이든 빵을 똑같이 나누어야 한다는 생각은 누구나 할 수 있는 게 아닌가요?"

"물론이죠. 사람들은 그렇게 희망하죠. 몇몇 사람들은 예수가 메시아로 나타나기를 열망하고 기대해요. 그가 정의를 회복하고 만물을 풍성하게 하고 모든 것을 선하게 만들고 로마인을 추방하기를 고대해요."[4]

"그렇다면 그는 정말 위험한데요!"

나는 하던 말을 끝낼 수 없었다. 쿠자가 오는 소리가 들렸기 때문이다. 우리는 인사를 나눴고 자리에 앉은 후 곧바로 본론으로 들어갔다.

---

[4] (BC 1세기에 쓰인) 이른바 솔로몬의 시편 17편은 예수 시대에 메시아를 향한 기대가 어떠했는지를 보여준다. 여기서 메시아는 적들을 몰아내고(솔로몬의 시편 17:25) 백성을 모으며 거룩하게 만든다. "그리고 체류자와 이방인들이 더는 그들과 함께 거하지 않을 것입니다." (솔로몬의 시편 17:28)

"모든 갈릴래아 사람이 예수에 관해 말하네. 커다란 화제지. 그를 어떻게 생각하나? 그는 반란을 일으킬 폭도인가?"

쿠자가 답했다. "헤로데 안티파스는 이 사태를 심각하게 여기네. 세례자를 처형했기 때문에 양심의 가책을 느끼고 있어. 그가 가진 문제 중 어느 하나도 제대로 해결된 게 없네. 언젠가는 예수가 다시 살아난 요한이라는 터무니없는 말까지 했다네. 그래서 기적을 행할 수 있는 게 아니냐고 말이야.[5] 그는 두려워하고 있어. 온갖 미신을 믿기 시작했다네. 심지어 죽은 이들의 부활까지 믿지!"

"하지만 바리사이파 사람들과 다른 이들도 그렇게 믿는 거 아닌가?"

"우리는 아니지. 안티파스와 나는 사두가이파 신앙 노선을 지지하고 있네.[6] 우리 사두가이파들은 영혼이 육체와 함께 소멸한다고 믿지. 새롭고 더 좋은 세상 따위는 기대하지 않아. 우리의 가르침을 따르는 자들은 소수지만 대부분 고위층에 속해 있네. 이에 반해 바리사이파 사람들과 그들의 추종자들은 주로 하층민들이지. 그들은 영혼 불멸을 믿고 이 세상에서 어떻게 살았는가

---

[5] 마르 6:14 참조. 예수가 부활한 세례자로 간주된다면 그것은 이전에는 그가 전혀 알려지지 않았다는 사실을 전제한다. 따라서 헤로데 안티파스의 두려움에 대한 이 짧은 이야기는 여전히 예수가 살았던 시기에 예수가 등장했을 때 사람들이 어떻게 반응했는지를 보여준다.

[6] 사두가이파 사람들의 가르침에 대해서는 *Antiquitates Judaicae*, 18권 1장, 16~17을 참조하라. 이 책의 묘사들은 이 문서에 근거하고 있다.

에 따라 저세상에서의 상벌이 결정된다고 믿어. 예수와 그 추종자들은 우리보다는 바리사이파 사람들에 가깝네."

"하지만 바리사이파는 정치적으로 위험하지 않아. 그들은 산헤드린에 대표로 참여하고 있어.[7] 관리들과 협력하기도 하지. 물론 젤롯당에 가입할 정도로 극단적인 이들이 있기는 하겠지. 하지만 그들은 예외야. 예수가 그런 극단주의자들 중 하나라고 믿는 건가?"

"그렇진 않아. 나는 예수가 위험하지 않은 망상가라고 생각해. 그의 모습에서 예언자, 심지어 메시아를 보는 수많은 사람이 없었다면 그는 쉽사리 잊혔을 거야. 사람들이 문제지. 예수는 아니야. 특히 예수를 후원하는 작자들, 그 정신 나간 사람들이 돈과 생필품을 보내서 이 괴팍한 사람들의 모임이 생명력을 이어가는 거야. 그 후원이 없었다면 이 고귀한 방랑자들의 운동은 오래전에 사그라들었을 걸세. 하지만 예수의 무리는 자신들의 사상을 성공적으로 팔아먹고 그걸로 연명하지."

요안나의 얼굴이 빨개졌다. 그녀는 침을 삼켰으나 아무도 눈치채지 못하도록 애를 썼다. 그녀의 잠긴 목소리가 울렸다.

"하지만 그 사상이 그렇게 나쁜 것만은 아닐지도 모르잖아

---

[7] 산헤드린은 유대인들의 국가 공의회다. 여기에는 (사두가이파 성향의) 대사제들과 평귀족의 대표자들이 있었다. 살로메 알렉산드라Salome Alexandra 여왕(BC 77~67년) 이래로 바리사이파 사람들도 산헤드린 안에 대표자로 참여했다. 이러한 조치는 원래는 반대파였던 바리사이파 사람들이 기존 질서를 잠정적으로라도 받아들이는 방향으로 돌아서게 하는 데 크게 기여했을 것이다.

요?" 이제야 쿠자가 활기를 띠었다. 그의 목소리가 커졌다.

"나쁜 게 아니라고? 세계 멸망을 예언하는 그 예언자가 대체 무얼 설교하고 다니지? 하느님의 통치야! 모든 게 달라진다는 거야. 영생도 곧 시작되고! 당신은 왜 이 사상이 단순한 서민들에게 그렇게나 사랑받고 있는지 생각해 본 적은 있는 거요? 왜 우리 사두가이파의 가르침이 상류층에게만 통하는지 말이오. '인간의 운명은 짐승의 운명과 매한가지다. 짐승이 죽는 것처럼 인간도 죽는다.'[8] 오직 우리만 인간과 죽음에 대한 환상을 만들지 않기 때문이오. 오직 우리만 현실적인 충고를 하지. '가서 기뻐하고 네 빵을 먹어라. 네 포도주를 기분 좋게 마셔라. 그렇게 하느님은 너를 기뻐하신다!'[9] 우리는 부활이나 불멸을 믿지 않는 거의 유일한 사람들이야!"

요안나는 반박했다. "하지만 헤로데 안티파스조차 세례자 요한이 완전히 죽었다고 확신하지 못하잖아요?"

"그러니까 그게 추문이라는 거요! 어떻게 그가 그런 미신에 빠질 수 있는 건지. 그런 미신에 매달리는 건 서민들뿐이야. 향유할 수 있는 그 어떤 것도 갖고 있지 못하니까. 그들에겐 노동과 염려, 학대만 있을 뿐이오. 그렇기에 모두가 먹을 곳이 있다는 저세상에 대한 희망으로 자신들을 위로하는 거지. 이 희망은 병든 삶에서 유래한 병든 희망이야. 예수는 이 병든 사상을 술술

---

[8] 전도 3:19 참조
[9] 전도 9:7 참조

풀어내는 거지. 사람들에게 꿈을 심어주는 거야. 그는 소리치지.

내게로 오십시오.
수고하고 무거운 짐을 진 여러분!
내가 여러분께 쉼을 주겠습니다.[10]

그를 수고하고 무거운 짐 진 자들 곁에 내버려 두자고. 그는 거기서 정신 나간 사상을 전파하겠지. 그 사람들은 우리 삶에서는 아무것도 찾을 게 없어."

요안나가 펄쩍 뛰었다. 그녀의 얼굴은 붉게 상기돼 있었다.

"그만 해요, 쿠자! 더는 들을 수가 없네요. 아무래도 서민들의 꿈과 희망에 대해서는 우리 여자들이 당신네 남자들보다 더 많은 걸 이해하고 있는 것 같네요. 당신 말은 틀렸어요!"

쿠자는 고집 세게 맞섰다. "그자가 하느님의 통치라는 헛된 희망으로 사람들을 달래는 게 맞지 않나? 그 이전의 여러 사람처럼?"

요안나가 대꾸했다. "많은 이가 하느님의 통치를 열망했지요. 하지만 예수는 말해요. '지금 그 일이 시작되고 있다. 먼 훗날까지 기다릴 필요가 없다.' 언젠가 어떤 사람이 하느님의 통치가 언제 오느냐고 그에게 물었죠. 그때 예수가 말했어요.

---

[10] 마태 11:28 참조

> 하느님의 통치는 사람들이 외적인 징조로
> 예견할 수 있는 것처럼 오지 않습니다.
> 또한 '여기 있다' 혹은 '저기 있다'고 말할 수도 없을 겁니다.
> 보십시오, 하느님의 통치는 여러분 안에 있습니다.[11]

사람이 볼 수 없는데도 하느님의 통치가 거기 있을 수 있다는 데 대해 누군가는 의문을 제기했지요. 그때 그가 말했어요.

> 만일 내가 하느님의 영으로 마귀를 쫓아내고 있다면,
> 하느님의 통치는 이미 여러분 곁에 와 있는 것입니다."[12]

쿠자는 물러서지 않았다. "내가 바로 그걸 이야기하는 거야! 그자가 무엇으로 희망을 만들어내지? 기적이야! 마술이라고! 서민들은 자신의 힘을 믿지 못하지. 그래서 위대한 기적을 행하는 이들을 동경하는 거야. 자신들은 스스로 해낼 수 없다고 생각하는 것을 그자들이 이뤄준다는 거지. 그래서 서민들은 예수에 관한 이야기들을 지어내고 있는 거요. 예수가 행한 적도 없는 이

---

[11] 루가 17:21. '하느님의 통치는 너희 안에 있다'는 번역은 논쟁의 여지가 있다. 많은 사람이 '너희 가운데'로 번역한다. 예수는 다음과 같이 주장한다. '하느님의 통치는 마귀들의 통치를 대체한다.' 마귀들이 인간의 내부로부터 나가면 하느님의 통치가 시작된다. 그러므로 여기서 하느님의 통치는 내면적인 것이 아님에도 불구하고 명백히 인간의 내부에서 시작된다. 이는 온 세상의 놀라운 변혁과 연결되어 있다.

[12] 마태 12:28 참조

야기들을 말이오. 얼마 전 한 사람이 예수가 펼쳤다는 기적을 이야기 해주더군. 그런데 그 이야기는 내가 이미 알고 있던 시리아 사람 이야기와 똑같았어.[13]

당신도 이 시리아 사람을 알 거야. 그는 달을 보고 넘어져 눈을 부릅뜨고 입에 거품을 잔뜩 무는 사람들만을 따로 모았지. 그리고는 그 사람들을 일으켜 세우고 건강하게 만들어 돌려보내. 그리고는 엄청난 보상을 챙긴다는 거야. 이 일은 이런 식으로 진행되네. 먼저 그가 바닥에 누워 있는 사람 앞에 서서 마귀가 어디서 몸으로 들어갔냐고 물으면 환자는 말을 안 해. 하지만 마귀가 그를 대신해서 그리스어나 다른 나라 말로, 인간에게 들어가기 전 마귀가 살았던 나라말로 대답하지. 그러면 그 시리아 사람은 주문을 외워. 마귀가 복종하지 않으면 강력하게 위협해 마귀를 쫓아내지." 그 후에 내 친구는 눈을 찡끗하며 덧붙였다. "나는 검고 그을린 마귀 하나가 나가는 것도 직접 봤다고!"

나는 웃지 않을 도리가 없었다. 요안나도 미소 지었다. 하지만 그녀는 다시 진지해졌다.

"당신은 예수에 관한 이야기들을 주의 깊게 들어봤나요? 이야기가 비슷하게 들리긴 해요. 하지만 그는 치유에 대해 어떤 보상도 요구하지 않아요. 더 중요한 건 예수 또한 사람들이 자기

---

[13] 이 기적 이야기는 고대의 풍자 작가 사모사타의 루키아노스Lucianos(AD 120~180년경)의 대화편 『필롭세우데스』Φιλοψευδής(거짓말에 대한 애정) 16장에 있는 이야기다.

자신의 힘을 믿지 못해 기적을 과장되게 믿는다는 사실을 알고 있었다는 거예요. 그래서 그는 이렇게 자주 강조하죠. '당신의 믿음이 당신을 낫게 했습니다.'[14] 그리고 이렇게 분명히 말해요. '제가 기적을 행한 게 아닙니다. 당신 안에 건강하게 되는 힘이 숨겨져 있습니다.' 그는 사람들이 갖고 있는 미신적인 불신에서 서민들을 치유하는 거라고요!"

쿠자가 대답했다. "하지만 그는 사람들에게 이 삶은 가치 없다고 말하지 않나? 좋은 삶은 나중에야 시작된다면서."

요안나는 다시 반박했다. "예수는 정반대로 말해요. 지금 때가 찼다고요. 바로 지금이 기쁨의 시간이라고요. 그래서 지금은 결혼 잔치에 있을 때처럼 금식하는 게 불가능하다고 말해요.[15] 사람들은 지금 행복할 수 있다고요. 언젠가 그가 사람들에게 외쳤어요.

> 여러분이 지금 보는 것을 보는 눈은 행복합니다.
> 많은 예언자와 제왕도
> 여러분이 지금 보는 것을 보려고 했으나 보지 못하였고
> 여러분이 듣는 것을 들으려 했으나 듣지 못했습니다.[16]

---

[14] 마르 5:34, 10:52, 루가 7:50, 17:19, 마태 9:29 참조

[15] 마르 2:18~19 참조. 예수는 이 점에서 세례자 요한과 구별된다. 예수는 (최소한 유난스러운) 관습적인 금식을 거부했다.

[16] 루가 10:23~24 참조

예수의 이 말은 이런 뜻이에요. '여러분의 삶은 왕들과 예언자들의 삶보다 더 가치 있습니다. 여러분은 그들보다 더 행복합니다. 솔로몬의 지혜를 들으려고 먼 곳에서 왔던 세바(스바)의 여왕보다 더 행복합니다.'"[17]

쿠자는 여전히 납득하지 못했다. "당신은 사실을 왜곡하고 있어. 예수라는 작자는 사람들에게 공상적인 자의식을 주입하고 있지. 그들은 가련한 가난뱅이들이면서도 왕보다도 더 가치 있는 존재라는 망상을 품고 있어. 하지만 일상에서는 왕에게 계속해서 머리를 조아려야 하지. 예수는 저항해서는 안 된다고 가르치지 않던가? 그러니 전형적인 서민의 윤리를 가르치는 셈이야. 모든 걸 참고 감수해야만 하는 사람들의 윤리 말이지."

요안나는 포기하지 않았다. 이전보다 더 열정적으로 자기 의견을 말했다.

"당신들이 예수에 대해 잘못 생각하는 게 뭐냐면, 그가 말하는 바가 정확하게 옹색한 서민 윤리의 반대라는 점이에요. 예수는 지금껏 당신들의 특권이었던 그 태도를 서민들에게 가르치고 있어요! 걱정 없이 사는 게 상류층의 특권 아닌가요? 그런데 예수는 이 특권이 모두를 위해 존재한다고 말하죠. 아무것도 갖고 있지 않은 사람들을 위해서도 말이에요.

---

[17] 마태 12:42 참조

여러분의 생명을 위해서
무엇을 먹을지 또는 무엇을 마실지 염려하지 마십시오.
여러분의 몸을 위해서
무엇을 입을지 염려하지 마십시오.
생명이 음식보다 더 가치 있지 않습니까?
몸이 옷보다 더 가치 있지 않습니까?
하늘 아래 새들을 보십시오.
그들은 씨를 뿌리지도 않고, 추수하지도 않으며,
곡물 창고에 모아놓지도 않습니다.
하지만 하늘에 계신 여러분의 아버지가 그들을 먹이십니다.
여러분은 그들과 얼마나 많이 구별되는지요![18]

이게 서민의 윤리인가요? 예수는 사람들을 솔로몬과 비교하고 있어요. 들판의 백합들이 솔로몬 왕이 옷을 입은 것보다 더 화려하다면 이 사람들은 얼마나 더 그렇겠어요? 그리고 적을 두려워할 필요가 없다는 게 힘 있는 자들의 특권 아닌가요? 힘 있는 자들은 아량을 베풀 수 있죠. 적들이 자신을 해칠 수 없고 자기와 화해할 수밖에 없다는 걸 알기 때문이에요. 하지만 예수는 힘 있는 사람뿐만 아니라 모든 사람에게 이렇게 말해요.

---

[18] 마태 6:25~26 참조

여러분은 원수를 사랑하고,
여러분을 박해하는 자들을 위해 기도하십시오.
그러면 여러분은 하늘에 계신 여러분 아버지의 아들들이 될 것입니다.[19]

모든 사람이 하느님의 자녀가 된다는 거죠. 이전에는 이스라엘의 왕들만 하느님의 아들이라 불렸잖아요. 하지만 예수는 원수에게 아량을 베푸는 사람 모두를 그렇게 불러요. 모두가 왕인 셈이죠. 또 법을 정하고 옛 법을 폐기하는 게 힘 있는 자들의 특권 아닌가요? 그런데 예수는 새로운 법을 정해요."

여러분은 옛사람들에게 하신 말씀을 들었습니다.
살인하지 마라!
살인하는 자는 심판을 받는다!
하지만 저는 여러분께 말합니다.
자기 형제에게 화내는 자는
누구나 심판을 받습니다.[20]

쿠자의 낯빛이 창백해졌다. 그는 힘겹게 더듬거리며 말을 꺼냈다.

---

[19] 마태 5:44~45 참조
[20] 마태 5:21~22 참조

"그런데 그는 왜 단순한 백성들에게만 자기 교리를 설파하는 거지? 왜 티베리아로 와서 안티파스를 가르치지 않냐는 말이야. 답은 하나야. 그는 서민들의 꿈을 대신 꾸고 있는 거라고."

요안나가 동의했다. "그래요. 그는 서민들의 꿈을 꾸죠. 그는 부자와 권력자에게 기대지 않아요. 그러면 그는 대체 무엇을 원하는 걸까요? 이 서민들은 머리를 조아려야 하는 사람들이에요. 예수는 그들이 근심에서 자유로워지기를 바라죠. 그들은 자기 삶이 중요하다고 느끼거나 생각하지 못했던 사람들이에요. 예수는 그들에게 그들 자신의 삶이 가치 있다는 생각을 심어줘요. 당신들 모두는 이게 두려운 거 아닌가요? 당신들과 헤로데 안티파스는 서민들이 자신들의 가치를 깨닫는 걸 두려워하는 거예요. 그래서 예수를 죽이겠다는 소문을 퍼뜨렸죠. 예수가 국경선 너머로 사라지게 말이에요. 그가 당신들을 더는 귀찮게 하지 않도록, 서민들이 반역적인 생각에 이르러 당신들의 위협이 되지 않도록 말이에요!"

쿠자는 화제를 돌리려 시도했다. 그는 웃으며 내 쪽으로 몸을 기울였다.

"조금 전 내게 물었지. 예수가 폭도냐고. 적어도 한 가지는 분명하네. 그가 내 아내를 이미 반항적으로 만들어버렸어!"

요안나는 약간 주저하다가 말했다. "아니에요. 나를 반항적으로 만든 건 당신이에요!"

"내가?" 쿠자는 놀라서 물었다.

"당신이 예수와 그의 사상을 헐뜯을 때 나는 상처받았어요."

"그 사상이 당신에게 그토록 중요한지 난 몰랐다고."

"쿠자, 난 당신이 날 경멸할지도 몰라 두려웠어요."

"왜 그리 생각하지?" 쿠자는 아내를 여전히 이해하지 못했다.

"당신은 유별난 여자들을 싫어하잖아요."

"난 당신이 유별난 여자라고 한 번도 생각해 본 적이 없어. 꿈에도 없었다고." 쿠자는 맹세했다.

"하지만 당신은 예수에게 돈과 생필품을 보내는 사람들을 웃음거리로 삼죠"

쿠자는 입을 벌린 채 섰다. "그러니까 당신 말은…"

요안나가 고개를 끄덕이며 말했다. "그래요. 예수를 후원하고 있어요."

"뭐라고? 내가 그걸 어떻게 알았겠어?"

잠시 정적이 흘렀다. 요안나가 조용히 말했다. "당신 몰래 그렇게 했어요. 당신한테는 말하지 않았죠. 당신한테 경멸당하고 싶지는 않았으니까요."

쿠자는 당혹스러운 눈길로 그녀를 바라봤다. "그렇지 않아! 당신이 그를 존중한다면 난 당신을 경멸하기보다 예수에 대한 내 판단을 바꿨을 거요."

"하지만 당신은 그를 조롱했잖아요."

나는 심호흡을 했다. 이 논쟁을 촉발한 사람은 바로 나였다. 그리고는 이 자리에 있어서는 안 될 사람이 느끼는 언짢은 기분과 함께 그 논쟁을 관찰했다. 나는 작별 인사를 하고 둘을 홀로 남겨두었다. 가는 곳 어디서나 예수에 대한 다툼이 벌어졌다. 부모와 자식 간에, 남편과 아내 사이에, 친구와 이웃 간에 위기가 불거졌다. 심지어 세리와 상인 사이에도 그랬다. 이 방랑설교자는 모든 것을 뒤죽박죽으로 만들고 있었다.

나는 호숫가를 따라 잠시 걸었다. 호수의 표면은 물결 없이 잔잔했다. 저 멀리 보이는 골란 산맥, 그 위로 떠 있는 줄무늬 구름, 저녁노을 빛깔, 이 모든 게 호수 위에서 선명하게 반사되고 있었다. 난 호수 위에 비친 내 그림자를 보았다. 그밖에는 나의 무엇도 이 정적 속에서 비치지 않았다. 내 생각은 이리저리 불안하게 방황하고 있었다. 가파르나움 쪽을 바라보았다. 지금 저기 어딘가 예수가 있다.

숙소로 돌아오면서 난 다시 한번 쿠자의 집을 지나쳤다. 멀리서 그의 목소리가 들려왔다. 그는 자신이 즐겨 부르던 솔로몬의 노래를 부르고 있었다. 나는 낮은 목소리로 노래의 가사를 흥얼거렸다.[21]

당신 반지의 인장처럼
나를 당신 가슴에 새겨주시오!
당신의 팔찌처럼

---

[21] 아가 8:6~7 참조

나를 당신 팔에 달아주시오!

사랑은 죽음처럼 강하기 때문이오.

격정은 지옥처럼 가혹하기 때문이오.

그 불길은 비밀로 가득 찬 불길

그 불꽃은 살아계신 하느님의 불꽃 같도다.

어떤 물로도 끌 수 없고,

어떤 강으로도 끌 수 없도다.

누군가 그것을 사러 와서

온 재산을 다 준다 해도

비웃음만 살 뿐이리라!

얼마나 아름다운 노래인가! 쿠자는 이 노래로 요안나와 화해하려는 것일까? 아니면 그저 이 밤에 자신의 아픔을 노래했던 것일까? 확실한 건 그 노래가 오직 요안나를 향한 메시지였다는 사실 뿐이다. 난 그 메시지가 응답을 받았으리라 확신한다.

   날이 어두워졌다. 하지만 공기는 낮처럼 뜨거운 채로 남아 있었다. 주위는 더 고요해졌다. 그러나 내 안의 모든 것은 여전히 불안했다. 침대에 누웠으나 잠을 이루지 못했다. 날 깨어 있게 하는 것은 열기가 아니었다. 그것은 예수에 대한 다툼이었다. 여러 목소리가 내 마음에서 윙윙거리며 떠다녔다. 요안나와 쿠자의 목소리가 들렸고, 세리와 거지, 아이들의 목소리, 바라빠의 목소리가 들렸다. 낯선 목소리들이 내 꿈과 생각을 차지했다. 나는 이것들을 밀쳐내어 다시 시작되려는 잠의 바닥 아래로 내려보내기 위해 애썼다. 그러나 성공하지 못했다. 그 목소리들은 더는 낯선 목소리가 아니었기 때문이다. 그것은 내 목소리였고 내 생각과 감정이었으며 내 불안과 희망이었다. 예수에 대한 논쟁은 내 안에서 일어나는 다툼이었고 그에 관한 이야기는 나 자신과 나누는 대화였다. 내 속에는 그를 거부하는 무언가와 그에게 매혹되는 무언가가 함께 있었다. 그의 사상을 조롱하는 무언가와 그의 사상에 매료되었던 무언가가 내 안에 함께 있었다. 나는 그로 인해 일어나는 불안을 두려워했으며 동시에 그 안에 희망이 있는 것처럼 그것을 갈망했다. 그렇게 나의 예수상은 이리저리 흔들리고 있었다.

 아침 무렵에야 나는 불안한 채 잠이 들었다. 그리고 깨어났을 때 내 삶에 무언가가 변해버린 것 같은 막연한 감정을 느꼈다.

친애하는 크라칭어님께,

최근에 신약학회에서 당신과 나누었던 대화가 자주 떠오릅니다. 저는 분명히 알게 되었습니다. 당신이 극단적으로 회의적인 입장을 대변하고 계시지는 않는다는 사실 말이지요. 예수 전승이 유대교에서도 원시 그리스도교에서도 추론될 수 없는 한, 한편으로는 예수 전승이 인정된 역사적 전승들에 견주어 모순 없는 상을 결과로 내어놓는 한, 예수의 전승이 역사적으로 신빙성이 있다고 당신도 인정합니다. 전자가 비유사성의 기준criterion of dissimilarity이라면 후자는 일관성의 기준criterion of coherence이겠지요. 예수 연구에서 통상적으로 사용되는 기준들입니다.[*]

당신은 13장 이야기가 예수의 선포에 대한 일관된 상을 제시하고 있다고 인정했습니다. 여기서 요안나는 예수가 상류층의 사고방식과 행동 양식을 서민에게 요청했다는 점, 예를 들어 가진 것이 없는 이들에게 물질적인 염려에서 자유로울 것을, 교육받지 못한 이들에게 지혜로울 것을 요청하고 있다는 점을 지적하셨습니다. 예수가 일종의 '가치 혁명'을, 하층민들에게 상류층의 가치를 획

---

[*] '비유사성의 기준'Differenzkriterium은 케제만Ernst Käsemann이 예수 전승의 진정성을 살펴보는 기준으로 제시했던 개념이다. 이 기준은 유대교와 원시 그리스도교로 연역할 수 없는 전승만을 역사적 예수에게서 비롯된 것으로 인정한다. 하지만 이 기준은 유대교 환경 안에서 성장한 예수가 자연히 유대교 종교 유산을 상당 부분 공유하고 있다는 사실을 평가할 수 없다는 한계를 지닌다.

득하라고 요청한다는 것이지요.

예수상에 대한 내적 일관성이 그 상의 역사성을 보증하지는 않는다는 당신의 이의제기는 정당합니다. 어떤 것이 역사적 신빙성을 담보한 주요자료에 부합하는가 하는 질문을 던지기 전에 우선 이 역사적인 신빙성을 담보한 주요자료의 확실성을 확보해야 합니다.

저는 유대교와 원시 그리스도교에서 추론할 수 없는 전승들만이 역사적 신빙성을 담보한 주요자료라고 생각하지는 않습니다. 어떤 경우에도 두 가지 주요자료는 확실합니다. 첫째 예수가 세례자 요한의 처형 후에 그의 추종자로 활동했다는 것, 둘째 예수 자신이 십자가에서 목숨을 잃었다는 것. 예수의 선포는 이 두 자료 사이에 자리를 잡고 있음이 분명합니다.

이제 제가 묻겠습니다. 13장에 묘사한 예수상이 이 주요자료들과 들어맞지 않는다고 생각하십니까? 세례자 요한은 귀족계층과 맞서는 태도를 보였습니다. 그의 제자는 오직 '상류층'에서만 발견될 수 있는 것을 일종의 '가치 혁명'을 통해 백성들 누구나 접근할 수 있는 것으로 만들었습니다. 수많은 혁명가처럼 그는 십자가 위에서 목숨을 잃었습니다.

이 예수상의 내적 일관성은 제 나름의 평가에 근거해 제게 맞는 전승을 취사선택한 결과일 뿐일까요? 세례자 요한과 예수가 왜 지배계층에 의해 처형됐는지를 설명하지 않는 예수상이 역사적 가치가 있을까요? 저 역시 계층 간의 차별을 없애는 방향으로 사회가 나아가야 한다는 견해를 지지한다는 것을 당신은 정확히 알아보셨습니다. 하지만 예수가 저를 자신의 동지로 받아들였을지, 제가 그를 동지로 받아들였을지는 모르는 일이지요.

애정을 담아

게르트 타이센

제14장 · **예수에 대한 보고와 은폐**

 갈릴래아를 지나는 동안 단 한 번도 예수를 만나지 못했다. 일화와 이야기, 전승과 소문으로 그의 흔적을 발견했을 뿐이다. 예수는 닿을 수 없는 곳에 있었다. 하지만 그에 관해 들은 이야기들은 서로 잘 들어맞았다. 심지어 그에 관해 과장돼 보이는 이야기조차 분명한 특징을 지니고 있었다. 사람들은 그 누구에 대해서도 이런 식으로 얘기하지 않았으리라.

 내 임무는 예수가 위험분자인지를 알아내는 것이었다. 의심의 여지가 없었다. 그는 위험한 인물이다. 규정과 법률보다 자신의 양심을 따르는 이들, 권력과 소유에 관해 기존 체제를 최종적인 것으로 여기지 않는 이들, 서민들에게 제후의 자의식을 부여하는 모든 이가 위험분자다.

 그러나 나는 로마인들에게 그에 관해 아무것도 말해주지 않을 것이다. 난 그들이 강요한 임무에 책임감을 느끼지 못했다. 안식일에 관한 하느님의 계명을 지켜야 하는가 그렇지 않은가에 대한 결정조차 우리 손에 달린 일인데 로마인에게서 받은 임무 따위야 오죽하겠는가.

그럼 어떻게 예수를 은폐해야 할까? 나는 체제에 대한 반역자를 아무 위험도 되지 않는 방랑설교자로 만들 수 있을까? 내가 로마인에게 전하는 이야기에는 거짓이 없어야 한다. 메틸리우스 역시 다른 소식통을 통해 예수에 관한 정보를 수집할 것이기 때문이다. 어쩌면 그는 언젠가 예수를 만날지도 모른다. 그러니 나는 진실만을 말해야 한다. 그러나 그것은 반쪽짜리 진실이어야 한다. 전체의 진실을 감추기 위한 반쪽 진실. 나는 오랫동안 골똘히 이 문제를 생각했다.

그러다 묘안을 생각해냈다. 난 그를 로마인에게 친숙한 인물로, 그들의 상상에 잘 들어맞는 인물로 그려내기로 했다. 우리나라 종교 사조를 외국인에게 소개할 때 즐겨 쓰는 방법은 그것들을 철학 학파에 견주어 보는 것이다. 바리사이파는 스토아학파, 에세네파는 피타고라스학파, 사두가이파는 에피쿠로스학파에 비교되어 왔다.[1] 예수를 견유학파 방랑철학자로 묘사해서는 안

---

[1] 요세푸스는 바리사이파 사람들을 스토아학파 철학자들에 견주고(*Vita*, 2.12), 에세네파 사람들은 피타고라스학파 철학자에 견준다(*Antiquitates Judaicae*, 15권 10장, 371). 피타고라스학파 역시 일종의 '비밀결사'를 형성하고 있었으며 재산을 공유하는 이상을 지니고 있었다.

될 게 뭐란 말인가?[2] 사실 따지고 보면 그는 방랑하는 철학자 아닌가?

난 가능한 한 여러 면에서 그리스-로마 철학자들의 이야기와 일치하도록 예수의 가르침을 묘사해야 했다. 이를 전해 들은 사람들은 깊이 안심할 게 틀림없다. 그를 시인으로 소개할 수 있지 않을까? 그는 여러 비유와 우화를 이야기했었다. 보고서를 준비하며 난 그가 한 말과 비슷한 비유를 최대한 많이 모아야 한다는 사실을 깨달았다.

부지런히 수행해야 할 과제가 내 앞에 놓였다. 세포리스로 돌아간 후 바룩에게 사업을 맡기고 나는 내가 찾을 수 있는 모든 책을 읽었다. 그곳들에서 예수의 가르침과 견줄 만한 진술을 찾아 나갔다. 자료가 충분히 모였을 때 나는 메틸리우스에게 보낼 짧은 보고서를 쓰기 시작했다.

철학자 예수에 대하여.

예수는 견유학파 방랑철학자에 견줄 만한 인물이다. 예수는 그들처럼 극단적인 무욕을 가르치고, 고정된 거처 없이 이곳저곳을 떠돌아다니며, 가족 없이 살고, 직업과 재산도 갖지 않는다. 그는 제

---

[2] 견유학파(통 속의 디오게네스의 별명은 '퀴온'(개)이었다)는 무욕無慾과 무치無恥, 즉 일상적인 관습으로부터의 구체적인 이탈을 가르쳤다. AD 1세기에는 견유학파에 속한 많은 동냥철학자들이 있었다. 그들은 헝클어진 긴 수염과 더러운 외투 차림에 배낭과 지팡이를 가지고 로마제국을 떠돌아다녔다.

자들에게 돈과 신발, 배낭도 없이 오직 옷 한 벌만 입고 살아가라고 요구했다.[3]

그는 신과 이웃에 대한 사랑이 가장 중요한 계명이라고 가르치며 그 둘이 인간을 향한 모든 요구를 통합한 것이라 가르친다. 이는 그리스 전통과 정확히 일치한다. 그리스 전통에서 신에 대한 경건과 인간을 향한 정의는 가장 중요한 덕목으로 여겨져 왔다.[4]

타인과의 관계를 규정한 그의 '황금률'은 이렇다. "너희가 대접받기를 원하는 대로 남을 대접하라." 이 규범은 전 세계에 널리 퍼져 있으며 많은 현자가 이를 대변한다.[5]

타인에게 불의를 겪었을 때 그는 이렇게 하라 가르친다. "만일 누가 네 뺨을 치거든 다른 쪽도 돌려대라."[6] 그는 불의를 행하느니 차라리 불의를 당해야 한다고 말하던 소크라테스와 의견이 같다.[7]

---

[3] 마태 10:10. 실제로 예수가 제자들에게 배낭과 지팡이 없이 다녀야 한다고 가르쳤다면, 이는 의식적으로 자신의 제자들을 견유학파의 방랑철학자과 구분하기 위해서였을 것이다.

[4] 마르 12:28~34 참조. 이야기가 보여주는 것처럼 유대교 율법학자와 예수는 이 가르침에서는 의견이 일치한다. 예를 들어 비슷한 요약이 구약 위경인 잇사갈의 유언 5:2에 등장한다. "주와 이웃을 사랑하라." 크세노폰Xenophon의 *Memorabilia*(소크라테스 회상록) IV,8,11, 필론의 *De Specialibus Legibus*(율법 해설) II,63은 신들에 대한 경건과 인간에 대한 정의가 가장 중요한 덕목이었다는 사실을 보여준다.

[5] '황금률'은 고대 세계 전체에 격언으로 퍼져 있었다. 그것은 이미 예수 이전 유대교의 문헌에서 발견된다. 토비트 4:15, 아리스테아 서신 207 참조.

[6] 마태 5:39 참조

[7] 소크라테스의 가르침에 대해서는 플라톤의 Κρίτων(크리톤), 49A 이하를 참조하라. 소크라테스에 관해서는 다음의 일화가 전해진다. "그러나 소크라테스는 아리스토크라테스가 자신을 발로 찼을 때 그에게 복수하

더 나아가 그는 원수를 사랑해야 한다고 가르친다. 신 역시 선한 자나 악한 자 모두에게 태양을 비추기 때문이다. 비슷한 말을 세네카Seneca도 쓰고 있다. "네가 신들을 닮으려 한다면 고마움을 모르는 자에게도 선행을 베풀라. 범죄자에게도 태양은 떠오르고 해적에게도 바다는 열려 있다."[8]

타인이 불의를 행하는 것을 보거든 성급하게 정죄해서는 안 된다고 그는 말한다. 그 누구도 완전치 않기 때문이다. "모든 사람이 자기 눈 안의 들보는 부인하면서 형제 눈 안의 티는 보게 되는 위험 가운데 있다."[9]

그는 소유에 관해 가르치면서 외적으로만 소유에서 분리되려고 해서는 안 된다고 말한다. 근심하며 소유에 속박되는 것 역시 극복해야 할 행동이다. 이를 위해서는 내적으로도 소유에서 자유로워야 한다.[10] 그의 가르침은 모든 소유를 경멸했던 통 속의 디오

거나 비난하지 않고 단지 지나가는 사람들에게 이렇게 말했을 뿐이었다. '이 남자는 당나귀병에 걸려 아픈 것이오.'"(테미스티오스Temistios, περὶ ἀρετῆς(덕에 관하여), 46) 철학자 에픽테토스Epiktetos는 견유학파 방랑철학자는 "개처럼 짓밟아야 하며, 밟힐 때조차 자기를 밟는 바로 그 사람들을 마치 모든 이의 아버지처럼, 형제처럼 여전히 사랑해야 한다"고 가르쳤다(διατριβαί(어록), III, 22, 54).

[8] Seneca, De Beneficiis(선행에 관하여), IV, 26, 1. 물론 세네카는 다음과 같은 제한을 두고 있다. "신들은 감사를 모르는 자에게도 많은 것을 베푼다. 그러나 (신들이) 선한 사람들에게 준비한 것은 악한 사람에게도 닿는다. 분리할 수 없기 때문이다. 선한 사람 때문에 나쁜 사람에게도 유익이 되는 것이, 나쁜 사람 때문에 선한 사람에게 손해가 되는 것보다 낫다"(De Beneficiis, IV, 28, 1).

[9] 마태 7:3~5 참조

[10] 마태 6:25 이하 참조

게네스Diogenes를 떠오르게 한다.

공격적인 행동에 대해서는 이렇게 가르친다. 누군가를 죽이는 사람만 죄 있는 것이 아니라 타인을 미워하는 사람 역시 죄가 있다. 이는 약탈하거나 죽이려는 의도를 품은 사람은 이미 강도라고 말하던 철학자 클레안테스Kleanthes의 가르침을 생각나게 한다. 그는 악이 이미 의도와 함께 시작된다고 말했다.[11]

간통에 관해서는 이렇게 가르친다. 간통은 아내가 아닌 다른 여자와 동침할 때 저지르는 것이 아니라 그 여자와 동침하기를 바랄 때 이미 저지른 것이다. 이것 역시 자신 안에 욕망을 허용하는 자는 적당한 기회에 그 행위를 하게 될 것이라 말하던 클레안테스를 떠올리게 한다.[12]

정직함에 대해서는 이렇게 가르친다. 우리의 모든 말은 마치 맹세를 한 것처럼 진실해야 한다. 그는 맹세를 거부한다. 에픽테토스Epictetos도 가능하다면 맹세는 전적으로 피해야 한다고 가르쳤다.[13] 그는 정결함에 대해 가르칠 때 정결한 물건이 존재하는 게 아니라 무엇인가를 정결하게 하거나 부정하게 하는 내적인 태도만이 있다

---

[11] 마태 5:21 이하 참조. 클레안테스는 다음과 같이 가르친다. "강도는 이미 그가 자신의 손을 피로 더럽히기 전에 살인을 위해 무장하고 약탈과 살인의 의도를 지닌 자다. 실천을 통해 악이 실행되고 명백해지나 그것으로 시작되는 것은 아니다." M. Pohlenz, *Stoa und Stoiker* (Zürich, 1950), 128.

[12] 마태 5:27 이하 참조. Kleanthes, *Fragment*(단편), Nr. 573.

[13] Epictetos, ἐγχειρίδιον(도덕에 관한 작은 책), 33,5. 『엥케이리디온』(까치)

고 말한다.[14] 이에 대해서는 포킬리데스Phokylides의 어록으로 간주되는 이 구절을 떠올릴 수 있을 것이다. "정화는 육체를 정결하게 하는 것이 아니라 영혼을 정결하게 하는 것이다."[15]

그는 기도를 가르치면서 많은 말은 필요 없다고 말한다. 신은 인간이 필요로 하는 것을 이미 알기 때문이다.[16]

자선에 대해 가르치면서 사람들에게 존경받기 위해서 자선을 베풀어서는 안 되고 오른손이 하는 일을 왼손이 모르는 듯이 해야 한다고 그는 말한다.[17]

관례적으로 행하는 단식에 대해서는 다른 사람이 바라기 때문에 지켜서는 안 된다고 말한다. 남모르게 오직 신만 보는 곳에서 행해야 한다고 가르쳤다.[18]

안식일에 관해서는 이렇게 가르친다. 누군가를 도와야 하는 상황에서라면, 긴급한 이유가 있다면 안식일을 어길 수 있다고 그는 말했다.[19]

자, 여기까지 예수를 위험스러운 인물로 보이게 할만한 요소

---

[14] 마르 7:15 참조
[15] BC 1세기에 한 헬라파 유대인은 포킬리데스Phokylides라는 이름으로 잠언을 지었다. 그중 228번은 다음과 같다. "정화는 육체를 정결하게 만드는 것이 아니라 영혼을 정결하게 만드는 것이다."
[16] 마태 6:5 이하 참조
[17] 마태 6:1 이하 참조
[18] 마태 6:16 이하 참조
[19] 마르 3:1 이하, 2:23 이하, 루가 13:10 이하, 14:1 이하 참조

는 없다. 특히 안식일 규정에 유연한 태도를 보이는 건 공감을 얻을 게 틀림없다. 그의 가르침은 많은 점에서 그리스인 혹은 로마인의 의견과 비슷했다. 예수는 은폐됐다. 완벽하지 않은가! 예수는 위험 인물이 아니다. 하지만 모든 문제가 사라진 건 아니다. 메틸리우스는 왜 사람들이 이 온화한 방랑철학자에게 흥분하는지 물을 것이다. 왜 예수는 사람들이 저항하도록 선동하는가? 신뢰를 얻기 위해서는 그의 선포가 가진 도발적인 면에 대해 해명해야만 했다.

이제 나는 정말 어려운 장에 발을 들여놓았다. 하느님의 통치와 함께 모든 것이 달라질 것이기에 태도와 사고방식을 철저하게 바꾸라는 예수의 요청은 충분히 도발적이다. 하느님의 통치가 아니라 로마의 통치가 세계사의 목표라 여기는 로마인들에게 내가 이 주장을 어떻게 설명할 수 있을까? 로마인들 역시 신의 통치를 믿었다. 단, 로마인들이 통치하는 곳에서는 로마의 신들이 통치한다고 믿었다. 다른 신들의 통치를 대체해버리는 한 낯선 신의 통치가 등장하리라는 것, 이 믿음은 로마인에게 매우 낯선 것이었다. 봉기요 반역이었다. 난 하느님의 통치에 대해 애매한 표현을 사용하여 내 생각을 전달하기로 마음먹었다.

> 예수는 인간들을 신의 통치 아래 두기 위해 자신의 계명을 가르친다. 그는 신의 통치가 감춰진 채 존재한다고 생각한다. 그것은 인간들 마음에 퍼져 나간다. 신의 통치는 일반적인 생각을 뛰어넘어

곁에 있는 이웃들을 새롭게 바라보도록 이끈다.

일반적인 생각은 이렇다. 아이는 어른보다 가치가 덜하다. 하지만 예수는 말한다. "아이들이 내게 오도록 하라. 신의 통치는 그들의 것이기 때문이다." 그에 따르면 어른은 다시 아이처럼 될 때만 신의 통치 안으로 들어갈 수 있다.[20]

세리와 창녀는 경멸받아야 한다는 게 통념이다. 하지만 예수는 말한다. "세리와 창녀가 다른 이들보다 먼저 신의 통치에 들어갈 것이다."[21]

사람들은 일반적으로 외국인과 불신자는 나쁜 인간이며 그들이 신의 통치에서 배제되어 있다고 생각한다. 하지만 예수는 말한다. "많은 이방인이 신의 통치 안에서 아브라함과 이삭, 야곱과 함께 식탁에 둘러앉게 될 것이다."[22]

사람들은 또한 성불구자와 거세된 자를 경멸한다. 하지만 예수는 말한다. "태어나면서부터 거세된 사람들이 있는데 인간적인 개입으로 그렇게 된 이도 있고, 신의 통치를 위해 그렇게 된 이도 있다." 예수는 그들을 경멸하지 않는다.[23]

그리고 사람들은 자기주장이 강하지 않은 사람은 자주 홀대받기에 가치 없다고 생각한다. 하지만 예수는 말한다. "온유한 사람은

---

[20] 마르 10:13~16, 마태 18:3 참조
[21] 마태 21:31 참조
[22] 마태 8:11 이하 참조
[23] 마태 19:10~12 참조

복이 있다. 그들이 땅을 얻을 것이다."²⁴

난 예수와 연관된 소란을 알기 쉽게 설명하기 위해 그의 도발적인 진술들을 충분히 모았다고 생각한다. 그의 가르침은 로마인의 마음을 상하게 하는 도발이 아니다. 예수가 위험 인물이 아님을 강조하기 위해 나는 보고서 끝자락에 이렇게 덧붙였다.

> 예수의 여러 가르침은 유명한 철학자들의 가르침을 떠올리게 한다. 그리스와 로마의 철학자들이 국가의 위험요소가 아니듯 예수 역시 국가의 위험요소가 아니다.

보고서를 다시 한번 읽어보았다. 적절한가? 그렇다. 의심의 여지가 없다. 내가 작성한 모든 것은 예수에 관한 정보에 근거를 두고 있었다. 그렇다면 내 보고는 예수에 대한 어떤 의심도 불식시킬 만큼 충분한 설득력을 갖추고 있을까? 누군가 예수를 로마인에게 밀고한다고 가정해보자. 매우 손쉬운 일일 것이다. 내가 침묵한 요소들에 대해 보고하기만 하면 될 테니까.

난 예수가 가족에 대해 말했던 부정적인 발언에 침묵했다. 그는 자기 아버지의 장례 의무를 이런 말로 업신여겼다. "죽은 자들이 죽은 자의 장사를 치르게 하십시오!"²⁵ 숱한 문헌을 공부하

---

²⁴ 마태 5:5 참조
²⁵ 마태 8:21~22 참조

며 다양한 이야기를 읽어왔지만 어디서도 이토록 무자비한 표현은 찾을 수 없었다.

또 나는 예수가 국가의 통치가 억압과 착취로 점철돼 있다고 비난한 데 대해서도 침묵했다.

> 통치자들은 여러분의 민족을 억압하고 권력을 남용합니다. 그러나 여러분은 그래서는 안 됩니다!

내가 이와 유사한 말을 알지 못한다는 게 다행 아닐까? 이런 말은 어느 문헌에도 등장하지 않는다.

> 첫째가 되려는 자는 마지막이 되어야 하며 모든 이의 종이 되어야 합니다![26]

나는 이렇게나 국가의 근간을 뒤흔드는 발언은 접해보지 못했다.

그리고 난 우리 종교 체제에 대한 예수의 비판에 침묵했다. 예수는 지금의 성전이 사라질 것이라고 예언했다. 그는 하느님께서 마련하신 새로운 성전이 옛 성전을 대체하리라고 말했다.[27] 사제, 성전관리들과 반대되는 신념을 지니고 있음을 이보다 더

---

[26] 마르 10:42~43 참조
[27] 마르 14:58 참조

명확하게 드러내는 발언은 있을 수 없다. 성전에 대한 공격은 우리 종교의 핵심에 대한 공격이다.

예수를 체포하는 데 더 많은 이유가 필요한가? 그는 분명 온순한 방랑철학자가 아니다. 그는 직접 반란을 일으키지는 않았지만 하느님께서 이 세상 통치자들에 대항해 커다란 변혁을 일으키실 것이라는 생각에 사로잡힌 예언자였다. 이것으로 체포와 사형 선고에 충분한 증거가 발견된 것 아닌가?

의심의 여지는 없다. 예수는 위험에 처해 있었다. 그럴수록 나는 그를 보호해야겠다는 생각을 하게 되었다. 그는 폭력을 거부했고 로마인에 대한 증오를 설교하지 않았다. 그는 저항자였으나 젤롯당은 그와 거리를 두고 있었다. 그는 바라빠가 아닌 요안나의 방식으로 반항했다. 날 선 말들이 그의 입에서 튀어 나왔으나 그의 이야기에는 깊이가 있었다. 그의 말은 자비와 인간미가 가득한 문학이었다. 이에 대해 나는 메틸리우스에게 무언가 더 써 보낼 수도 있을 것이다. 메틸리우스는 책과 문학에 조예가 깊기 때문이다. 다시 한번 자리에 앉아 새 파피루스를 꺼내 제목을 적었다.

작가 예수에 대하여.

> 예수는 경탄할 만한 작은 이야기들을 전하는 농민 작가다. 그의 노력으로 유대 문학은 훨씬 풍성해졌다. 그의 이야기는 청중들에게 어떤 도시적 교양도 요구하지 않는다. 이야기는 파종과 추수,

잃었다가 찾는 일, 아버지와 아들, 주인과 종, 손님과 그를 맞이하는 주인에 대한 것이다. 평범한 삶에서 유래한 이야기들이지만 비범한 무언가, 신은 우리가 상상하는 바와는 매우 다르다는 것을 전하고 있다. 그의 이야기는 신과 인간의 관계에 대한 비유다.

예수가 자신의 가르침에 이야기라는 옷을 입혔다는 사실은 신에 대한 어떤 형상도 만들어서는 안 된다는 우리 민족의 신념과 관련되어 있다. 우리는 신을 다른 무언가에 빗댈 수 있을 뿐이다. 그러나 이것조차 자주 적절치 못하다. 어떤 사물도, 어떤 인간도, 어떤 존재도 신에 대한 비유로 완벽할 수 없기 때문이다. 오직 사건만이 신에 관해 무언가를 분명히 전할 수 있다. 오직 이야기만이 신에 관한 비유일 수 있는 것이다.

이는 우리 민족의 두 번째 신념과 연관돼 있다. 우리는 우리 사고방식을 바꿀 때만 신을 발견할 수 있다고 믿는다. 신에 대한 비유들은 모두 그 속에서 어떤 변화가 일어나는 이야기들이다. 더 정확하게 말하자면 비유는 듣는 사람이 그 안으로 휩쓸려 들어가 스스로 변화하는 이야기다. 우리는 그럴 때만 신에 대해 무언가 느낄 수 있다.

다른 민족이 신에 관해 이야기할 때 그들의 신은 사람들을 다른 세계로 인도하곤 한다. 하지만 우리는 우리 자신을 이야기하고 우리가 사는 이 세계의 사건을 이야기한다. 예수 역시 사람들의 일상적인 삶을 이야기한다. 그는 신이 평범한 삶 가까이에 있다고 생각한다. 자신의 이야기를 통해 사람들을 눈뜨게 하려는 것이다.

예수를 일반적인 문학사에 편입시키고자 한다면 그는 우화 작가 언저리에 배치될 것이다. 우화 작가들 역시 누군가 이해할 수 있는 짧은 이야기를 전한다. 그들의 이야기는 하나의 그림을 그리는 식으로 전개된다. 예수는 때로 우화를 개작했다. 예를 들어 한 아버지가 아무짝에도 쓸모없는 아들을 야단치며 전한 '열매 맺지 못하는 나무' 우화의 경우가 그렇다.

'내 아들아, 너는 물가에 서 있으면서 아무 열매도 맺지 못하는 나무 같구나.' 그래서 나무 주인은 나무를 베어버릴 수밖에 없었습니다. 하지만 나무가 주인에게 말했습니다. '나를 옮겨 심으십시오. 만일 그리고도 내가 열매를 맺지 못하거든 나를 베어 버리십시오.' 하지만 그의 주인이 그에게 말했습니다. '물가에 서 있을 때도 너는 열매를 맺지 못했다. 만일 다른 곳에 서 있다면 어떻게 열매를 맺겠다는 것이냐?' [28]

이 이야기는 예수를 통해 이렇게 바뀌었다.

한 남자가 자기 포도원에 무화과나무 하나를 갖고 있었습니다. 그런데 그가 열매를 찾았을 때 아무것도 발견할 수 없었습니다. 마침내 그는 포도원지기에게 말했습니다. '여기 보게. 이 무화

---

[28] 이 우화는 이미 기원전에 여러 버전으로 퍼져 있던 이른바 아히칼 이야기Ahikar romance에 들어 있다.

> 과나무가 열매를 맺기를 이미 삼 년째 기다리는 중이네. 그런데 아무것도 발견할 수 없군. 나무를 베어 넘어뜨리게. 허탕으로 땅만 축내고 있는 꼴이 아닌가?' 하지만 포도원지기는 다른 의견을 냈습니다. '주인님, 이 나무를 일 년만 더 놔두십시오. 제가 둘레 흙을 부드럽게 부수고 거름을 주겠습니다. 아마 내년에는 열매를 맺을 겁니다. 안 그러면 그땐 베어 버리십시오.'[29]

원작과는 달리 예수가 전한 우화에서는 식물이나 동물이 말하지 않는다. 오직 인간만이 말한다. 그 외에도 다른 차이가 드러난다. 우화들은 보통 인간을 가혹한 삶에 적응시키려 노력한다. 조심하지 않으면 망하거나, 잡아 먹히거나, 속아 넘어가게 된다. 그러나 예수가 전한 이야기에서는 누군가 다른 사람에 의해 사망 선고를 받았다 할지라도 다시 회복할 기회가 있다. 예수는 아버지와 두 아들의 모티프를 새로운 이야기로 구성한 적도 있다. 먼저 철학자 필론이 전하는 이 모티프에 대한 변주를 살펴보자.

> 한 아버지에게 두 아들이 있었습니다. 하나는 선하고 하나는 악했지요. 하지만 아버지는 악한 아들을 축복해주기를 원했습니다. 그가 악한 아들을 선한 아들보다 더 좋아해서가 아니라 선한 아들은 이미 자기 자신이 축복받을 만하다는 것을 알고 있

---

[29] 루가 13:6~9 참조

었기 때문입니다. 그러나 악한 아들에게는 아버지의 예언만이 성공적인 삶을 위한 유일한 희망이었습니다. 악한 아들은 아버지의 예언 없이는 모든 사람 가운데 가장 불행한 사람이 될 것이 틀림없었습니다.[30]

이 모티프를 다르게 풀어낸 작품들도 여럿 있다. 하지만 언제나 이야기 속 아버지는 악한 아들을 선한 아들보다 선호한다. 예수는 이런 이야기들로부터 자신의 가장 아름다운 작품 하나를 길어 올렸다.

한 남자에게 두 아들이 있었습니다. 그리고 그들 중 작은아들이 아버지에게 말했습니다. '아버지, 제게 주실 재산의 몫을 주십시오!' 그때 아버지는 자신의 소유를 그들에게 나누어주었습니다. 그 후에 즉시 작은아들은 전 재산을 챙겨 먼 나라로 떠났지요. 거기서 그는 방탕한 생활로 재산을 허비했습니다. 그가 전 재산을 탕진한 후 끔찍한 기근이 온 땅을 덮쳤고 그는 빈곤으로 고통받기 시작했습니다. 그러자 그는 나가서 그 나라 시민 중 하나의 종이 되었습니다. 주인은 그를 자기 들판으로 보내 돼지를 지키게 했습니다. 배가 너무나 고파 그는 돼지들이 먹는 쥐엄나무 열매로라도 기꺼이 배를 채울 수 있을 지경에 이

---

[30] Philon, *Quaestiones et Solutiones in Genesim*(창세기에 관한 질문과 답변), IV, 198.

르렀습니다. 하지만 아무도 그것을 그에게 주지 않았습니다. 그때 그는 반성하며 말했습니다. '그 많은 내 아버지의 날품팔이 노동자들에게도 빵이 넘치도록 있건만 나는 여기서 굶어 죽는구나! 이곳을 떠나 내 아버지에게로 가서 말해야겠다. 아버지, 나는 하늘과 아버지께 죄를 지었습니다. 저는 아버지의 아들이라 불릴 자격도 없습니다. 나를 아버지의 날품팔이 노동자 중 하나로 채용해주세요!' 그리고 그는 그곳을 떠나 자기 아버지에게 갔습니다. 그러나 그가 아직 멀리 있었을 때 그의 아버지는 그를 보고 측은하게 여겨 달려가 그의 목을 부둥켜안고 그에게 입을 맞추었습니다. 하지만 아들은 그에게 말했습니다. '아버지, 저는 하늘과 아버지께 죄를 지었습니다. 저는 아버지의 아들이라 불릴 자격도 없습니다.' 그러나 아버지는 종들에게 일렀습니다. '빨리 가장 좋은 옷을 가져와 그에게 입히고 그의 손에 반지를 끼우고 발에 신을 신겨라. 그리고 살찐 송아지를 가져다 잡아 함께 먹고 기뻐하자! 내 아들이 죽었다가 다시 살았고 잃어버렸다가 다시 찾았기 때문이다.' 그리고 그들은 기뻐하기 시작했습니다. 그러나 그의 맏아들은 밭에 있었습니다. 그리고 와서 집에 가까워졌을 때 그는 음악 소리와 춤을 추는 소리를 들었습니다. 그는 종 하나를 불러 무슨 일이냐고 물었습니다. 종이 그에게 말했지요. '당신의 동생이 왔습니다. 그리고 당신의 아버지는 살찐 송아지를 잡았습니다. 그를 다시 건강하게 만났기 때문입니다.' 그러자 맏아들은 화를 내고 집으로 들어가려 하지 않았습니다. 하지만 아버지가 밖으로 나와 그를 설득했습니다. 맏아들은 아버지에게 대답했습니다. '그렇게 여러 해 동안 나는 아버지를 섬겼고 아버지의 계명 하나 어긴 것이 없습니다. 그래도 내게는 친구들과 즐기라고 염소 한 마리도 주신 적이 없으십니다. 그런데 이제 아버지의 소유를 창녀들에게 다 써버린 이 아버지의 아들이 오니 아버지는 그에게 살찐 송아지를 잡아주시는군요.' 그때 아버지는 그에게 말했습니다. '얘야, 너는 언제나 내 곁에 있고 내 것은 모두 네 것이다. 너는 기뻐해야 하고 즐거워해야 한다. 네 동생은 죽었다가 다시 살았고 잃어버렸다가 다시 찾았기 때문이다.' [31]

예수는 이런 식으로 신과 인간에 관한 여러 비유를 전했다. 이 비유들은 신이 우리가 상상하는 바와 다르다는 것을 가르치고, 인간은 신의 뜻에 맞게 살아가고자 노력한다면 완전히 다른 태도를 갖게 되리라고 가르친다. 모든 비유가 전하는 메시지는 사랑과 관용이다. 그는 이를 촉구하는 작가였다. 사람들은 그의 비유와 이야기를 오래도록 읽으며 사랑할 것이다.

내가 예수에 관해 적은 이야기 중에 틀린 말은 없다. 그는 방랑철학자이자 작가다. 그러나 분명한 사실은 그는 이 설명을 뛰

---

[31] 루가 15:11~32 참조

어넘는 인물이라는 것이다. 그는 예언자였다. 이방인들에게 이를 알기 쉽게 설명하기는 매우 어려웠다. 예언자라는 말을 들으면 그들은 미래의 일을 예견하는 사람을 떠올린다. 그런 예언자들은 다른 민족에게도 있다. 그러나 우리 예언자들은 그들과 견줄 수 없는 존재들이다. 자기 민족이 멸망할 것이라고 위협하는 예언자가 대체 어느 민족에게 있단 말인가? 어느 민족이 다른 신의 존재 자체를 인정하지 않는단 말인가? 우리 예언자의 고유함은 하느님의 유일무이함과 관련되어 있다! 나는 이에 관해 깊이 생각해야만 한다. 여기에 예수를 이해하는 데 필요한 열쇠가 있을 테니까.

우리 하느님은 자신을 경배하는 동시에 다른 신을 거부하라고 요구하신다. 우리의 하느님은 오직 자신만을 인정하면서 태도를 급진적으로 변화시키기를 요구하신다.

이 세상 곳곳에서는 힘센 자들이 자신의 의지를 관철하고 있다. 그러나 우리 하느님은 약한 자들을 택하셨다. 그분은 이집트에서 도망치는 노예들을 도우셨고 그들을 자기 백성으로 삼으셨다. 그분은 또한 바빌로니아로 유배 간 전쟁포로들을 편드셨다. 이 하느님에게 등을 돌리는 것은 가난한 자와 약한 자에게 등을 돌린다는 뜻이다. 세상의 강자와 지배자들은 우리 하느님에게 위협받는다고 느끼며 우리를 증오한다.

예수가 하느님의 예언자라는 사실을 메틸리우스에게 이해시키는 일은 성공할지 모른다. 그러나 이 때문에 그는 더욱 예수를 거부하지 않을까? 그가 우리 성서를 읽었다면 예언자들이 항상 정치에 관여해왔다는 사실을 틀림없이 알고 있을 것이다. 예수가 예언자라면 그가 정치인들에게 위험한 존재라는 사실을 메틸리우스가 모를 리 없다. 예언자들이 무슨 일을 했던가? 그들은 우리 민족에게 유일한 하느님을 인정하고 하느님의 뜻에 따라 우리 태도를 바꾸라고 다그쳤다. 그들은 아이를 교육하듯 징벌의 위협을 전하며 사람들을 이끌려 했다. 그들은 냉혹하고도 엄격했다.

예수도 이 세상을 징벌로 위협했다. 비밀로 가득 찬 한 '사람'이 모든 인간을 심판할 것이다. 심판은 갑작스럽고 예상치 못하게 이 세계 위로 들이닥칠 것이다. 흉악한 이들과 악당들뿐만 아니라 평범하게 빈둥거리며 사는 사람들의 세계 위로도 밀어닥칠 것이다.

> 사람의 날들에서는,
> 노아의 날들에서처럼 그럴 것입니다.
> 그들은 먹고, 마시며,
> 장가가고 시집갔습니다.
> 노아가 방주로 들어가고
> 홍수가 나 모든 것을 파괴한 그 날까지.
> 롯의 날들에서처럼 똑같이 그럴 것입니다.
> 그들은 먹고, 마시며, 사고팔며,

심고 집을 지었습니다.
그러나 롯이 소돔으로부터 나온 그 날,
불과 유황이 하늘로부터 비처럼 쏟아졌고
모든 것을 파괴했습니다.[32]

심판은 특정 집단이나 민족이 아니라 모든 인간 개개인을 향한다. 심판은 친밀하게 더불어 살아가는 이들을 낱낱이 흩뜨려 놓을 것이다.

그 밤에 둘이 한 침대에 누울 것이나,
하나는 데려감을 당하고,
다른 하나는 누운 채로 남겨질 것입니다.
둘이 한 맷돌에서 일하나
하나는 데려감을 당하고,
다른 하나는 남겨질 것입니다.[33]

심판은 마음 깊숙이 불안을 불러올 게 틀림없다. 사람들은 자기 자신에게 물을 것이다. '나는 어떻게 해야 한단 말인가?' 예수는 이 심판에 단 하나의 기준, '다른 이를 도왔는가, 아니면 그를 배

---

[32] 루가 17:26~30. 그 '사람'은 천상적인 인물이다. 다니엘서 7장에 따르면 그 인물은 '짐승들'의 나라를 대체한다.
[33] 루가 17:34~35 참조

척했는가'라는 기준만이 통용되리라 말했다. 최후에 그 '사람'은 모든 민족을 심판하리라. 심판은 심판받는 이가 어떤 종교나 철학을 신뢰하는지 피부색이 어떤지를 묻지 않으리라. 심판을 면한 사람들에게 그는 말할 것이다.

> 이리 오십시오, 내 아버지께 축복받은 여러분.
> 와서 나라를 상속받으십시오!
> 제가 굶주렸을 때 여러분이 먹을 것을 주었기 때문입니다.
> 제가 목말랐을 때 여러분은 마실 것을 주었습니다.
> 제가 외지인이었을 때 여러분은 제게 숙소를 제공했습니다.
> 제가 헐벗었을 때 여러분은 저를 입혔습니다.
> 제가 병들었을 때 여러분은 저를 돌보아주었습니다.
> 제가 감옥에 있을 때 여러분은 저를 찾아와주었습니다.[34]

예수는 분명 다른 예언자들처럼 사람들을 위협하고 있다. 그러나 그의 방식은 고유하다. 그는 하느님의 심판으로 위협하는 게 아니라 비밀스러운 한 '사람'의 심판으로 위협한다. 누구도 그 앞에서 심판을 피하리라 확신하지 못한다. 그러나 기회는 모두에게 있다. 심판자는 '타인을 도왔는가'라는 단 하나의 기준을 제시하기 때문이다. 심판을 면할 자들은 보상을 받기 위해서, 혹

---

[34] 이하는 마태 25:31~46 인용

은 비밀스러운 그 '사람'을 섬기기 위해서 타인을 도운 사람들이 아니다. 그들은 그저 도왔을 뿐이다. 의인들은 깜짝 놀라 대답할 것이다.

> 주님,
> 언제 우리가 당신이 굶주린 것을 보고 먹게 해드렸습니까?
> 언제 우리가 당신이 목마른 것을 보고 마시게 해드렸습니까?
> 언제 우리가 당신이 외지인인 것을 보고
> 당신에게 숙소를 제공했습니까?
> 언제 우리가 당신이 헐벗은 것을 보고
> 당신에게 옷을 입혔습니까?
> 언제 우리가 당신이 아프거나 감옥에 있는 것을 보고
> 당신을 찾아갔습니까?
> 그러면 왕은 대답할 것입니다.
> 내가 진실로 너희에게 말한다.
> 너희가 가장 작은 내 형제 중 하나에게 한 것,
> 그것이 너희가 내게 한 것이다.

이를 로마인에게 어떻게 설명할 수 있겠는가? 무수한 유대인조차 그의 말을 이해하지 못했다. 한 '사람'이 모든 인간을 심판하리라는 선포, 로마인들 역시 심판에서 자유롭지 않다는 이야기를 들었을 때 그들은 깊은 불안을 느끼지 않겠는가! 심지어 예수

는 그 '사람'이 다른 사람들이 겪은 침해와 멸시, 억압과 착취를 자신이 당한 듯 심판한다고 하지 않나? 예수의 심판 설교는 로마인들에게 철저히 감춰져야 했다.

약속에 관한 선포는 어떤가? 예수는 다른 예언자들처럼 더 나은 세상으로의 변혁을 약속하며 희망을 선포했다. 옛사람들은 하느님이 세상에 대한 자신의 통치권을 사탄에게 양도했기에 세상에 불의와 불행이 횡행한다고 믿었다. 악이 세상을 지배하는 것이다. 악은 귀신들린 사람들 뒤에, 인간다운 삶을 살지 못하는 그들 뒤에 숨어 있다고 여겨졌다. 또 외국 군대 뒤에 숨어 유대인들을 짓누른다고 생각했다. 인간에게 해를 끼치는 모든 것 뒤에 악이 숨어 있다고 생각했다. 하지만 예수는 이제 악의 통치가 극복되리라고 예언했다. 그는 이렇게 말했다.

> 나는 사탄이 번개처럼 하늘로부터 떨어지는 것을 보았습니다.
> 그리고 보십시오. 나는 여러분에게
> 뱀과 전갈을 밟는 능력을,
> 악의 모든 힘을 꺾는 능력을 줍니다.
> 그리고 그 무엇도 여러분에게 해를 입힐 수 없습니다.[35]

사람들은 이미 세상이 악에 사로잡혔다고 생각했다. '세상은 다

---

[35] 루가 10:18 이하 참조

툼과 전쟁으로 가득 차 있음이 분명하다. 전쟁은 악이 이 세상을 지배하고 있다는 결정적인 증거가 아닌가?' 그러나 예수는 다르게 해석했다. 세상의 악과 악이 맞붙어 싸우고 있다. 이것은 악이 멸망한다는 징표다.

> 만일 나라가 쪼개져 있다면,
> 어떻게 그 나라가 유지될 수 있겠습니까?
> 집이 쪼개져 있다면,
> 어떻게 그 집이 존속할 수 있겠습니까?
> 악한 자가 악한 자에게 반항하여 서로 싸운다면,
> 그는 존속할 수 없고 그것으로 끝장입니다![36]

악이 통치하던 그 자리에 하느님의 통치가 들어설 것이다. 악이 자신의 지배력을 잃는 곳에서, 마귀들이 쫓겨나고 사람들이 건강을 회복하는 곳에서, 굶주린 자가 배부르게 먹고 절망했던 이들이 위로받는 곳에서 하느님의 통치는 실현된다. 우리 인간들이 거대한 전환을 향해 나아가며 모든 것을 내려놓을 때 바로 그곳에서 하느님의 통치가 시작된다.

실로 하느님의 통치는 한 사람이 그것을 발견하고는 숨겨놓은

---

[36] 마르 3:24~26 참조

밭에 숨겨진 보물과도 같습니다. 기쁨에 가득 찬 채로 그는 가서 자기가 가진 모든 것을 팔아 그 밭을 삽니다.

그것은 또 좋은 진주를 찾아다니는 한 상인과도 같습니다. 그가 매우 귀중한 진주 하나를 발견했을 때 그는 가서 자기가 가진 모든 것을 팔아 그것을 삽니다.[37]

예수는 철학자와 작가 그 이상의 존재였다. 그는 예언자, 그것도 어디서도 볼 수 없었던 유일무이한 예언자다. 거의 모든 예언자는 지금의 기준이 하느님의 뜻에 부합하지 않는다고 사람들을 심판으로 위협했다. 그러나 예수는 달랐다. 그는 지금의 기준에 따르면 아무런 가치도 없는 사람들, 어린이와 이방인, 가난한 이와 온유한 이, 거세된 이들이 하느님의 통치에 들어간다고 주장했다. 하느님이 다스리시는 나라에서는 오직 하나의 기준만이 인정받는다. 즉 '도움에 의지하며 사는 사람들에게 당신은 어떻게 행하였는가'라는 기준이 모든 상황에 적용된다. 그런 면에서 예수는 확연하게 달랐다.

어쩌면 예수는 예언자 그 이상의 존재였을까? 예수 스스로 자신을 예언자 요나, 지혜의 교사 솔로몬에 견주지 않았던가? "여기 요나보다 더 큰 이가 있습니다! 여기 솔로몬보다 더 큰 이가 있습니다!"[38] 그는 사람들에게 "예언자들과 왕들이 갈망했던 것

---

[37] 마태 13:44~46 참조
[38] 마태 12:41~42 참조

을 여러분은 경험했습니다. 여러분은 복됩니다!"라고 말하지 않았던가?[39] 그들이 갈망했던 것은 모든 예언자와 왕을 능가하는 것, 즉 하느님의 통치를 뜻했던 게 아닌가? 하느님의 통치에 대한 예수의 말, "율법과 예언자들은 요한의 때까지만 유효합니다. 그 이후로부터는 하느님의 통치가 이뤄집니다"라고 했던 그 말이 맞는 것은 아닐까?[40] 그렇다면 예언자들을 능가하는 그 무엇이 예수와 함께 비로소 시작된 것인가?

사람들은 수군거리고 있었다. "메시아다! 메시아!" 그가 메시아일 수 있을까? 그에게서는 로마인을 몰아내려 한다는 어떤 징후도 찾아볼 수 없었다. 하지만 그는 통치를 추구하고 있지 않은가? 잘 알려지지 않았을 뿐이지 그는 자신의 제자들에게 열두 보좌에 앉아 자신과 함께 이스라엘을 다스리게 되리라고 약속하기도 했다.[41] 누가 그의 오른편과 왼편 상석에 앉을지를 두고 제자 내에 다툼이 있었다는 소문도 들은 적이 있다.[42] 물론 예수는 그 생각을 냉정히 거부했다고 한다. 하느님이 통치하는 나라에서는 위계질서가 없다는 것이다. 그곳에서 첫 번째이고자 하는 자는 모든 사람의 종이 되어야 한다고 말했다지 않는가! 상하계

---

[39] 루가 10:23~24 참조
[40] 마태 11:12~13, 루가 16:16 참조
[41] 마태 19:28과 루가 22:29 이하 참조. '열두 제자'에 대한 이 약속이 부활절 이후에 생겨났을 가능성은 거의 없다. 유다가 배신 한 후에 유다에게도 열둘 중의 하나로서 이스라엘을 통치할 권리를 주겠다는 약속을 고안했다고는 상상하기 어렵다.
[42] 마르 10:35~45 참조

층으로 나뉜 민족이 아닌 온전하게 회복된 민족이 나타나리라고 그는 말했다. 이스라엘 열두 지파가 다시 모여들 것이다. 새로 세워진 성전이 이 나라의 중심에 서게 되고 큰 향연이 펼쳐질 것이다. 가난한 이들이 부유하게 되고, 굶주린 이들이 배부르게 되며, 슬퍼하던 이들이 기쁨으로 가득 차게 될 것이다.

사람들은 이러한 이야기, 혹은 이와 유사한 이야기들을 수군거렸다. 많은 것이 베일에 싸여 있었지만 이것만은 분명했다. 대변혁 과정에서 예수는 그의 제자들과 함께 결정적인 역할을 맡을 것이다. 어쩌면 예수 자신이 때때로 이야기했던 '사람의 아들'일지도 모른다. 지금 그는 자기 무리를 이끌고 다른 나라의 게릴라 부대처럼 온 나라를 휩쓸고 다닌다. 심지어 그는 자기 제자들을 하느님의 통치를 폭력으로 빼앗으려는 강도라고 부른 적도 있지 않은가![43] 어색하지 않다. 그는 지금 이 민족을 위해 메시아 역할을 떠맡은 것이다!

나는 그를 방랑철학자나 작가라고 로마인에게 말하려 했다. 그가 예언자라는 사실을, 예수가 백성들이 고대하던 메시아의 모습으로 나타났다는 사실을 말하지 않고 그를 은폐하려 했다. 로마인들이 내가 예수를 묘사했던 것과는 달리 그의 본모습을 알게 된다면 어떻게 해야 할까?

그는 실제로 어떤 일을 한 걸까? 여전히 비밀로 남아 있었

---

[43] 마태 11:12 참조

다. 최소한 내 삶에서 그는 어떤 인물인가? 언젠가부터 그는 내게 단순한 조사 대상이 아니었다. 그가 단순한 조사 대상이었다면 그에 관한 내 조사 내용이 로마인의 손에 떨어지게 된다는 사실이 이토록 견디기 힘든 일이 되지는 않았을 것이다. 바라빠의 경우와 마찬가지로 나는 예수를 위험에 처하게 만들지도 모르는 내 활동을 받아들이기 어려웠다. 그들 때문에 나는 나 자신의 일면을 폭로하게 됐고 나 자신을 그들 손아귀에 내던지고 말았다.

나는 예수에게서 무엇을 찾고 있었던가? 그리스 문학과 로마 문학을 읽으며 이런 생각을 했었다. 나는 아마도 모든 인간을 위한, 유대인과 이방인 모두를 위한 가르침을 찾고 있었던 듯하다. 예수가 그런 가르침을 전했던 게 아닐까? 그가 방랑철학자로서 전한 이야기는 그리스인들도 충분히 이해할 수 있었다. 작가로서 그가 던진 이야기들은 로마인들에게도 호소력 짙었다. 우리를 다른 민족과 갈라놓는 계명들, 안식일과 정결예식 계명들을 예수가 상대화시켰을 때 그 이면에는 특정한 의도가 담겨 있던 것은 아닐까? 그가 살인과 거짓말, 거짓 맹세 금지 같은 모든 민족에게 보편적으로 해당할 계명을 강화했을 때도 어떤 의도가 담겨 있던 것은 아닐까? 이 예언자는 모든 인간이 이해할 수 있는 존재였지만 우리 민족 안에 깊숙이 뿌리박고 있었다. 그가 말하고 행했던 모든 것은 약한 자와 내쳐진 자를 선택하시고 파라오와 지배자들보다 강하신 하느님의 이름을 통해 일어났다.

예수가 내 문제들을 풀 수 있을까? 그것은 모두 유대인과 이방인 사이에서 일어나는 선입견과 긴장에서 비롯된 문제들이었다. 나는 두 전선의 경계 위에서 살지 않는가? 바라빠와 빌라도 사이 그 어디쯤에서. 유대인과 이방인 사이에서. 이 경계에서 나는 로마인에게 비굴하게 얽매이는 상황에 놓여 있었다. 예수라면 자신과 민족에게 충실한 자유인으로, 경계에 서 있는 나를 만나주지 않을까?

하지만 그를 방랑철학자나 작가로 여겼던 사람들이 언젠가 마음을 바꿔 예수를 소환할지도 모른다. 그가 우리 민족 경계를 넘어 활동한다는 면만을 주목한 사람들은 우리 민족과 예수를 반목시켜 어부지리를 얻으려 할 수 있다. 예수가 억압받은 민족의 예언자라는 사실을 믿지 않는 사람들은 그럴 수 있다.

다행히 난 이 모든 문제를 단번에 정리하지 않아도 된다. 지금은 현실적이지만 위협적이지 않은 예수의 면모를 부각한 조사 내용을 로마인들에게 보고하기만 하면 된다. 내가 절반의 진실만을 말했다는 점을 잘 알고 있었기에 메틸리우스에게 보내는 짧은 편지를 첨부했다. 그 글에는 내 조사가 완결된 것은 아니라는 설명이 담겨 있었다. 사람들이 메틸리우스에게 예수에 대해 더 많은 것을 말할 수도 있었기 때문이다. 나는 보고서와 편지를 봉했다. 마침 바룩이 예루살렘에서 열리는 유월절 축제에 참여하고 싶다기에 그를 통해 편지를 전달할 수 있었다. 바룩은 이 우편물이 무슨 내용을 담고 있는지 알 수 없었다. 로마 보병대에 보내는 곡물 수송 협상을 위한 편지라고 여겼을 것이다.

바룩은 꽤 긴 휴가를 청했다. 그는 내가 책 속에 파묻혀 예수에 관한 보고서를 쓰는 며칠 동안 나를 대신해 일해왔다. 그는 유능한 사람이었다. 하지만 난 그의 생각이 딴 곳에 있다는 걸 모르지 않았다.

"에세네파 사람이 되어 부를 경멸하라고 배우고 나서 부를 증식하는 일을 하자니 무척 부담스러워요"라고 말하며 한숨 쉬는 그를 본 적이 있었다. 그와 대화하면서 난 그가 얼마나 자신의 공동체를 그리워하는지 알게 되었다. 하지만 바룩도 공동체가 다시는 자신을 받아들이지 않으리라는 사실을 잘 알고 있었다. 그는 파문됐기 때문이다. 그러나 아직도 그는 새로운 고향을 찾지 못했다. 우리 곁에 있지만 여전히 길 잃은 나그네였다.

친애하는 크라칭어님께,

당신은 제가 흥미로운 지점에 다시 한번 주목하게 하셨습니다. 이야기 속 안드레아는 전략적인 이유로 예수의 '고유함'을 실제보다 깎아내려야만 했습니다. 역사성을 판단하는 기준 중의 하나인 '비유사성의 기준'에 따르자면 예수의 이러한 고유함은 진정한 예수 전승과 신빙성 없는 예수 전승을 구별하는 데 결정적인 역할을 합니다. 그렇다면 저는 여러 비유를 사용해 예수의 선포를 상대화하는 대신 예수의 유일무이한 독특성을 더 부각해야 했을까요?

하지만 저는 '비유사성의 기준'이 실용적인지에 대해 회의적입니다. 예수가 전한 말에 유대교 전승에 의존했다는 흔적이 나타나지 않는다고 그가 유대교 전승에 의존하지 않았다고 결론 내릴 수는 없는 것 아니겠습니까? 그는 구전 전승의 영향을 받았을지도 모르지요. 아니면 지금은 소실된 유대교 문헌 전승에 영향을 받았을 수도 있고요.

예수의 고유함을 강조하는 '비유사성의 기준'은 예수와 유대교가 공유하는 여러 요소를 소홀히 대할 위험성도 갖고 있습니다. 예수가 다른 사람들과 달리 그가 속한 역사 환경에서 전혀 이해할 수 없는 인물이었던 것처럼 말이지요. 사람들이 '비유사성의 기준'이라 부르기도 하는 '도출 불가능성의 기준'은 위장된 도그마입니다. 이 도그마에 따르면 예수는 하늘에서 뚝 떨어진 인물로 여겨집니다. 또한 이 도그마는 반유대주의적인 면모를 강하게 드러냅니다. 하지만 예수를 유대교에 반대하는 인물로 도출해내는 것 역시 불가능합니다.

그래서 저는 이 비유사성의 기준을 다음과 같이 바꿔 표현하고 싶습니다. 어떤 예수 전승이 당시 유대교 틀 안에서 역사적으로 가능할 때, 그리고 동시에 원시 그리스도교가 유대교로부터 발전했음을 알 수 있게 해주는 특별한 강조점을 가지고 있을 때, 우리는 그 예수 전승이 역사적 신빙성을 갖췄다고 생각할 수 있겠습니다. 우리가 예수 전승의 진정성을 판단할 수 있는 것은 바로 이 지점부터입니다. 예수뿐만 아니라 원시 그리스도교 자체도 유대교로부터 도출될 수 있는 것입니다.

덧붙여 당신은 제가 예수를 아무런 해도 끼치지 않는 방랑철학자, 농민 작가로 '위장'한 것이 '아무런 해도 끼치지 않는 무난한' 현대 예수상들을 에둘러 비판한 게 아니냐고 물으셨습니다. 정확히 보셨습니다.

당신의 편지는 제게 많은 깨달음을 줍니다. 다음 편지도 고대합니다.

애정과 함께

게르트 타이센

제15장 · 성전 개혁과 사회 개혁

　바룩이 메틸리우스에게 보낸 보고서를 가지고 출발한 지 며칠이 지났을 때 모든 것이 뒤바뀔만한 소식이 내게 도착했다. 나 역시 가능한 한 빨리 예루살렘으로 가야만 했다. 바라빠가 젤롯 당원 두 명과 함께 체포되었던 것이다. 체포 당시 그들은 극렬히 저항했고 로마 군인 하나가 크게 다쳐 목숨을 잃었다. 예루살렘에 가야 했다. 내가 가서 직접 메틸리우스에게 보고한다면 바라빠를 도울 수 있을지도 모른다. 그를 도와야만 한다. 그는 내 생명의 은인이 아닌가.

　나는 바룩이 지났을 페레아를 거치는 우회로를 택하지 않고 티몬, 말코스와 함께 사마리아를 관통해 유대로 갔다.[1] 유월절

---

[1] 요세푸스에 따르면 이 길로는 갈릴래아로부터 사흘 후면 예루살렘 도착한다(*Vita*, 52,270). 유대인과 사마리아인 사이의 갈등 때문에 사람들

전에 예루살렘에 도착하려고 가능한 한 빨리 앞으로 내달렸다.

여정 내내 난 어떻게 하면 바라빠를 도울 수 있을지 골몰했다. 그는 젤롯당원 중에서도 분별 있는 사람에 속하니 보호해야 한다고 말해볼까? 아니면 그가 내 편을 들었던 일을 보고할까? 차라리 침묵하는 게 더 나을까? 감옥에 갇힌 젤롯당원 세 명을 위해 전력을 다해 두둔하면서도 바라빠와 내 관계는 어둠 속에 놓아두는 게 나을까? 하지만 로마인들은 어떤 경우라도 죽은 로마 군인의 복수를 위해 범인을 처형하지 않을까? 내 노력이 성공할 가망이 있을까? 갈릴래아에서 예루살렘으로 가는 사흘 동안 여러 생각이 나를 흔들어 댔다. 그러다 좋은 생각 하나가 떠올랐다.

예루살렘에 도착하자마자 난 메틸리우스에게 내가 왔음을 알렸다. 그는 지방장관 관저에 있는 자신의 집무실에서 나를 맞이했다. 비상사태를 맞아 로마인들에겐 위기감이 감돌고 있었다. 메틸리우스도 잔뜩 긴장한 모습이었다. 하지만 그는 오랜 친구를 만난 듯 내게 인사했다.

"마침 잘 왔군. 지금 우리는 나자렛 사람 예수에 집중해야 하네. 네가 보낸 편지는 다 읽었어. 그런데 다른 사건이 벌어졌지. 성전 앞뜰에서 벌어진 소란에 대해서는 이미 들었겠지?"

은 번번이 사마리아를 피했다. 마르코 복음과 마태오 복음에 따르면 예수 역시 사마리아를 통하지 않고 예루살렘으로 간다(마르 10:1, 마태 19:1 참조). 그에 반해 루가 복음과 요한 복음에 따르면 예수는 사마리아를 관통하여 여행한다(루가 9:51 이하, 요한 4:1 이하).

"아니요. 저는 지금 막 예루살렘에 도착했습니다."

"어제 예수가 성전에 들어가 상인들의 사업을 방해했어."

메틸리우스는 불안하게 이리저리 오갔다.

"성전 앞뜰에 있던 우리 병사들이 그 사건을 보고했지. 예수가 자기 추종자들과 함께 유대인과 이방인 모두 들어갈 수 있는 성전 뜰 안으로 들어왔다더군. 거기서 소란을 일으켰다는 거야. 희생제물로 쓸 가축을 파는 상인들을 내쫓고 책상을 둘러 엎고 도구를 가지고 성전을 지나다니는 일꾼들을 방해했지. 그냥 작은 소란이었어. 수로 사건 이래 우리 병사들은 될 수 있으면 개입을 삼가고 도발을 피하라는 지시를 받았지. 유대인 성전관리자들은 문제를 어느 정도 잘 통제하는 듯 보였고, 소란이 일어난 이후에 그들과 예수 사이에 논쟁이 일어났어."[2]

나는 어떻게 하면 이 소란을 버릇없는 한 방랑철학자의 소행으로 '매도'할 수 있을지 골똘히 생각했다.

"도발적인 행동은 무엇보다 성전관리자들과 논쟁하기 위해서 벌였던 일일 겁니다. 방랑철학자들은 사람들의 이목을 끌기 위해 그런 수단을 자주 쓰지 않습니까?"

"그렇지. 하지만 이 사건은 조금 더 조사해봐야겠네. 이 사건이 최근에 벌어진 유일한 소란이 아니거든. 얼마 전 젤롯당원 몇 명을 체포했지. 그들은 분명 위험한 놈들이었어."

---

[2] 마르 11:15~19, 27~33 참조

바라빠와 그 동료들을 체포한 일을 말하는 것이었까. 나는 성전에서 일어난 사건과 젤롯당원들은 아무런 연관성이 없음을 사실 그대로 말할 수 있었다. 그러나 우선 이렇게 돌려 물었다.

"예수와 젤롯당원들이 관련 있다는 증거가 있나요?"

"바로 그 점에 대해 자네와 대화하고 싶은 걸세. 자네는 어떻게 생각하나?"

잠시 생각한 후 나는 말했다. "젤롯당 활동은 로마인에게 적대적인 방향으로 진행되지만, 성전과 관련된 소란은 유대교 상급기관에 반대하는 일입니다."

"그렇지만 아무 관련이 없다고는 할 수 없지. 젤롯당원들은 성전과 연결된 귀족 계급과도 싸우고 있거든. 성전을 향한 비판은 곧 성전 귀족 계급에 대한 비판이지. 대사제들이 어려움에 처한 것만으로도 테러리스트들에게는 좋은 일이야."

"그럼 성전에서의 이 소란에 어떤 의도가 있었던 걸까요?"

메틸리우스는 한동안 가만히 서 있다가 어깨를 으쓱하고는 말했다. "짐작일 뿐이지. 첫째, 예수는 성전 공사에 참여한 일꾼들이 공사에 필요한 도구를 가지고 지나다니는 걸 방해했어. 성전을 계속 짓는 데 대한 항의 표시지. 성전은 반년째 증축 중이거든. 아직도 끝나지 않았지. 예수는 아마도 성전 건축을 거부하는 걸 거야.

둘째, 예수는 상인들의 책상을 뒤엎었어. 그는 성전도 마찬가지로 '뒤집히고' '허물어져야' 한다고 말하는 게 아닐까? 성전 파괴를 예고하는지도 모르지. 어떤 경우라도 난 이 행동에서 성전에 대한 강렬한 분노를 느끼고 있네.

셋째, 그는 환전상과 희생제물 판매자들의 사업을 방해했네. 사람들은 돈을 환전받아 희생제물을 사지. 이 사업이 없다면 희생제의가 지탱될 수 없어. 그렇다면 예수는 희생제의 자체를 반대하는 걸까? 근본적으로는 성전을 반대하는 게 아닐까? 성전에서 희생제물을 드릴 수 없다면 성전이 거기 있을 이유가 없는 거니까. 말했지만 이 모든 건 내 추측이네."

메틸리우스는 여느 때처럼 명민했다. 그가 옳지 않은가? 지금의 성전이 사람 손으로 만들어지지 않은 새 성전으로 대체되기 위해 무너질 것이라는 예수의 예언을 알지 못했음에도 그는 예수의 본뜻을 읽어냈다.[3] 성전에서의 소란은 이 예언과 관련되어 있을 것이다. 우리 민족의 예언자들은 자신들의 예언을 구체화하는 상징적인 행동을 하곤 했다. 성전 정화는 이와 밀접하게 엮여 있다. 그러니 나에겐 이 사건이 전혀 위험하지 않다는 새로운 해석을 해야 할 과제가 주어졌다. 나는 말했다.

"예수가 성전제의를 폐지하려 한다는 것에 대해 저는 회의적입니다. 몇몇 폐해들만 제거하려 했겠지요. 성전과 상업이 결탁한 상황에 분노했던 것 아닌가 싶습니다. 그래서 그의 분노가 상인과 일꾼에게 향했겠지요. 그는 성전에서 돈을 버는 사람들에

---

[3] 마르 14:58 참조

게 반대하는 걸 겁니다. 돈 없이 들어갈 수 있는 성전이 되기를 바라는 마음이겠지요. 이건 가난한 사람들을 편드는 그의 태도와 잘 맞아떨어집니다."

메틸리우스는 고개를 저었다. "이 소란에 이어 일어난 논쟁에 대해 내가 들은 바도 자네에게 이야기해줘야겠군. 사람들은 어떤 권리로 성전 경영을 방해하는 거냐고 예수에게 해명을 요구했네. 그는 질문하는 그들에게 오히려 질문을 던졌지. 요한이 베푼 세례 배후에 신이 있는지 아닌지를 성전 대표자가 대답해야 한다고 말이야."

"성전관리자들은 뭐라고 대답했죠?"

"아무 말도 하지 못했어. 예수가 말을 이어갔을 뿐이야. 그는 '만일 여러분이 세례자 배후에 신이 있는지 없는지 말하지 않는다면, 저 역시 여러분에게 제가 어떤 권한으로 성전 경영을 방해하는지 말하지 않겠습니다!'라고 말했네."[4]

"곤란한 질문에서 벗어나려 했던 건 아닐까요?"

"내 생각은 달라. 언젠가 자네가 이스라엘 공동체에게 성전이 어떤 의미를 지니는지 설명한 적이 있었지. 성전은 희생제물을 통해 민족의 죄를 없애는 곳이라고 말이야. 반면에 세례자 요한은 세례를 통해 죄 용서를 베풀었고. 성전관리들이 세례가 신에게서 유래했다고 시인했다면 바로 질문이 날아왔겠지. '그렇다

---

[4] 마르 11:27~33 참조

면 너희는 왜 죄 용서를 위해 여전히 희생제물을 바치라고 하느냐? 왜 짐승들을 죽게 하느냐? 왜 요르단 강으로 가서 너희 자신을 제물로 바치며 물로 세례받지 않았느냐?' 간단히 말해 난 예수가 지금의 성전을 근본적으로 폐지하려 한다고 생각해. 죄 용서가 성전과 무관하게 이뤄질 수 있다는 입장을 대변하는 자는 성전의 기반을 허물고 있는 거야!"

"그럴지도 모르죠. 하지만 방랑철학자들, 특히 피타고라스학파의 방랑철학자들도 피의 제물을 거절했지요."

"내 해석이 옳다면 예수는 성전에 대해서만 위협적인 인물이야. 성전에 붙어사는 사제들과 예루살렘 백성에 대해서만 그렇겠지. 하지만 로마인들은 아니야. 우리는 너희 종교 내부 쟁점에 개입하지는 않을 거야. 하지만 젤롯당과의 관련성에 대해서는 조사해야 하지. 왜 거의 같은 시기에 젤롯당원들이 예루살렘에서 적극적으로 활동을 시작했을까? 자네는 예수와 젤롯당과의 관계에 대해 뭔가 알아낸 게 있나?"

이 질문은 예측하고 있던 것이다. 여기로 오는 내내 무엇을 말해야 할지 신중하게 생각했다. "제가 얻은 정보에 따르면 예수와 함께 이리저리 돌아다닌 사람 중에 젤롯당원이 하나, 아니 어쩌면 두 명 더 있을지 모른다고 합니다. 시몬이라는 이름의 그 추종자의 별명을 보면 확실합니다. 다른 사람은 가리옷 사람 유다(가룟 유다)일 가능성이 있다고 합니다. 가리옷은 '시카리우스'sicarius에 해당하는 말일 겁니다.⁵ 마지막으로 시몬 바요나 역시 의심이 간다고 하더군요. 몇몇 사람들은 젤롯당원들을 바요님, 즉 광야를 떠도는 사람들이라 부릅니다. 하지만 유다와 시몬의 별명을 다르게 해석할 수도 있기는 합니다."⁶

메틸리우스는 자신이 옳다고 확신한 모양이었다.

"그러니까 예수와 젤롯당 사이에 무슨 연관이 있다는 거군."

예상했던 반응이다. "저는 이 문제를 조사하면서 놀라운 결과에 이르렀습니다. 제일 먼저 놀라게 된 건 예수를 바짝 붙어 따르는 자들 중에 레위라는 이름의 세리가, 그러니까 젤롯당원이 대항해 싸우는 대상인 세관장 한 명이 끼어 있었다는 사실입니다. 또한 예수의 추종자 중 한 명이 '젤롯당'이라는 별명을 가지고 있다면, 거꾸로 그들 모두가 젤롯당원은 아니라고 말할 수 있습니다. 모두 젤롯당에 속했다면 왜 굳이 '젤롯당'이라는 별명을 붙여 구분했겠습니까?"

"하지만 그런 사실이 내 의심을 모두 해결하는 건 아니야."

---

⁵ '시카리'는 로마제국의 모든 강도와 저항 투사를 일컫는 말이다. 요세푸스는 로마에 대적하는 유대 반란 그룹을 가리킬 때 이 말을 사용한다. 요세푸스는 그들이 작은 단도로 그들의 목표물을 찔러 죽인 뒤에 경악한 군중들 속에서 목표물의 범죄상을 큰 목소리로 외쳤다고 묘사한다. 그들의 주요 목표물 중 하나는 대사제였다. 요세푸스에 따르면 그들은 지방장관 펠릭스Felix 치하(대략 52~60년)에서 비로소 공개적으로 등장했다. 이에 관해서는 *De Bello Judaico*, 제2권 제13장, 3, 254를 참조하라.

⁶ '이스카리옷'은 아람어로 단순히 '가리옷Karioth 출신의 남자'를 의미할 수도 있다. 마태 16:17에서 베드로를 지칭하는 바요나는 '요나의 아들'로 해석해야 할 것이다.

"저도 그렇게 생각합니다. 저는 그 문제를 철저히 캐물었습니다. 젤롯당원 몇몇과 접촉하는 데 성공하기도 했지요. 저는 그들에게서 젤롯당원 시몬이 본래 그들에게 속했지만 지금은 예수와 한패가 되어 배신자로 간주된다는 사실을 알아냈습니다. 다시 말해 젤롯당은 예수를 위협 요소로 느끼고 있습니다. 그는 비폭력을 말합니다. 젤롯당은 이 방식을 거부하지요. 그가 젤롯당원 가운데, 그리고 주민들에게서 더 많은 추종자를 얻는다면 젤롯당 입장에서는 큰 손실일 겁니다."

"내가 자네 말을 제대로 이해했는가 들어봐. 그렇다면 추종자와 동조자를 놓고 경쟁하는 두 종류의 선동자가 있다는 건가? 한 편에는 젤롯당, 다른 한 편에는 예수?"

"이렇게 말하고 싶습니다. 젤롯당은 이 나라에서 일어나는 문제를 지적하지만 예수는 이 문제의 근본적인 해결책일 수 있습니다. 자세히 말하자면 그가 이 모든 문제를 해결할 수단일 수도 있다는 것이지요."

"좀 더 자세히 말해보게."

메틸리우스는 흥미롭다는 듯 나를 바라보았다. 그는 로마 당국이 이 상황에서 어떤 태도를 취해야 할지 갈피를 잡지 못하고 있었다. 그는 어떤 방안을 제시하더라도 고마워할 것 같은 모습이었다. 나는 깊이 숨을 들이마셨다. 기회다. 그토록 내가 기다려온 기회. 바라빠를 구해낼 유일한 기회일지도 모른다. 이제 모든 건 내가 메틸리우스를 설득할 수 있는가에 달렸다.

"저는 갈릴래아에 있는 마을에서 젊은 사람들이 왜 산속에 있는 젤롯당에 가입하기 위해 집과 농장을 떠나는지 조사했습니다. 이유는 서민을 압박하는 경제 상태 때문이었습니다. 흉작을 비롯한 예상치 못한 불행으로 빚을 져야 하는 경우, 그들은 세금을 낼 수 없게 되고 따라서 노예가 되거나 감옥에 가야 하는 상황으로 몰립니다. 그 상황에서는 차라리 젤롯당으로 숨어드는 게 더 낫다고 판단하지요. 모든 젊은이가 테러리스트로 태어나는 건 아닙니다. 상황 때문에 그렇게 변하는 것이죠. 테러리스트로 사는 삶이 아니라 다른 대안이 주어진다면, 다시 평범한 삶으로 돌아갈 현실적인 전망이 제공된다면, 그들 중 많은 이가 산적으로 사는 삶을 등지게 될 겁니다. 저는 세 가지 요점이 담긴 제안을 말씀드리고 싶습니다."

메틸리우스는 극도로 긴장해 있었다. 두 손으로 책상을 붙들고서 내 말을 한마디도 놓치지 않으려는 듯 몸을 앞으로 숙였다.

"첫째, 유대와 사마리아를 관할하는 로마 지방장관이 젤롯당의 일원이 저지른 범죄에 대해 포괄적 사면을 선포해야 합니다. 사면은 평범한 삶으로 돌아갈 준비가 된 모든 이에게 해당해야 합니다."

메틸리우스는 몸을 일으켜 세웠다. 불안하게 이리저리 오가기 시작했다. 그리고는 내게 짧은 시선을 던졌는데 그 안에는 깊은 실망이 담겨 있었다. 나는 실패했다는 걸 알았다. 그럼에도 계속 말했다.

"둘째, 포괄적인 부채 탕감을 통해 젤롯당으로 도망칠 가능성이 있는 서민들이 새로운 기회를 얻게 배려해야 합니다.[7]

셋째, 국가가 땅 없는 사람들을, 누구보다도 과거에 젤롯당원이었던 사람들을 국경 지역에 정착시켜야 합니다. 이 사람들은 전쟁 경험이 있는 사람들이니 외부 적들과 잘 맞서 싸울 수 있을 겁니다. 악의 근본 원인과 싸울 때만 이 땅에 지속적인 평화를 마련할 수 있습니다."

짧은 침묵 후에 메틸리우스가 말했다. "그런데 이 해결책이 예수와는 무슨 상관이지?"

"그의 운동은 젤롯당원들이 그럴 가능성만 주어진다면 젤롯당원으로서의 삶을 포기할 준비가 되어 있다는 증거입니다. 지금은 무슨 범죄를 저질렀기 때문에, 얼마 되지 않는 소유마저 팔아버렸기 때문에 평범한 삶으로 돌아갈 모든 길이 막혀 있습니다. 속박되지 않은 예수의 삶은 그들에게 강도 생활을 청산할 가능성을 제공합니다. 예수와 함께하는 삶은 힘겹습니다. 극도의 무욕을 전제합니다. 그런데도 과거에 젤롯당원으로 살았던 사람이 젤롯당 생활을 버리고 예수의 생활을 선택했다면 평범한 삶으로 돌아오는 거야 얼마나 더 쉽겠습니까?"

"그렇다면 이 예수라는 인물이 그들에게 사면과 부채 탕감을

---

[7] 유대 전쟁에서 반란을 일으킨 젤롯당원들이 가장 먼저 한 일은 채무기록보관소를 불태우는 일이었다. 이를 통해 젤롯당은 로마인들에 대항한 반란에 참여할 가난한 이들을 얻게 되기를 희망했다(*De Bello Judaico*, 제2권 제17장, 6.427 참조).

보증한단 말인가?"

"그가 국가와 채권자들의 입장에 서서 그들을 변호할 리는 없습니다. 예수는 모든 이에게 신의 사면을 보증합니다. 만일 누군가 회개하고 새로운 삶을 시작하려 한다면 신은 모든 빚을 탕감해줍니다! 그리고 그는 서로에게 진 빚을 탕감해줄 의무를 지웁니다."[8]

"방랑철학자들은 아름다운 이념들을 말하곤 하지. 하지만 정치 현실은 그런 이념보다 훨씬 더 복잡해!"

"정치적으로도 사면은 바람직하지 않을까요? 상황이 매우 급박합니다. 주민들도 작년 시위에서 발생한 사망 사건 때문에 불안해하지 않습니까. 죄 없는 갈릴래아 순례자들이 죽임을 당한 걸 아직도 받아들이지 못하고 있습니다. 세례자의 처형 또한 잊지 않고 있지요. 긴장을 완화하기 위해서라도 당국이 선의를 갖고 있음을 보여주는 분명한 징표가 필요합니다. 그렇지 않으면 폭력은 더 고조되고, 폭력은 오직 폭력으로만 맞설 수 있다는 생각이 사람들 가운데 힘을 얻게 될 겁니다. 곧 유월절입니다. 축제는 젤롯당원의 범행에 대한 포괄적 사면을 베풀 최적의 기회입니다."

메틸리우스는 체념한 듯 고개를 저었다.

---

[8] 마태 6:12, 주의 기도를 참조하라. 하느님께 용서를 구하면서 자기에게 빚진 자를 용서할 준비가 되어 있어야 한다고 가르쳤을 때 예수는 확실히 경제적인 빚 또한 염두에 두고 있었다.

"너무 비현실적이지 않나? 어떻게 국가가 나라의 모든 채권자에게 자기들 빚을 회수하는 일을 단념시킬 수 있겠나?"

"우리나라에서는 가능합니다. 우리에겐 7년마다 모든 빚을 탕감하는 오랜 법이 있습니다.[9] 이 법이 실행된 적은 거의 없지만 분명 존재합니다. 효력을 발생시키기만 하면 됩니다. 이에 대해서는 대사제 및 산헤드린과 협의할 수 있을 겁니다. 산헤드린은 긴장된 상황을 완화하는 데 관심이 있습니다."

메틸리우스는 곤혹스러운 눈빛으로 나를 바라보았다. "자네 제안이 너무 급진적이라 뭐라 말해야 할지 모르겠군."

"저는 사면이 가장 시급하다고 생각합니다. 새로운 폭동이 일어나기 전에 공포되어야 합니다."

"지방장관만이 그걸 결정할 수 있네. 그리고 그 또한 제한된 권한만 갖고 있을 뿐이야."

"최소한 그분께 제 제안을 전하셔야 합니다."

메틸리우스는 주저했다. "이 생각은 예수에게서 온 것인가?"

나는 부정했다. "이건 제 생각입니다."

"내가 보기에 자네 제안은 예수의 의도에 가까운 것 같네. 자네는 사회를 개혁하고 싶어 하고 예수는 성전을, 아니 너희 종교 전체를 개혁하고 싶어 하지. 예수는 성전이 더는 죄를 용서받는 중심 장소로 기능하지 못한다고, 성전 밖에서도 죄를 용서받을

---

[9] 신명 15:1 이하 참조

수 있다고 말하지. 세례를 통하거나 자신의 무리에 합류하면 된다고 말이야. 자네는 사회가 더는 견딜 수 없는 부채를 처리하지 못한다고, 부채 탕감을 위한 새로운 길을 모색해야 한다고 말해. 예수는 신의 사면을 제공하고 자네는 국가의 사면을 요구하지. 어찌 됐건 이 생각들은 서로 관련이 있어."

그때 나는 말했다. "비유로 말씀드려도 될까요?" 난 예수의 비유 이야기 하나를 꺼냈다. 그러나 다가오는 하느님의 통치에 대한 암시는 전부 생략했다.

신은 재산 관리인과 결산을 하는 주인과 같습니다. 셈을 시작하자마자 백만 정도의 빚을 진 한 남자가 끌려왔습니다. 남자는 빚을 상환할 능력이 없었기에 주인은 그에게 그 자신과 부인, 아이들과 전 재산을 팔아 빚을 갚으라고 명령했습니다. 그 채무자는 주인 앞에 엎드려 청했습니다. "제발 참아주십시오. 정말 모두 갚겠습니다." 그때 주인은 측은한 마음이 들어 그를 풀어주고 그의 빚도 탕감해주었습니다. 이 남자는 밖으로 나오자마자 자신에게 적은 액수를 빚진 동료 관리인을 만났습니다. 남자는 그의 멱살을 움켜쥐고 목을 조르며 말했습니다. "내게 진 빚을 갚아라!" 남자의 채무자는 무릎을 꿇고 빌었습니다. "참아주게, 정말 꼭 갚겠네." 하지만 남자는 승낙하지 않고 빚을 청산할 때까지 채무자를 감옥에 처넣었습니다. 사람들은 이 광경을 보고 경악했습니다. 그들은 주인에게 달려가 벌어진

일에 관해 소상히 말해주었습니다. 주인은 노하여 남자를 불러 말했습니다. "이런 못된 놈 같으니! 네가 내게 청했기에 네 빚을 전부 탕감해주었다. 너 또한 내가 네게 한 것처럼 동료 관리인을 불쌍히 여길 수 없었더냐?" 주인은 매우 분개해 그를 다른 하인에게 넘겨 고문하게 하고 빚을 다 갚을 때까지 처벌했습니다.[10]

메틸리우스는 주의 깊게 듣고 있었다. 약간 미심쩍어하며 내게 물었다. "그건 비유야. 그게 정말 꿔준 돈을 탕감하도록 촉구한단 말인가?"

"글쎄요. 하지만 예수가 비유를 전한 서민들이라면 자기도 모르게 자신이 꾼 돈을 떠올릴 게 틀림없겠지요."

메틸리우스는 내 보고서가 담긴 파피루스 뭉치를 둥글게 말아 가죽함 안에 조심스럽게 넣었다. 그는 내 방문의 공식적인 요건이 끝난 것으로 간주했다. 하지만 여전히 그는 나를 떠나게 해주지 않았다. 오히려 천천히 내 보고서가 담긴 가죽함을 작은 장서랍 안에 밀어 넣으며 여느 때처럼 유월절 축제에 참여하기 위해 몰려든 순례자들로 가득한 거리를 창문으로 내다보았다. 그는 이제 내 쪽으로 다가와 자신의 손을 내 어깨에 얹고는 예상치 못한 질문 하나를 꺼냈다.

---

[10] 마태 18:23~35 참조

"안드레아, 왜 너희는 너희 신의 훌륭한 철학을 하등 중요하지도 않은 저런 일들과 분리하지 않는 거지?"

나는 할 말을 잃었다. 메틸리우스는 이제 나와 종교 문제에 관해 이야기하는 게 중요하다고 생각한 걸까? 그는 계속했다.

"자네는 내게 우리 정치에 변혁을 가져올 급진적인 개혁안을 제시했어. 이제 내가 너희 종교를 변화시킬 수 있는 내 관점을 말해도 되겠나?"

메틸리우스는 나를 마주 보고 의자에 앉았다.

"지난번 자네와 대화를 나눈 후 나는 알렉산드리아 출신의 한 유대인을 만났어. 그와 너희 종교에 관해 오랫동안 이야기를 나눴지. 그는 율법을 상징으로 이해해야 한다고 말하더군. 안식일 계명은 인간이 오직 내적 쉼을 통해서만 신을 향해 돌아설 수 있음을 말한다는 거야. 할례는 욕정과 충동에 대한 억제를 상징하고, 안식일과 마찬가지로 할례도 문자 그대로의 의미를 실제에 적용해서는 안 된다고 하더군.[11] 그런 생각이 인정받는다면 유대교는 영향력 있는 철학이 될 수 있겠지. 약한 자들에게 선의를 베풀어야 한다고 요청하는 하나의 신을 경배하길 원하는 많은 사람이 있어. 안식일과 할례 규정을 이렇게 해석한다면 주저하던 이들도 유대교의 신자가 되겠지."

---

[11] 알렉산드리아의 필론은 자신의 책 *De Migratione Abraham*(아브라함의 방랑에 대하여)에서 율법을 문자적으로 해석하는 유대인들을 비판한다. 그 예로 그는 여기서 묘사되는 안식일과 할례에 대한 이해를 거론한다(*De Migratione Abraham*, 89~93 참조).

나는 조심스레 말했다. "그 알렉산드리아의 유대인은 사라져 가는 소수 유대교 그룹을 두둔하고 있네요."

메틸리우스는 상관없다는 듯 손짓했다.

"알렉산드리아의 몇몇 유대인이 무슨 생각을 하든 난 관심이 없어. 내가 궁금한 건 자네의 생각이야."

나는 그의 눈을 똑바로 바라보았다. 이건 심문일까? 메틸리우스는 내 생각을 짐작하는 듯 보였다.

"로마의 관리로서 흥미가 있는 게 아니야. 사적인 거지. 나는 너희 철학을 명료하게 이해하고 싶어."

나는 주저하며 말했다. "문제는 유대교 신앙이 철학이 아니라는 겁니다. 유대교 신앙은 마음속에서 확신하는 것이 아니라 눈에 보이도록 행하는 것이지요. 삶의 방식입니다. 우리는 크고 작은 행동을 통해 신을 경배할 수 있기에 기뻐합니다. 음식 계명을 지키고 우리가 전해 받은 여러 의식을 준수함으로써 신을 경배할 수 있기에 감사합니다. 신의 계명을 듣고 그 깊은 의미를 이해하는 것만으로는 충분치 않습니다. 그것을 행해야 하지요."[12]

"하지만 이 계명들에는 유대인과 이방인이 사귀기 어렵게 하는 여러 요소가 담겨 있어. 너희 민족은 왜 두 종류의 계명을 구

---

[12] 아디아베네의 왕 이자테스Izates(AD 1세기 전반)가 유대교로 개종했을 때 한 유대인 상인은 그에게 유대교 신앙을 따르려 할 때 반드시 할례를 받을 필요는 없다고 보증해주었다. 그러나 그 후 갈릴래아 출신의 엘르아잘Eleazar이라는 사람이 율법을 읽는 것만으로는 충분치 않고 율법의 계명대로 행해야 한다고 주장했다. 이로 인해 왕은 할례를 받았다 (*Antiquitates Judaicae*, 20권 2장, 38~48).

분하지 않는 거지? 인간들이 함께 살기 위해 반드시 요구되는 도덕적 계명들과 전통에 근거하지만 유일신 신앙에 꼭 연결돼 있을 필요는 없는 제의적인 계명들 말이네. 예수의 메시지는 이러한 방향을 향해 있는 게 아닌가?"

"예수는 어디서도 아이들이 할례를 받아서는 안 된다고 말한 적이 없지요. 근본적으로는 안식일을 문제 삼지도 않았습니다."

"하지만 사람들은 예수를 통해 그런 생각에 다가갈 수 있지 않을까?"

"알렉산드리아의 그 유대인 같은 사람들은 그런 생각에 도달할 수 있겠지요. 하지만 그런 생각은 우리한테 인정받지 못할 겁니다. 당신은 우리가 전승받은 많은 계명, 우리 전통에 포함되어 있기에 우리가 행하는 그 계명들이 우리에게 얼마나 중요한지 잘 모르실 겁니다. 우리는 계명을 행함으로써 공개적으로, 그리고 가시적으로 우리 신앙에 충실하다는 것을 서로 확인합니다."

"다른 방식으로는 할 수 없을까? 너희의 위대한 랍비 중 한 명에게 계명 중 무엇이 가장 중요한지 물었더니 그는 내게 이렇게 말했어. '너희에게 불쾌한 일은 네 이웃에게도 행하지 말라. 이것이 토라 전체의 뜻이고 다른 것들은 모두 그에 대한 해석이요. 가서 그것을 배우시오!'[13] 그렇다면 다른 계명들은 왜 필요하

---

[13] 이 잠언은 (BC 약 20년경) 랍비 힐렐Hillel의 말로 알려져 있다(*Shabbat B'Shabbato* 31a). 그가 실제로 이 말을 했는가는 또 다른 문제다. 그러나 사람들이 이 황금률을 가장 유명한 교사의 말로 여겼다는 사실은 사람들이 이 말을 얼마나 높이 평가했는지를 보여준다.

지? 할례와 음식 계명들의 존재 이유가 뭐냐 말이야."

나는 깊이 생각해야 했다. 메틸리우스는 정말 우리 종교에 관심이 있던 걸까? 아니면 단지 우리 종교 내부의 새로운 흐름을, 유대인과 이방인 사이의 갈등을 보다 줄일 수 있는 새로운 사조를 탐색하고 있는 걸까? 정치적인 이유로 그런 사조들을 후원하려는 게 아닐까? 나는 고민하다 말했다.

"유대인이 우리 신앙을 공유하지 않는 여자와 결혼하는 걸 허락한다면 무슨 일이 벌어질까요? 할례받지 않은 이방인이 유대인 여자와 결혼할 수 있도록 허락한다면요?[14] 이방인 배우자는 계속해서 자기가 믿던 신을 섬길 겁니다. 그는 자기 자식들에게 자신의 신앙을 교육하겠죠. 우리 신이 가장 높은 신으로 인정받는다 하더라도 다른 신들 곁에 놓인 하나의 신으로 전락하고 말 겁니다. 하나이자 유일하신 신에 대한 신앙은 유대인들이 결혼하여 이루는 가족을 통해 전수되어야 합니다. 그래야 삶의 실천으로 이어져 보존될 수 있지요. 우리 신앙이 우리 주변 상황과 철저하게 다른 만큼 삶의 방식도 달라야 합니다."

"하지만 언젠가 모든 민족이 살아계신 그 신을 인정해야 한다는 것 아닌가?"

"그렇게 희망하지요."

"그럼 모든 나라에서 온 이 순례자 행렬에 유대인뿐만 아니라

---

[14] 헤로데 왕가조차 사위들에게 할례받을 것을 요구했다(*Antiquitates Judaicae*, 20권 7장, 139 참조).

다른 민족 출신 사람들도 포함될 것이란 말이지? 모두가 성전 안으로 들어갈 수 있고?"[15]

"지금도 성전은 신에게 귀의한 모든 이에게 열려 있습니다."

메틸리우스는 대화를 나눈 것에 만족해했다. 그는 내가 말한 사면 청원을 빌라도에게 전하겠노라 약속했다. 필요한 경우 빌라도가 직접 내게 문의할 거라 덧붙이면서. 나는 그와 작별했다. 모든 로마인이 메틸리우스와 같다면! 처음 만난 이후에 그가 우리 종교를 더 깊게 이해하게 됐다는 사실에는 의심의 여지가 없었다. 메틸리우스 역시 경계 위에 선 인간일까?

---

[15] 유대교에서는 시온으로 향하는 '민족들의 순례'가 메시아 시대에 일어날 것으로 예견했다. 이사 2:2 이하, 미가 4:2, 이사 57:7, 60:3, 토비 13:13 참조.

친애하는 크라칭어님께,

당신의 다정한 편지에 미소가 절로 나왔습니다. 저의 전기 자료들을 찾아보시고 제가 1968년에 반항기의 나이대였다는 것을 알아내셨습니다. 맞습니다. 68혁명은 제 삶에 뚜렷한 인장을 남겼습니다. 저는 결코 그것을 부정하지 않습니다. 나이 많은 세대들을 향해 무례하게 굴기도 했지요. 그것 때문에 고통스럽지만 그래서 더욱 이를 부정하지 않습니다.

이번에 보내주신 편지로 인해 여러 생각이 들었습니다. 당신은 저의 글을 읽으며 제가 68세대라는 걸 알아차리셨지만 제가 글을 쓸 때는 이를 전혀 의식하지 못했습니다. 변혁에 대한 과도한 희망, 변하지 않는 기존 권력 구조에 대한 실패, 이상과 현실 사이의 간극으로 인해 좌절, 냉정한 태도를 취하는 사람들과 폭력과 테러에 빠져든 사람들, 저는 제가 겪은 시대 경험을 소재로 사용하고 있었습니다. 그렇다고 해서 제가 그리는 예수상이 그저 제 세대의 이야기를 투사한 것일 뿐일까요? 어느 정도는 그럴지도 모르겠습니다. 제가 이야기를 서술할 때 제가 속한 세대의 경험이 녹아들어 간다는 것을 완전히 부정할 수는 없겠지요. 하지만 이야기 속 예수상도 제 경험에 영향을 받아 구성된 것은 아닙니다. 제가 전한 예수상은 여러 가지로 해석될 수 있습니다. 안드레아의 관점이 바로 이를 보여줍니다. 저는 이 이야기를 쓰며 독자들이 제가

'예수 그 자체'에 대한 상을 재현한다고 생각하지 않게끔 구성했습니다. 특정한 사회 경험의 관점으로 본 '예수'인 것이지요.

이것이 자의적인 것일까요? 저는 요세푸스의 저작들을 바탕으로 역사적으로 재구성한 세계에서 이야기를 전개했습니다. 당시 누군가가 예수에 관심을 가졌다면 이런 식으로 예수를 경험했을 것입니다. 사람들이 구약성서의 전통에서 예수를 해석한다면 그를 이렇게 경험할 수는 없는 것일까요? 그리고 사람들이 '자신의 과오로 인한 미성숙상태로부터의 탈출', 즉 '계몽'을 긍정할 때도 예수를 이렇게 볼 수는 없는 것일까요?* 종교가 영적인 것으로, 신과 인간의 대화로만 축소된다면 중요한 무언가를 잃게 되는 건 아닐까요?

저는 당신 역시 언젠가 반항과 혁명에 호응하던 시기를 보내셨으리라 생각해 봅니다. 그때 당신은 어떠셨는지요? 이런 경솔한 질문에 대답하실 필요는 없습니다.

감사와 진심을 담아

게르트 타이센

---

* '자신의 과오로 인한 미성숙상태로부터의 탈출'이라는 표현은 계몽에 대한 칸트의 설명에 나오는 표현이다.

제16장 · **빌라도의 두려움**

다음날은 유월절 전날이었다. 나는 매우 이른 아침에 빌라도에게 불려갔다. 심부름꾼은 급한 일이라고 말했다. 서둘러 지방장관 관저로 향했다. 사면을 선포하려는 것일까? 아니면 바라빠와 내 관계가 탄로 난 것일까? 나는 희망과 불길한 예감 사이를 오갔다. 돌이켜보면 극도로 고통스러운 날이었다. 결코 다시 겪고 싶지 않은 그런 날이었다.

빌라도는 진지해 보였다. 그는 내게 친근하게 인사하고는 창문이 하나뿐인 작은 방으로 안내했다. 그리고 호위병들을 밖으로 내보냈다. 다시 부를 때까지 문 앞에서 기다리라는 명령과 함께. 그는 분명 아무나 들어서는 안 될 어떤 것에 관해 논의하고자 했다. 우리 둘만 방에 남았을 때 그는 입을 열었다.

"사면과 부채 탕감에 대한 네 제안을 흥미롭게 받아보았다.

내가 젊었을 때 추종하던 사상가들이 떠오르더군. 아테네 시민을 위해 부채를 탕감했던 솔론Solon과 사회 대립을 완화하기 위해 분투했던 그라쿠스Gracchus 형제 말이야.[1] 네 생각을 간단히 묵살하려는 건 아니다. 하지만 포괄적인 사면은 내 권한을 벗어나는 일이야. 정치적으로 매우 중요한 사안이라 황제만이 선포할 수 있겠지."

나는 실망을 숨길 수 없었다. 빌라도는 계속했다.

"하지만 개별적인 사면은 나도 가능하지. 얼마 전 체포된 세 명의 젤롯당원에 더해 하나의 건수가 더 생겼어. 지난밤 네 번째로 체포된 사람, 너도 잘 아는 자일 거다. 나자렛 예수 말이다. 난 오늘 중으로 이자에 대한 처분을 결정해야 해. 그는 메시아 운동을 일으킨다는 혐의가 있지. 대사제는 이자에 대한 처분이 사람들의 이목을 끌지 않게 유월절 전에 이뤄져야 한다더군."

소스라치게 놀랐다. 그들이 예수를 체포했다! 심장이 뛰고 온몸이 떨렸다. 모든 게 위험천만하고 긴박해졌다.

빌라도가 말했다. "예수에 대한 네 기록을 읽었다. 아무 위험도 되지 않을 인물로 적어놓았더군. 철학자와 작가도 이 나라에 살아야겠지. 하지만 그가 메시아 후보자라면 말이 달라진다. 그

---

[1] 솔론은 BC 594~563년에 아테네에서 포괄적인 사회개혁을 실행했다. 무엇보다 그는 빚으로 인해 노예가 되는 제도를 없앴다. 어떤 채권자도 빚을 갚을 능력이 없는 채무자를 더는 노예로 팔 거나 부분소작인으로 소유지에 묶어둘 수 없었다. 그라쿠스 형제는 BC 133년 또는 123/2년에 로마의 공정한 토지분배를 위해 애썼다.

는 국가에 대한 위험 인물이야!"

이제 말 한마디 한마디가 중요했다. 머릿속으로 예수를 변호할 논증들을 끊임없이 떠올리려 했다. 난 지체 없이 핵심적인 논증을 펼치기 시작했다.

"예수의 핵심 가르침은 악한 자에게 대응하지 말라는 것입니다. 오른쪽 뺨을 맞으면 왼쪽 뺨을 돌려대라고 말하지요. 그런 사람이 위험할 리 있겠습니까?"

빌라도는 시큰둥했다. "보통 그런 태도는 위험하지 않지. 하지만 국가를 극도의 곤경에 빠뜨릴 수는 있어. 반란을 일으키는 젤롯당의 모든 군사보다도 국가를 더 곤란하게 만들 수도 있단 말이다."

나는 이의를 제기했다. "이 나라 모든 사람이 예수처럼 행동한다면 저항 투사들은 더는 나타날 수 없지 않겠습니까?"

"나는 수많은 경험을 통해 배웠어. 네가 이야기하는 건 내가 통치를 시작한 지 얼마 안 됐을 때 일어난 한 사건을 떠올리게 해.[2] 나는 티베리우스Tiberius의 명을 받아 유대 지방장관으로 부임한 후 밤에 몰래 황제의 초상이 그려진 깃발, 우리 군기를 예루살렘으로 들여왔었다. 다음 날 유대인들은 이를 보고 큰 충격

---

[2] 이후 이야기는 다음을 따랐다. Josephus, *De Bello Judaico*, 제2권 제9장, 2.219~3.174. 다만 요세푸스는 빌라도를 3인칭 시점으로 기술했으나 여기서는 1인칭인 '나'로 바꾸었음을 밝혀둔다. 요세푸스는 '군기에 있는 황제의 초상'에 대해 *Antiquitates Judaicae*, 18권 3장, 55에서 더 정확하고 객관적으로 말하고 있다.

을 받았다더군. 이 일이 유대인 사이에서 큰 문제를 불러일으켰지. 유대인들의 율법은 예루살렘 성안에 어떠한 형상도 허용하지 않았기 때문이야. 깃발에 가까이 다가간 그들은 초상화를 보고 큰 충격을 받았을 테지. 자신들의 율법이 짓밟혔기 때문에 말이야. 예루살렘 주민의 분노가 들끓는 가운데 지방 유대인들도 큰 무리를 이뤄 예루살렘에 모여들었어. 그들은 가이사리아에 있는 나를 찾아와 예루살렘에서 그 깃발들을 없애고 선조의 율법을 존중해 달라고 간청했다. 내가 이 청을 거절하자 그들은 내 궁전 주위를 에워싸고 얼굴을 땅에 댄 채 엎드려 닷새 동안 그 자리에서 꿈쩍도 하지 않았지. 난 기다리고 기다리다 결국 재판석에 앉아 답변을 주겠다고 백성들을 불러 모았다. 그리고 미리 계획한 대로 무장을 한 군인들에게 신호를 보내 그들을 포위하게 했지. 예상치 못한 상황에 처하자 유대인들은 겁에 질려 얼어붙었고 난 그들에게 황제의 초상을 받아들이지 않으면 모두 죽이겠다고 협박했다. 군인들에게 칼을 뽑아 들라는 신호도 내렸지. 그러자 유대인들은 약속이라도 한 듯 모두 땅에 엎드려 목을 내놓은 채 선조의 율법을 어기느니 차라리 죽겠노라고 소리쳤어! 난 그들의 열정적인 신앙에 놀라 즉시 깃발을 예루살렘 밖으로 내보내라고 명령할 수밖에 없었지.

안드레아, 내 통치 임기는 무장한 군대나 극렬한 저항 투사에 대한 패배와 함께 시작된 게 아니야. 무방비 상태였던 사람들에게 당한 패배와 함께 시작된 거지. 그들은 뺨만이 아니라 목까지 내놓았었다. 자신들을 때릴 뿐만 아니라 죽이라고 요구했단 말이다. 이 문제는 내 통치 기간 내내 불행한 문제들을 안겨주었지. 난 내 권위를 보호하기 위해 항상 걱정해야 했어. 내 말을 믿어라. 국가는 잘 훈련된 군단을 상대할 때보다 무방비 상태로 행동하는 사람들을 상대할 때 더 위험해지는 법이야."

"하지만 나자렛 예수는 악에 대항하지 말라고 가르쳤습니다!"

"그가 그렇게도 말했나? 그의 가르침이 오락가락하는군. 며칠 전 그는 성전 뜰에서 폭도로 주목받았었지. 그는 상인을 성전 뜰에서 내쫓고 환전상과 비둘기를 파는 자의 책상을 둘러엎었어. 그건 분명 사람과 물건에 대한 폭력이었지.[3] 젤롯당원이 아니고 뭔가?"

"예수는 젤롯당원과 분명히 거리를 두었습니다. 그리고 그는 카이사르의 것은 카이사르에게 돌리고, 신의 것은 신에게 돌려야 한다고도 말했습니다."[4]

"그래, 네 보고서에도 적혀 있더군." 언짢은 말투였다. "하지만 그게 반론이 되나? 동전에 관한 이야기는 성전 앞뜰에서 벌어진 돌발사건과 너무도 잘 어울리지 않나? 그는 거기서 환전상들을 습격했어. 그들은 모든 화폐를 띠로 동전으로 바꿔주기 위해 성전 앞뜰에 앉아 있었지. 그 동전만이 성전에서 통용되기 때

---

[3] 마르 11:15~17 참조
[4] 마르 12:13~17 참조

문이야. 띠로 동전에는 황제 초상이 없는 대신 더 나쁜 게 있어. 우리가 헤라클레스라고 부르는 띠로의 신 멜카르트 말이다! 황제의 초상이 은화에 그려져 있으니 그 은화를 황제에게 돌려줘야 한다면 멜카르트가 그려진 그 동전은 멜카르트에게 돌려주라고 해야 논리적으로 말이 되는 거야. 더 정확히 말하자면 결국 어떤 경우에도 다른 신을 허용치 않는 신, 예루살렘 성전에 있는 신에게 이 동전을 내지 말라고 해야 해."

"하지만 장관님, 예수는 성전의 그 거룩한 돈을 수도 시설과 같은 세속적인 용도로 사용하는 것에 아무런 반대도 하지 않으리라고 생각해볼 수 있지 않겠습니까?"

그는 크게 웃어댔다. "그런 관점에서라면 그의 가르침에서 뭔가를 얻어낼 수도 있겠군."

나는 포기하지 않았다. "다른 관점에서 보더라도 그는 로마인의 이익을 위해 활동하고 있습니다. 젤롯당원들의 세금거부운동을 반대하는 거지요!"

빌라도는 어깨를 으쓱했다. "그게 무슨 소리지? 그가 동전을 황제에게 돌려주라고 했다는 게 큰 의미를 갖지는 않아. 너의 견해에 따르면 황제는 신의 계명을 어긴 셈이야. 자기를 형상화한 상을 만들게 했으니까. 황제에게 황제 자신이 만든 신성모독적인 동전을 돌려주겠다는 건 국가에 대한 충성심을 드러내는 게 아니지. 거기서도 마찬가지로 경멸을 읽어낼 수 있어. '불경한 황제에게 불경한 동전들을 돌려주자! 신은 황제보다 크다!' 예수의 말들 이면에서 나는 이런 경멸을 느끼고 있어."

나는 새롭게 도전해야만 했다. "하지만 예수는 위기에 처한 나라가 위기에서 벗어날 유일한 길을 제시하고 있습니다."

"유일한 길? 난 네게 유일하고 확실한 길을 정확하게 말해줄 수 있지. 3,500명의 군사는 너무 적어. 대신 두 군단을 주둔시키면 모든 게 편안해지겠지. 사람들은 이성을 회복할 거고 이 나라는 평화를 얻게 될 거야."

"군단 없이도 가능합니다."

"아니, 로마제국은 군단 없이는 아무것도 돌아가지 않아!"

"우리에겐 통할 겁니다. 이 나라에서 일어나는 폭동의 원인은 토착민과 이방인, 즉 인접한 도시국가의 그리스인과 시리아인, 로마인 같은 외국인들 사이의 적대감입니다. 유대인들은 억압받는다고 느끼며 이방인을 증오하지요. 이방인의 도시들은 번창하는데 자신들의 경제 사정은 형편없으니 이 증오는 새로운 자양분을 얻는 것입니다. 증오가 사라질 때만 테러도, 폭력적인 시위도, 폭동도 사라지게 될 겁니다. 그런데 이방인들은 유대인들이 자신들의 신을 인정하면 모든 게 훨씬 좋아질 거라 말합니다. 우리 신이 대가족을 이루는 신들의 일원이라는 사실을 우리가 이해하기만 하면, 우리 역시 모든 민족이 서로를 친족으로 여기는 대가족에 받아들여지게 될 거라고 설득하지요. 하지만 이 길은 우리의 길이 아닙니다. 우리 종교는 설령 우리가 민족들 사이에서 고립된다 해도 유일한 신을 고수해야 한다고 가르칩니다. 그건 우리의 의무입니다. 그 무엇도 우리를 신앙에서 떼어놓을 수 없습니다. 장관님의 나라에서 최고로 치는 철학자들 역시 유일한 신이 존재한다는 걸 알고 있습니다."

"그럼 너희의 신은 우리 군단을 무엇으로 대체하려는 거냐?"

"예수는 신께서 우리가 우리 민족뿐만 아니라 이방인까지 사랑하기를 원하신다고 가르칩니다. 그는 이렇게 말합니다. '여러분, 원수를 사랑하십시오! 신께서는 모든 이들에게 해를 비추십니다.' '모든 이들'에는 로마인과 그리스인, 시리아인과 유대인 모두가 속해 있지요. 우리가 민족의 경계를 허문다면 우리는 신을 본받는 것입니다."

"불가능해. 자기 원수를 사랑하라니! 우리나라에서는 어린아이들도 알고 있지. '유능한 남자는 자기 친구들에게 선을 행하고, 적들에게는 해를 입힌다[5]는 사실을 말이야."

"예수는 새로운 가르침을 전하는 겁니다. 새롭기에 불가능하다는 건가요? 우리 유대인에게 이 가르침은 우리 신앙을 고수하면서도 옛 언약이 예언했듯 우리 자신을 모든 민족에게 열게 하는 길일 수도 있습니다.[6] 우리에게 이 가르침은 기회입니다!"

"우리가 아니라 너희에게겠지! 너희는 나라를 지킬 필요가 없

---

[5] Xenophon, *Memorabilia*, 제2권 제6장, (35) 참조. "한 인간의 미덕을 우호적으로 대하는 데는 친구를 능가하고 적대적으로 대하는 데는 적을 능가하는 데 있다고 믿는다면…"

[6] 일례로 이사 2:2~5 참조. 이 예언적 신탁은 언젠가 모든 민족이 예루살렘으로 순례를 올 것이라고 전한다.

다. 하지만 우리 로마인들은 나라를 지켜야만 하지. 우리 군대가 문제를 해결하고 있다고! 난 너희 가운데서 오랜 시간 일하면서 적과 강력하게 맞설 때만 평화가 유지된다는 사실을 깨달았다. 예수가 가르치는 건 정복당한 민족에게나 들어맞는 말이지. 우리에겐 병사들의 사기만 떨어뜨릴 뿐이야. 그래서 예수란 작자는 멍청이야! 그가 새로운 왕이라고 사람들이 수군거리니 위험해진 것뿐이지!"

나는 항변했다. "제가 예수에 관해 조사한 모든 내용은 그가 왕이나 메시아가 되려 하지 않는다는 것을 가리키고 있습니다."

"하지만 사람들은 그가 새 왕이 되리라 희망하고 있어. 바로 그게 문제야. 내 입장에서 말하자면 이 세상 모든 바보가 자신을 왕으로 여긴다 해도 문제 될 건 없지. 난 상관없어. 하지만 다른 이들이 그를 왕으로 믿는다면 예수는 위험한 인물이 되지. 예수가 자기는 왕이라고 믿지 않는다 해도 그는 위험한 인물이 되는 거야. 이미 그가 왕이라며 기대하는 이들의 소요가 이곳저곳에서 일어나고 있다. 그렇다면 위험하지 않은 멍청이도 위험요소가 되는 거라고."

"좋습니다. 그는 그저 멍청한 사람일 테죠. 바로 그 때문에 예수를 놔주어야 합니다. 은밀하게 놓아주는 게 아니라 공개적인 사면 과정을 거쳐서 말입니다. 그가 새로운 왕이 될 거라고 사람들이 기대한다 해도 그가 군사들의 사기를 떨어뜨리는 가르침을 전한다면 어떻게 그가 위험한 인물이 되겠습니까? 어디서 자기 군사를 얻겠습니까? 자기 적을 사랑하는 군대가 무슨 쓸모가 있겠습니까? 아무에게도 저항하지 못하는 군대가 말입니다."

빌라도는 내 말을 귀담아듣지 않았고 창가로 갔다. 난 그의 마음에서 일어나는 뭔가를 알아챘다. 그의 눈은 내 쪽을 향해 있었으나 시선을 나를 지나쳐갔다. 뭔가를 표현하려는 듯 그의 손이 움직였다. 하지만 그의 입에서는 아무 말도 나오지 않았다. 마침내 그는 한숨을 내쉬며 자기 의자에 앉았고 조용히 말했다.

"두려워…"

난 깜짝 놀라 그를 바라보았다. 다시 그가 덧붙였다.

"이 일이 내 통제를 벗어날까 두려워. 아니, 난 못해!"

그건 내게 한 말이었을까? 아니면 자기 자신에게 한 말이었을까? 빌라도는 골똘히 생각에 빠져들었다. 난 내가 잊혔다는 인상을 받았다. 헛기침을 했고 그는 눈을 들었다. 그의 시선이 다시 또렷해졌다. 그의 목소리는 단호하고 분명했다.

"나는 처음에 말했던 세 명의 젤롯당원을 유월절 축제 때 방면할까 진지하게 고민했다. 그래, 그렇게 결심했었지. 그런데 그 후에 예수를 둘러싼 이 메시아 운동에 대해 알게 되었다. 축제는 다가오고 군중들은 예루살렘으로 모여들고 있어. 상황은 위험하게 치달을 수 있지. 위험 부담이 너무 높단 말이다."

"세 산적의 처형을 미루면 어떻습니까? 축제가 평온하게 진행되고 나면 이 사안을 다르게 바라보실 수도 있지 않겠습니까?" 말을 하면서도 난 내 청원이 얼마나 가망 없는지 알고 있었다. 빌라도는 고개를 흔들었다.

"너무 위험해. 모두를 풀어줄 수는 없지. 오해를 부를 수도 있거든. 그래, 그런 조치는 몇몇 공상가들에게 우리가 약해 빠졌다는 인상을 줄지도 몰라. 그래선 안 돼. 백성들의 열망이 끓어오르는 지금 이 시기에는 더더욱 안 될 말이야. 하지만 난 네 제안을 받아들일 생각이다. 제안 전체는 아니지만. 한 사람을 풀어줄 생각이야. 위험 부담을 줄이는 거지. 내가 관대하게 이들을 대하는 게 나은지 아닌지도 차차 살펴볼 수 있을 테고."

나는 다시 한번 청했다. "두 사람을 풀어주실 수는 없겠습니까? 젤롯당원 하나와 예수 말입니다. 그렇게 하신다면 여러 지역 사람들에게 호의를 베푸시는 셈입니다."

"아니, 한 명이면 충분해. 누구를 고를지는 백성들에게 맡기고. 예수와 젤롯당원 중 하나를 택하도록 할 거야. 그러면 누가 백성들 사이에서 더 많은 추종자를 거느리고 있는지 드러나겠지. 사람들이 예수를 택한다면 예수의 생각이 얼마나 더 뻗어 나갈지 알 수 있는 척도가 될 거야. 젤롯당원을 택한다면 앞으로 백성들 사이에서 일어날 폭력적인 저항을 준비하면 될 것이고."

나는 깜짝 놀랐다. 빌라도는 백성과의 화해를 위한 내 제안을 가지고 통치권을 보다 공고하게 하려는 실험을 진행하고 있었다. 속이 뒤틀리는 심경이었고 누군가 내 목을 조이는 듯했다. 등골이 오싹해졌다. 나는 다시 짐승의 손에 붙잡힌 것이다. 나는 빌라도가 내 태도에서 아무것도 느끼지 못하도록 애썼다. 그가 나를 바라보며 말했다.

"그들 모두를 죽이는 게 사실 더 낫겠지. 하지만 난 너와의 대화에서 폭도에는 두 종류가 있다는 걸 깨달았다. 둘 다 위험하지. 어느 쪽이 백성들의 마음을 사로잡고 있는지 알아보자고. 내가 네 의견에 충분히 귀 기울이고 있다는 걸 알겠지?"

"그럼 백성들의 선택을 받는 대상으로 예수 옆에는 누굴 세우실 생각입니까?"

"바라빠라는 놈이지."

사태가 파국으로 치닫고 있었다. 난 무력하게 이를 지켜볼 수밖에 없었다. 더는 내 두려움을 숨길 수 없었고 온몸이 떨렸다. 빌라도는 놀란 표정으로 나를 바라보았다.

"왜 그러나? 난 네 제안에 매우 만족했어. 넌 내가 사면이라는 조치를 생각하도록 도왔지. 이 땅에 다양한 운동이 존재한다는 사실도 알려주었고. 사람들은 이제 그들 사이에서 선택해야만 해. 네가 준 묘책이지. 정말 좋은 생각이야!"

할 수 있는 한 감정을 억누르고 정신을 집중하려 했다. 벗어날 길 없는 파국으로 나 자신을 몰고 간 내 생각을 저주하며, 겉으로는 사면에 대한 내 생각을 받아들여 준 빌라도에게 감사를 표했다. 빌라도는 내 업적을 치하하는 몇 가지 말을 덧붙이곤, '예수' 사건을 끝맺기 전에 나와 면담할 수 있어 만족스럽다고 말했다.

어떻게 관저에서 나와 집으로 돌아왔는지 기억나지 않는다.

내 안에 혼돈이 요동치고 있었다. 일이 어떻게 진행되든 난 비참해질 것이다. 내가 한 번도 원한 적 없었지만 내가 관여해 벌어진 이 결말을 부인하려 맹렬히 저항했다. 빌라도가 말했었다. "네가 준 묘책이지!" 내 안에 울리는 그의 목소리를 듣고는 깜짝 놀라 몸을 움츠렸다. 그의 말 한마디 한마디가 채찍이 되어 나를 후려치는 것 같았다.

눈앞에서 집들이 흔들렸다. 어두운 문들이 적개심에 가득 찬 채 나를 노려보는 듯했다. 사방에서 사람들이 속삭이는 소리가 들렸다. 그 목소리는 내 마음에서 터져 나오는 것이었다. '저기 간다. 로마인들을 계략에 빠뜨릴 수 있다며 자신만만하던 배신자! 이제 덫에 걸렸구나. 자기 꾀에 자기가 넘어갔어! 이룬 게 아무것도 없는 실패자!' 어떤 결정이 나든 간에 난 그 사람의 살인을 공모한 범인이 된 듯했다. '네가 그들을 배신한 게 아니야. 네가 그들을 체포하게 만든 것도 아니고. 너는 그들을 위해 최선을 다했어. 모두 풀려나기를 바랐다고. 너는 죄가 없어!' 나 자신을 계속 달래보아도 아무 소용이 없었다.

나는 정말 죄가 없을까? 빌라도는 우리 대화가 시작되던 때는 예수와 바라빠 모두를 풀어주려 했던 건 아닐까? 그러나 대화가 이어지면서 비로소 어떤 대안이 있다는 사실을 깨달았던 건 아닐까? 내가 예수와 바라빠 둘 중 하나를 선택해야 하는 이 상황이 벌어지는 데 관여한 건 분명했다. 나 역시 책임이 있는 게 아닐까? "아니야!" 난 고함을 질렀다. 이 사태를 받아들일 수 없었다. '아니야! 내 잘못이 아니야, 내 잘못이 아니야!' 계속해서 이 말을 되뇌었다. 그러나 내 마음속 목소리가 멎자마자 다른 목소리가 떠올라 수군거리기 시작했다. '네 잘못이야!' 그 소리를 억누를 수 없었다. 집으로 향하는 길은 고통으로 가득 찼다.

집에 도착한 후 나는 이제 어떤 일이 벌어질지 살피기 위해 말코스를 보냈다. 그는 지방장관 관저 근처에 머무르며 빌라도의 결정이 어떻게 진행되는지 보고하기로 했다. 그 모든 일을 지켜볼 힘이 내겐 없었다.

불안한 시간이 지나갔다. 마침내 말코스가 소식을 가져왔다. 바라빠는 백성들의 요구로 풀려났고 곧바로 잠적했다. 그리고 예수는 다른 두 명의 젤롯당원과 함께 시내 변두리에서 십자가에 못 박혔다.

모든 게 끝났다. 마음이 가라앉고 다시 차분해졌다. 이제 시 변두리로 나갈 만큼 기운도 생긴 것 같았다. 난 예수를 멀리서나마 보고 싶었다. 갈릴래아에서 흔적을 찾아 헤맸던 그 사람, 아직 한 번도 만난 적 없던 그 사람을 조금이라도 보고 싶었다. 이제야 난 그를 만나게 될 참이었다. 범죄자로 처형당한 그 사람을 말이다. 티몬과 말코스도 나와 함께 나섰다.

두 번째 성벽에서 우리는 처형장을 내려다볼 수 있었다. 십자가 세 개가 거기 서 있었다. 고문당하여 처참하게 찢긴 세 사람이 죽음의 공포와 고통 속에 거기 매달려 있었다. 사람들은 '한 명은 벌써 죽었어. 로마인들은 그가 메시아일지도 모른다고 생각해서 그를 죽인 거야'하고 수군거렸다.

예수가 달린 십자가를 멀리서 바라보았다. 그 십자가는 한가운데 있었다. 그의 왼편과 오른편에는 유죄 판결을 받은 젤롯당원들이 달려 있었다. 아르벨라 동굴에서 우리가 만났던 젊은이들이었을까? 우리를 동굴에서 데리고 나왔던 그 두 사람일까? 누가 알겠는가. 그들 위에 저무는 태양이 걸려 있었다. 태양은 예수와 젤롯당원의 십자가 위로, 죽은 자와 죽어가는 자 위로 광채를 던지고 있었다. 태양은 로마 군인들 위로, 호기심에 쌓여 혹은 충격에 빠져 사건을 좇는 구경꾼들 위로 자신의 빛을 비추고 있었다.

우리는 갈릴래아 사람의 그림자 안에 서 있었다. 우리는 이 사람들이 범죄자가 아니라는 사실을 알고 있었다. 우리는 젤롯당원과 만났고 예수에 관해 들었다. 말코스는 태양이 우리처럼 보고 느낄 수 있었다면 슬픔으로 어두워졌을 거라고, 땅이 느낄 수 있었다면 분노로 떨었을 거라고 말했다. 그러나 태양은 어두워지지 않았고 땅도 고요한 채 그대로였다. 평범한 날이었다. 오직 내 안만 어두워졌다. 내 삶의 기반만이 흔들렸다. 마음속 목소리들이 수군거렸다. '네 잘못이다! 네 잘못!' 목소리는 더 거세졌다. 점점 더 나를 압박해왔고 난 이에 저항할 수 없었다. 어떤 변명이라도 하고 싶었지만 마음속 목소리들은 내 말 한마디 한마디를 맞받아쳤고 더 크게 소리 냈다. 나는 할 말을 잃었다. 어지러웠고, 이내 의식을 잃었다.

티몬과 말코스가 나를 집까지 옮겼다. 그들은 나중에 내가 사흘 밤낮을 고열로 비몽사몽 지냈다고 말해주었다. 내가 여러 번 나를 사로잡은 한 짐승에 대해 헛소리를 냈다고 했다. 소리를 지르고 이리저리 뒤틀었다고도 했다.

기억이 뚜렷하지 않다. 고통스러운 장면들이 내 머리를 쉴 새 없이 스쳐 갔다. 나는 십자가에 달린 세 사람을 몇 번이고 거듭해 떠올렸다. 그들의 고통은 나의 두려움이었다. 조금 진정이 되었을 때 나는 마음에서 새어 나오는 희미한 말들로 기도를 드렸다. 그것은 탄식이었다.[7]

> 나의 하느님, 나의 하느님,
> 어찌하여 저를 버리십니까?
> 어찌하여 그렇게 잠자코 계십니까?
> 어찌하여 그렇게 멀리 계십니까?
> 밤낮으로 도와달라 외치고 있습니다.
> 당신은 정말 가혹하십니다.
> 저는 우리 조상이 구원받았음을 알고 있습니다.
> 하지만 그것 또한 제 안에서는 죽은 기억에 불과합니다.
> 저는 사람도 아닙니다.
> 저는 짐승이고, 벌레며, 아무것도 아닙니다.

---

[7] 시편 22편에서 착상을 얻어 작성되었다. 복음서의 수난 이야기는 이 시편에 대한 인용과 암시를 보여준다.

만물이 저를 비웃습니다!

만물이 제 패배를 보고 개가를 올립니다.

수많은 적이 저를 에워싸고 있습니다.

저를 둘러싸고 있습니다.

짐승의 아가리가 저를 위협합니다.

저는 그들의 손아귀에 놓였습니다.

저는 녹아 없어집니다.

제 뼈는 무너집니다.

목구멍은 바짝 말랐으며,

혀는 입천장에 달라붙었습니다.

저는 죽음의 먼지 가운데 누워 있습니다.

사방으로 에워싸여

빠져나갈 길이 보이지 않습니다.

하지만 당신은 제게 살라는 임무를 주셨습니다.

당신 없이 전 숨을 쉴 수도 없습니다.

제 가까이에 계십시오.

저를 도와줄 자 아무도 없습니다.

난 사흘 동안 삶과 죽음 사이를 떠돌았다. 사흘 밤낮이 지난 후에야 나는 겨우 기운을 찾았다. 살아야 한다. 아무도 내게 그래야 한다고 말해준 적은 없었지만 난 그렇게 결정했다. 이 결정을 받아들이기까지는 더 오랜 시간이 필요했다. 긴 시간 동안 마지막 사건의 잔상들이 나를 갈기갈기 찢어댔다. 환상들은 몇 번이고 내게 나타나 모든 것을 허물고 다녔다. 섬뜩한 짐승이 나타나는 악몽이 내 심란한 영혼을 관통하는 밤에는 자주 비명을 질렀다. 내 삶에는 그림자 하나가 드리웠다.

친애하는 크라칭어님께,

당신은 지난 편지에서 당신의 내밀한 경험을 들려주셨습니다. 저는 깊이 감동했습니다. 당신 역시 반항하던 시절이 있었군요. 50년대 우리나라의 재무장에 대한 논쟁이 한창일 때 손에 산상설교를 들고 이를 정치적 결정의 근거로 삼으셨다는 말도 인상적입니다. 지금은 그런 시도들에 회의적이시지만 말이지요. 당신은 안드레아의 논증을 들은 빌라도의 회의적인 태도에 동조하십니다. 그런 희망이 어떻게 십자가에 못 박히게 되는지 경험하셨기 때문일 겁니다.

맞습니다. 당신 말처럼 어떤 국방부 장관도 자신의 병사에게 결코 패배하지 않으리라고 약속할 수는 없는 법입니다. 재무부 장관이 보화를 하늘에 쌓아두어서도 안 되고, 경제부 장관이 백합과 새를 경제 운영의 본보기로 삼아도 안 되겠지요. 법무부 장관이 법정을 폐지하는 게 옳을 리도 없고요. 그렇다면 산상설교의 요청들은 그저 사적인 영역을 위한 이야기일까요? 우리는 산상설교가 담고 있는 이야기를 통해 우리 자신의 불완전함을 인식해야 할 뿐일까요?

저는 산상설교의 원칙이 우리의 정치적 행동을 간접적으로 규정해야 한다는 결론에 이르렀습니다. 사회는 급진적인 실험이 가능하도록 열려 있어야 합니다. 어떤 이가 고소와 재판을 포기하더라도 패배하지는 않을 때 그 사회는 인간적인 사회가 됩니다. 원수에 대한 사랑을 허락할 때, 사회 외곽으로 밀려난 사람들도 걱정 없이 살 수 있을 때 그 사회는 인간적으로 됩니다. 산상설교를 정치 행위의 직접적인 원칙으로 삼을 수는 없습니다. 그러나 산상설교는 개개인과 집단이 그 안에서 방향을 정하는 특정한 상황은 마련해줄 수 있습니다.

오해를 막기 위해 말씀드리자면 저는 사회 어딘가에 산상설교를 보존할 '보호 공원'과 같은 공간이 필요하다고 말하는 것이 아닙니다. 우리 사회가 급진적인 실험, 새로운 사회를 꿈꿀 수 있는 여지가 존재하도록 나아가야 한다고 주장하는 것입니다. 그럴 때만이 급진적인 사람들의 그룹이 전체 사회에 '빛'과 '소금'으로 기능할 수 있습니다.

당신도 세상에 맞서 목소리를 냈던 그 시대를 완전히 잊지는 않으셨으리라 생각합니다.

진심을 담아

당신의 게르트 타이센

추신: 지금까지는 뼈대가 되는 허구적 사건과 예수 이야기가 분리되어 있었습니다. 마지막 두 장에서는 이 둘이 서로 겹칩니다. 그래서 바라빠나 예수를 풀어주려는 빌라도의 동기에 대한 말들은 역사적 사실이 아니라

제17장 · 누구의 책임인가?

예루살렘에 사흘 더 머물렀다. 메틸리우스도 빌라도도 내게 사람을 보내지 않았기에 난 내 임무가 끝난 것으로 여겼다. 나도 그들 앞에 나타나야 할 빌미를 주지 않으려 노력했다. 그래야만 이 사건에서 남몰래 빠져나올 수 있을 것이다.

나는 일상 업무에 전념할 수 있게 돼 기뻤다. 곡물과 올리브를 파는 상인으로 온 나라를 돌아다녔고 매일 가격을 흥정하고 물건을 사고팔면서 편안해지려 노력했다. 그러나 마음속 긴장에서 완전히 자유로워지지는 못했다. 꼼짝도 할 수 없게 내 삶을 죄어 오는 무언가가 있었다. 지칠 때까지 정신없이 일하는 것으로 내 시간 대부분을 채워갔다.

다시 가이사리아에서 예배를 드리기 위해 회당을 찾았을 때 메틸리우스를 만났다. 깜짝 놀라 몸을 숨기려 했지만 그는 이미 나를 알아보았다. 난 그가 쉐마를 따라하고 있는 모습을 보고 놀랐다.[1] 우리가 한 분이시며 유일하신 신에 대한 신앙을 고백할 때 그의 입술도 그 신앙고백을 따라 움직였다.

> 들으라, 이스라엘, 주 너의 하느님은 한 분이신 하느님이시다. 너는 마음을 다하고 영혼을 다하고 네 힘을 다하여 주 너의 하느님을 섬겨야 한다.

예배의 둘째 부분에서 토라가 낭송되었을 때, 즉 모세의 다섯 두루마리 중 한 단락에 이어 예언서 중 한 부분이 울려 퍼질 때 메틸리우스는 경건하게 귀를 기울였다. 그리고 이어지는 설교자의 짧은 설교를 경청하고 있었다. 메틸리우스도 하느님을 경외하는 자였던가?[2] 아니면 유대교로 개종한 것인가? 그것도 아니라면 첩자로서 이 자리에 있는 것일까? 유대인과 만나기 위해? 로마 제국의 첩보 활동을 지휘하는 자가 유대교 회당에서 예배에 참석했다는 사실이 유쾌하지는 않았다.

---

[1] "들으라, 이스라엘!"(쉐마 이스라엘)로 시작하는 유대교의 신앙고백은 첫 번째 단어를 따라 '쉐마'라고 불린다. 유대인들은 이를 하루에 세 차례 암송했으며 회당예배에 고정된 순서로 들어 있었다.

[2] 어느 정도 고위층 출신으로 완전히 유대교로 넘어오지는 않았지만, 즉 할례를 받지는 않았지만 유대교에 공감하는 사람들을 '하느님을 경외하는 자들'이라 부른다. 이렇게 유대교에 공감하며 하느님을 경외하는 자로는 가이사리아의 백인대장 고르넬리오(고넬료)를 그 예로 들 수 있다 (사도 10:1 이하).

예배가 끝난 후 그는 내게 다정한 인사를 건넸다. 그리고 자기 집으로 나를 초대했다. 그는 이를 '사적'인 초대라고 강조했다. 자신은 며칠 전 '제6 철갑군단'Legio VI Ferrata으로 전보를 통보받고 안티오키아로 가게 되었다며 나와 작별 인사를 나누고 싶다고 했다. 난 여전히 의심을 떨쳐버릴 수 없었다. 이 모든 게 신뢰를 얻기 위한 속임수일 수도 있다. 하지만 곧 이 땅을 떠날 장교라면 누구나 긴장을 풀고 속에 있는 말을 다 털어놓기 마련이다. 조심해야겠다고 마음을 다잡으며 그의 초대에 응했다. 무엇보다 예수에게 내린 판결 이유에 대해 더 자세히 듣고 싶었다.

메틸리우스의 집은 가이사리아 항구에서 멀지 않았다. 헤로데가 건설한 도시와 바다가 한눈에 보이는 무척 아름다운 집이었다.[3] 항구의 입구는 북쪽을 향했는데, 여기가 북풍이 가장 잔잔하기 때문이었다. 입구 정면에는 각 방향으로 세 개의 입상이 기둥으로 세워졌다. 항구에 인접한 건물들도 하얀 돌로 지었고, 도시의 거리는 모두 동일한 간격을 유지하며 항구로 뻗어 있었다. 항만 입구 맞은편 언덕 위에는 뛰어난 아름다움과 장대함을 드러내는 황제의 신전이 서 있었다. 이 신전에는 아우구스투스 황제의 거대한 주상이 있는데, 이것은 올림피아에 있는 제우스 상을 모방했지만 그에 못지않았고, 또 다른 주상으로는 로마의 여신 입상도 있었다. 헤로데는 황제를 기리기 위해 이 도시를 건

---

[3] 이하에서 묘사되는 가이사리아의 모습은 *De Bello Judaico*, 제1권 제21장, 7.413 이하에 의존하고 있다.

설했기에 도시 이름을 가이사리아라고 명명했다.

아름다운 전망이었다. 원형경기장과 극장, 시장을 갖춘 가이사리아는 전체적으로 매우 아름다운 도시였다. 로마인들은 이곳을 자신들의 고향으로 느끼고 있었다.

"회당예배에 참석하십니까?"

"안 될 게 있나? 난 그동안 히브리어와 아람어를 어느 정도 알아듣게 되었어."

"우리 종교를 알아보기 위해 그러시는 건가요? 말하자면 연구를 위해서?"

난 대추야자 열매를 집어 들었다. 달콤했다. 메틸리우스가 고개를 끄덕였다.

"시작은 그랬지. 직무상 유대교 신앙을 탐구해야 했던 건 맞아. 난 성서를 자주 읽곤 했어. 그러다 여러 부분에서 굉장한 인상을 받았지. 특히 유일신에 대한 신앙이 그랬어. 우리 로마인에게는 매우 낯선 요소야. 우리 철학자 중 한 명이 내게 크세노파네스Xenophanes에 관해 알려줬었네. 그는 로마를 지배했던 에르투리아 왕정 시대에 살았던 사람이야. 그때 그가 말했다더군. '오직 하나의 신이다. 신과 인간 가운데 가장 위대한 존재, 생김새도 생각도 필멸하는 존재와는 다른 존재.'[4] 유대교 성서는 이

---

[4] Xenophanes, *Fragment*(단편), Nr. 23. 크세노파네스는 BC 570~470년경에 살았다. 그는 소위 '소크라테스 이전 철학자'에 속한다. 『소크라테스 이전 철학자들의 단편 선집』(아카넷)

부분에 있어서 더 급진적이지. 이사야서 후반부에서 난 자네들 신의 신탁을 읽었네. '나 이외에 다른 그 무엇도 신이 아니다.'[5] 어쨌든 크세노파네스 역시 신들에 대해 말했거든."

"유대교인이 되시려는 건가요?" 나는 도발적으로 물었다.

"꼭 그렇지는 않네." 그가 대답했다. "그렇게 되면 군인으로서 내 직무를 수행할 수 없겠지. 상관이 안식일에 근무를 명한다면 내가 어떻게 안식일을 지킬 수 있겠나? 또 희생제의를 어떻게 피하겠나?[6] 난 이따금 유대교 회당을 방문하며 내게 분명해진 것, 즉 유일신에 대한 신앙을 전수받고 있는 거네. 하지만 어려움도 겪고 있지." 그는 잠시 말을 망설이다 계속했다. "자네에게 좀 물어봐도 되겠나? 아무래도 근무지를 옮기고 나면 그곳에는 유대교에 관해 대화할 수 있는 사람이 없을 테니 말이야."

"물론이죠." 난 웃으며 덧붙였다. "하지만 제가 최고의 대화 상대는 아닐 겁니다. 전 신학 교육을 받지도 못했고 집에 우상을 숨겨둔 가문 출신이니까요."

"무슨 상관인가?" 메틸리우스가 말했다. "아마도 자네가 날 이해할 수 있을 거네. 난 스토아 철학에서 만물이 신적인 이성으로 가득 차 있다고 배웠네. 그것은 어디서나 느낄 수 있지. 자연

---

[5] 이사 45:5. 이사 40~55장은 이사야가 쓴 것이 아니라 한 무명 예언자가 바빌로니아 포로기에 작성한 것이다(제2 이사야). 이 예언자는 처음으로 오직 하나의 유일한 신이 존재한다는 신앙을 분명하게 표현한다.

[6] 유대인들은 이 이유로 병역에서 면제되었다.

질서, 낮과 밤의 반복, 천체의 순환에서 말이야. 스토아학파 사람들은 이 이성을 신이라고 부르네. 사람들이 경험할 수 있는 신이지. 하지만 유대인의 신은 언제가 무에서 세상을 창조했다고 말해. 어떻게 그럴 수가 있지? 창조 때에는 아무도 그 자리에 있을 수가 없는데. 아무도 그에 대한 증인이 될 수 없어. 편재하는 이성을 말하듯이 창조에 대해 말하기란 불가능한 것 아닌가?"

"매 순간 당신 자신이 창조의 증인입니다. 만물에 내재한 이성처럼 무에서 만물을 창조한 일 역시 경험할 수 있습니다."

"이해가 안 돼."

"우리가 창조를 이해하지 못하는 건 창조가 우리와 너무도 가까이 있기 때문입니다. 그것을 파악하기란 매우 어렵지요. 창조는 우리가 보는 것, 깨닫는 것, 우리 실존 자체도 포함합니다."

"여전히 이해가 안 되는데?"

"먼저 무無라는 개념부터 설명하자면 이 세상에는 매 순간 존재에서 무로 옮겨가는 과정이 계속되고 있습니다. 우리가 무언가를 붙잡아 내 것으로 갖기도 전에 그것은 이미 사라져버립니다. 이 순간은 존재하지만 내가 그것을 붙잡았다고 생각했을 때 그 순간은 이미 더는 존재하지 않게 됩니다."

"하지만 그것은 이전에 존재했었지."

"존재했던 것은 더는 존재하지 않는 것입니다. 완전히 지나가버린 것이죠. 모든 게 무로 돌아갑니다. 이전에 존재했던 우리 선조들은 더는 존재하지 않습니다. 우리도 소멸할 것입니다. 신들조차 언젠가는 존재하지 않게 될 겁니다."

"하지만 창조는 그 반대 과정이 아닌가? 존재하지 않음에서 존재함으로 이행하는 것 말이지."

"그 사실에 대해서도 당신은 매 순간 증인입니다. 미래의 순간은 아직 존재하지 않습니다. 우리도 미래의 우리가 아직 아니지요. 매 순간 존재하지 않음에서 존재함으로의 이행이 일어납니다. 신께서는 매 순간 무로부터 창조하고 계신 것이지요! 우리가 이렇게 말할 때 뜻하는 바는 바로 이것입니다. 그리고 신은 존재가 다시 무로 돌아갈 때까지 그것을 지탱해주십니다."

"그건 마치 만물이 항상 달라질 수 있다는 말처럼 들리는군. 하지만 만물은 동일한 것으로 존속해. 스토아 철학에 따르면 바로 거기서 신적인 이성이 드러나는 거야. 모든 규칙성과 질서 잡힌 것, 법칙을 따르는 것과 존속하는 모든 것 안에서!"

"우리 신앙에 따르면 신은 세계의 질서 역시 창조하셨습니다. 그리고 매 순간 그것을 새롭게 창조하고 계시죠. 그분은 질서가 혼돈으로 가라앉도록 내버려 두지 않으십니다."

"하지만 자네는 신이 매 순간 뭔가를 변화시킨다고 말하지 않았나?"

"그렇습니다. 우리는 세계 질서가 최종적인 결과에 도달했다고는 믿지 않습니다. 질서 안에서 신의 이성이 드러납니다. 그러나 이 이성은 세계 안에서 끊임없이 새롭게 실현되어야만 합니다. 현재 상태 너머의 곳을 가리키는 것이죠."

메틸리우스가 깊게 한숨을 쉬었다. 그는 우리 옆에 놓인 책상으로 몸을 숙여 붉은 포도를 한 줌 가득 쥐었다. 잠시 후 그는 말했다. "이런 질문을 생각할 때면 골치가 아파져. 이런 건 하등 인생에 중요하지도 않은 추상적인 사색일 뿐이라고 말하는 사람들을 이해하게 되지."

"그렇지만 이건 우리 인생에 매우 중요합니다. 어떤 스토아 철학자는 말할 테지요. '나에게는 이 세계에서 자연과의 조화 속에 살 의무가 있다. 즉 자연 안에 드러나는 영원한 신적 질서와 조화를 이루며 살아야 한다.' 그는 세계를 그대로 받아들입니다. 그러나 우리는 하나이고 영원한 질서를 믿지 않습니다. 질서는 매 순간 새롭게 창조됩니다. 매 순간 혼돈과 무로부터 벗어나는 것이지요. 우리에게는 하나의 새로운 질서를 자신의 창조 목표로 삼는 진정한 신과의 조화 속에 살아야 할 의무가 있습니다."

"그래서 자네들이 그렇게 반항적인 거야. 무에서 모든 것을 창조한 신, 그 신은 패배자들 역시 승리자로 만들 수 있고 추방된 자들을 정복자로도 만들 수 있지."

"네, 그렇습니다. 우리는 시를 통해 노래합니다."

그는 권세 있는 자들을 보좌에서 내치시고
낮은 자를 높이셨다.
배고픈 자들을 좋은 것으로 채우시고

부자들을 빈손으로 떠나보내셨다.[7]

"로마의 장교가 이 신 때문에 어려움을 겪는다는 사실을 이해할 수 있겠나? 그렇지만 나를 계속 끌어당기는 뭔가가 있어. 그게 뭔지는 모르겠어. 다른 나라에 가더라도 난 이 길을 계속 걸어 볼 생각이네."

"팔레스타인에 머물고 싶으신가요?"

"난 조금씩 이 나라를 좋아하게 되었어. 하지만 역설적이게도 유대교 신앙에 호감을 느끼는 동시에 여기서 멀리 떠나고 싶어졌네."

나는 침묵했다.

"난 로마 군인이야. 반유대주의적인 환경 속에 살지. 우리 병사들은 로마인이 아니라 팔레스타인 출신 시리아인과 그리스인들이야. 그들은 유대인을 증오한다네. 내가 황제께 조언을 올릴 수 있다면 난 '이 사람들을 다른 곳으로 전출시키고 대신 로마인 병사를 보내야 합니다'라고 충고했을 걸세."[8]

"하지만 로마인 중에도 반유대주의자들이 많지 않을까요?"

---

[7] '마리아 찬가'Magnificat(루가 1:52~53)에서 인용

[8] 예수의 처형 때 관여했던 보병대는 15년 후 유대인 왕 아그리빠 1세가 죽었을 때(AD 44년) 유대인 왕들에 대한 적개심을 공공연하게 표현했다. 그들은 왕의 딸들의 동상을 유곽으로 끌고 갔으며 가이사리아에서 그의 죽음을 기뻐하며 공개적인 축제를 벌였다. 당시 클라우디우스 황제는 이 보병대를 다른 곳으로 전출시킬 것을 진지하게 고민했다(Antiquitates Judaicae, 19권 9장, 356~359, 364~366 참조).

"그렇긴 하네. 하지만 이곳에 있는 사람들에게 반유대주의는 확고한 전통이지. 난 그게 어디서 유래했는지 연구했어. 유대인들의 마지막 자치 왕들인 하스모니아 왕조는 주변 시리아 도시들과 그리스 도시들을 정복하고 그곳 사람들을 노예로 삼았지. 그 이후에 이 도시 주민들은 강력한 힘을 지닌 유대인 왕을 두려워하게 된 거네. 모든 유대인 왕을 극도로 불신하게 됐지."

"하지만 유대인 왕은 더는 존재하지 않습니다."

"꼭 그렇지만은 않지 않은가. 자신이 바로 대망해왔던 유대인 왕이라고 주장하는 자들이라든가, 사람들이 왕과 메시아로 등장하게 되리라고 열망하는 자들이 있지. 우리가 얼마 전에 처형했던 예수 같은 이들 말일세."

"왕이 될지도 모를 후보자들을 군인들이 증오하는 건가요?"

"당연하지. 예수를 조롱하려고 우리 병사들은 가능한 한 모든 것을 했어. 그가 형을 선고받고 고문으로 완전히 망가진 후에 병사들은 그에게 자색 옷을 입히고 가시로 왕관을 엮어 머리에 씌웠네. 그리고는 그에게 인사하기 시작했지. '유대인의 왕, 만세!' 그 후에 갈대로 그의 머리를 때리고 침을 뱉은 뒤 그 앞에 무릎을 꿇고 경배했어.[9] 병사들은 이 초라한 인간을 조롱한 거야. 거의 모든 병사가 유대인을 증오한다는 사실이 이 참상 안에서 드러났지."

---

[9] 마르 15:16~20

"그런데 왜 당신은 막지 않았죠?"

"모든 사람이 나처럼 생각하는 건 아니거든. 빌라도도 유대인을 좋게 말하지 않아. 그리고 로마의 권력자 세야누스Sejanus도 단호한 유대인 혐오자라더군."

"그렇다면 유대인에 대한 증오가 예수 처형의 원인이란 말입니까?"

"거기에도 책임이 있겠지. 하지만 여러 이유가 얽혀 있네. 아마 나보다 자네가 그 이유를 더 잘 알 텐데?"

나는 다시 의심스러워졌다. 그는 내게 예수에 대해 캐물으려는 걸까? 로마인들이 예수의 운동에 대한 정보를 수집하는 데 관심을 둔다는 건 틀림없었다. 예수 운동은 다시 활발해지거나 더 많은 추종자를 얻을 수 있었다.

메틸리우스가 말했다. "예루살렘에서 사람들이 예수가 아니라 바라빠를 풀어주라고 선택했던 이유가 뭐라고 생각하나?"

나는 어깨를 으쓱했다. 정말 그 이유를 몰랐다. 메틸리우스가 말했다.

"그동안 나는 성전에서 일어났던 소동에 대해 더 많은 걸 알아냈어. 예수는 성전에 대해 예언했어. '사람의 손으로 만든 이 집은 파괴되고 사람의 손으로 지어지지 않은 다른 집이 세워질 것입니다.'[10] 환전상과 희생제물 판매자 몇몇을 성전 밖으로 쫓

---

[10] 마르 14:58 참조

아낸 건 이 예언의 예시라는 거야. 하지만 그런 예언과 도발적인 행동으로는 예루살렘에서 그 어떤 동료도 얻을 수 없네. 도시 전체가 성전의 거룩함에 의존해 살아가고 있거든. 성전에 바치는 것으로 이익을 얻는 모든 사제와 대사제, 성전을 증축하는 성전 일꾼들, 성전 방문객들에게 숙소를 제공하는 여관 주인들, 희생제물로 쓰일 짐승을 판매하는 상인들, 그 희생제물의 가죽을 재가공해 먹고 사는 무두장이까지, 많은 사람이 성전과 생사를 같이하고 있지. 성전의 거룩함을 공격하는 자는 예루살렘에 거주하는 이들과 그들 가족의 경제적 기반을 건드리는 거야. 황제의 초상을 예루살렘에 들이고 성전금고의 돈을 세속적인 목적으로 사용하려던 빌라도 이에 대해 쓰디쓴 경험을 한 적이 있어."

정결과 부정에 대한 예수의 가르침 역시 많은 이들을 불안하게 만들었겠다는 생각이 머리를 스쳤다. 정결한 음식이 더는 존재하지 않는다면 정결한 그릇도, 정결한 상품도, 정결한 인간도 없는 것이다. 그렇다면 모든 것이 유대인뿐만 아니라 이방인에 의해서도 사고 팔릴 것 아닌가. 나는 시리아 도시들에 있는 디아스포라 공동체에서 벌이가 좋았던 '정결한' 올리브 기름 사업을 떠올렸다. 그러나 나는 대화를 다른 주제로 돌렸다.

"유대 국가 공의회인 산헤드린이 예수를 넘겨줬죠. 그들은 예수를 도망가게 내버려 둘 수 없었을까요? 그들은 왜 그렇게 한 걸까요?"

메틸리우스는 거기에 대해서도 추측만 가능할 뿐이라고 말했다. "확실한 건 산헤드린의 여러 의원이 성전에서 이득을 본다는 거지. 모든 대사제는 율법에 규정된 십일조와 성전에 바치는 봉헌물로 살아가네. 예수는 성전을 비판했고 율법의 규정을 철저히 지키지 않았어. 의원들은 율법이, 다시 말해 그들의 삶의 기반이 폐지될 것을 두려워했던 건 아닐까?"

"어쨌든 예수는 정치적인 이유로 처형당했습니다. 메시아일 수 있다는 이유에서요."

메틸리우스도 동의했다. "그렇지. 빌라도에게 성전에 대한 예언과 종교적 질문에 대한 태도 같은 건 문제가 되지 않아. 빌라도는 예수가 로마의 주권을 위태롭게 하는 왕일 수 있다며 유죄 판결을 내린 거야. 그게 결정적인 이유지."

"산헤드린이 그런 죄목으로 예수를 로마에 넘겼습니까? 왜 그랬던 거죠?"

"산헤드린의 동기는 분명하네. 산헤드린은 다른 정치 기관들처럼 자신의 권력 유지에 관심을 뒀지. 의회는 자신들의 권력이 제한돼 있다는 걸 잘 알고 있어. 로마의 입장에서 보자면 로마가 이 땅을 직접 인수하는 것보다 산헤드린이 관리하는 게 더 나은 안정을 보장한다는 사실이 확인될 때만 산헤드린의 존재 의미가 있는 거야. 그러니 어떤 희생을 치르더라도 산헤드린은 불안정한 상황을 피하려 했을 거네. 그것이 산헤드린의 궁극적인 관심사야. 상황이 통제할 수 없을 정도로 악화된다면 로마인들이 즉시 개입할 테니까. 산헤드린 자체를 해체할지도 모르지."[11]

"하지만 예수를 두고 그렇게 두려워했던 게 정당한가요? 그가 정말 폭도라고 생각하십니까?"

"그는 전혀 위험하지 않은 인물이었을지도 몰라. 하지만 그의 운동은 쉽게 폭동으로 이어질 수도 있었네. 유월절을 지키기 위해 지방에서 예루살렘으로 몰려온 사람들이 그를 메시아로 환영했어.[12] 그리고 예수는 성전 뜰에서 상인들을 내쫓았고. 이제 뭔가 결정적인 사태가 벌어질지 모른다는 기대감을 한껏 불러일으킨 거야. 일촉즉발의 상황이었네."

"사람들이 예수 자체를 위험하다고 여긴 건 아니잖습니까?"

"그래, 위험한 건 유월절 축제에 몰려든 대규모의 군중이었어. 우리는 경험이 있어. 로마의 지방장관은 사람들이 많이 몰리는 축제일에 보안을 강화하기 위해 보병대를 예루살렘에 상주하는 부대에 합류시키지. 폭동의 기세를 싹부터 꺾어버리려고 말이야. 자네는 전쟁을 일으킬 뻔한 방귀 이야기를 들어본 적 있나?"[13]

---

[11] 이 점에서 요한 복음은 놀라우리만치 현실적인 판단을 내리고 있다. 산헤드린은 다음과 같은 예수에 대한 반박 논증으로 대응한다. "우리가 그를 이런 식으로 내버려 둔다면 모든 사람이 그를 믿을 것이고 로마인들이 와서 우리에게서 자리와 백성 모두를 빼앗아갈 것입니다." (요한 11:48)

[12] 마르 11:1 이하 참조

[13] *De Bello Judaico*, 제2권 제12장, 1.224~227에 따라 재현된 돌발사건은 쿠마누스 총독 치하(AD 48~52년)에서 일어난 일이다.

난 고개를 저었다. 메틸리우스가 말했다. "많은 이들이 무교절 축제를 위해 예루살렘에 모였던 때였어. 로마 보병대는 성소를 둘러싼 주랑식 현관 지붕 위에서 진을 치고 있었네. 완전 무장을 하고 어떤 봉기도 일어나지 못하도록 군중들을 감시했지. 그때 병사 하나가 겉옷을 젖힌 뒤 몸을 구부려 매우 무례한 방식으로 유대인을 향해 엉덩이를 돌렸네. 그리고는 예상할 수 있듯이 방귀를 뀌었지. 이 모습을 지켜본 사람들은 격분하여 지방장관에게 그 병사를 처벌해달라고 요구했네. 아무런 반응이 없자 사람들 중에 혈기왕성한 젊은이들, 로마에 대항해 싸우려는 자들이 함께 몰려나와 병사들을 향해 돌을 던지기 시작했어. 이 모습을 본 지방장관은 백성 전체가 폭동에 참여할까 두려워했네. 그는 중무장한 병사들을 진격시켰지. 이들이 현관 안으로 쏟아져 들어왔을 때 유대인들은 엄청난 공포에 사로잡혔어. 사람들은 앞다퉈 성전을 빠져나가려다 서로 뒤섞인 채 서로를 짓밟고 눌러 죽였어. 그때 죽은 이의 수가 자그마치 30,000명이네.

축제 때 이런 일은 언제든지 발생할 수 있어. 사람들이 흥분해 있으니까 말이야. 그런 들뜬 기분은 군인들에 의해 재갈이 물려 있는 상태네. 하지만 다른 측면으로 보면 군인들이라는 존재가 사람들을 더 자극하기도 하지. 군인들이 반유대주의적인 도발을 가할 상황이 어떻게 번져나갈지 모르는 거야. 내 생각엔 황제가 어서 시리아와 그리스인 병사들을 물리고 로마인 병사들로 대체해야 해. 그러면 이 방귀 사건 같은 불필요한 갈등은 사라질 테니까."

"하지만 예수는 그런 방식으로 사람들을 도발하지 않았잖습니까?"

"희생제물로 쓸 동물을 판매하는 사람들과 환전상들을 내쫓은 건 명백한 도발이었어. 완전히 다른 방식의 도발이지. 방귀 하나로 전쟁 어귀까지 이를 정도인데 성전 뜰에서 장사하는 상인에 대한 도발로는 어떤 일이 일어나겠나? 산헤드린이 예수를 로마에 넘겼을 때 그들은 바르게 처신한 거야."

"예수가 성전 뜰에서 난동을 부렸을 때 사람들이 그를 즉시 체포한 건가요?"

"아니야. 그랬다면 영리하지 못한 거지. 자칫 잘못했으면 그 상황 자체가 폭동으로 치달았을 거야. 우리는 예수라는 인물이 그 자체로는 위험하지 않다는 걸 알고 있었어. 그러나 흥분한 군중이 예수를 둘러싸고 있다면 예상치 못한 결과를 불러오게 되지. 그래서 산헤드린은 안개 자욱한 밤에 그를 체포한 거네. 예수와 가장 가까운 소수의 추종자만 남았을 때 말이야."

"그가 있던 곳을 어떻게 알아냈죠?"

"추종자 중 하나가 돈을 받고 예수를 배신했어."

나는 메틸리우스에게 물었다. "예수가 정말 죄가 있다고 생각하세요? 그가 처형당한 게 정당한가요?"

메틸리우스는 머뭇거렸다. "난 그에게 죄가 없다고 생각하네. 예수로 인해 해결하기 어려운 사건들이 발생할 수는 있었겠지. 하지만 그 자체가 범죄는 아니야."

"그렇다면 누가 예수의 죽음에 책임이 있는 건가요?"

메틸리우스는 또다시 생각에 잠겼다. "누가 책임이 있는지를 따지는 건 옳지 않다고 생각해. 책임을 묻는 것조차 잘못됐을지 모르지. 그의 죽음에는 수많은 이유가 얽혀 있어. 분명한 한 가지 이유는 시리아인과 유대인 사이의 긴장이야. 지방장관에게까지 이르는 로마 보병대 내부의 반유대주의가 없었더라면 상황은 다르게 흘러갔을 거야. 로마인과 유대인 사이의 긴장도 한 원인이지. 로마인들은 메시아를 대망하는 유대인들의 폭동을 두려워했네. 그런 두려움이 없었더라면 예수는 체포되지 않았겠지. 도시 사람들과 지방 사람들 사이의 긴장도 빼놓을 수 없네. 예루살렘 사람들이 자신들의 거룩한 성전을 공격하는 지방 예언자들을 불신하지 않았더라면 그들은 예수를 풀어줬을지도 모르지. 귀족과 서민의 갈등도 이유 중 하나일 거야. 귀족들은 권력을 유지하려 노력하지. 그래서 의심스러운 선동가들을 로마인에 넘기네. 지금 상태 그대로 유대인을 지배하고 싶은 거야. 수입과 권력의 근간이 되는 율법을 엄중하게 지키는 이유도 거기에 있네. 이 모든 것이 한 곳으로, 예수에게로 모여든 거지. 예수는 거대한 바퀴 밑에 깔린 거야. 온 백성이 고통받던 긴장들이 한 데 모여 만들어진 거대한 수레바퀴 밑에 깔리고 만 거라고."

"하지만 근본적인 책임은 빌라도에게 있는 것 아닌가요?"

"딱 한 사람을 찾자면 그를 지목할 수 있겠지. 그가 판결을 내

렸으니까. 법적인 의미에서는 그에게 책임이 있어."

"그는 왜 예수에게 유죄 판결을 내렸죠? 예수를 단순히 미치광이로 보고 풀어줄 순 없었나요?"[14]

"빌라도는 이 모든 긴장과 갈등이 자신을 향해 닥쳐올까 봐 두려워했을 거야. 자신이 살아남으려면 예수를 죽이는 쪽이 더 낫다고 생각한 거지."

"그가 성공할 것이라고 생각하시나요? 이제는 근심 없이 계속 통치할 수 있다고?"

메틸리우스는 어깨를 으쓱했다. "이 나라는 예측할 수가 없어. 상황을 보는 내 시각이 얼마나 달라졌는지 아나? 일이 일어날 때마다 나는 끊임없이 다시 적응해야 했어. 이제는 예측을 포기했지. 분명한 건 예수 사건은 여기서 끝나지 않았어."

"그가 죽은 마당에 무슨 일이 더 일어나겠습니까?"

"추종자들이 있잖아. 세례자 요한이 죽은 다음에도 사람들은 처음에 '이제 다 끝났구나'하고 생각했지. 하지만 그 후에 예수가 등장했어."

---

[14] 미치광이였다면 로마인들은 분명 풀어주었을 것이다. AD 62년 아나니아의 아들인 예수라는 이름의 지방 출신 예언자는 예루살렘의 성전과 백성들에 대해 재앙을 예언하여 불쾌감을 유발했다. 유대 귀족층은 그를 체포해서 심문한 다음 로마인들에게 넘겨주었다. 그렇지만 총독은 그 예언자가 미쳤다는 결론을 내리고 그를 풀어주었다(*De Bello Judaico*, 제6권 제5장, 6,300~309). 이 사건과 '나자렛 예수 사건'은 매우 유사하다. 예수도 성전에 대해 비판적인 예언을 남겨 사람들의 불쾌감을 유발했고 그 역시 지방 출신이었다. 또한 예수도 두 개의 법정기관에서 소송절차를 거쳤다.

"추종자들에 대해 뭔가 알고 계신가요?"

"그들은 예루살렘에 모여 있지. 예수가 죽지 않았다고 믿고 있어. 그들은 환상 속에서 그가 살아 있는 것을 보았다고 주장하고 있어!"

"세례자 요한이 죽은 뒤에도 몇몇 사람들은 예수가 죽은 자들 가운데서 부활한 세례자라고 말했죠."

"그렇다면 비참한 연극의 막이 다시 오를지도 모르겠군. 그런데 예수의 추종자들은 그가 다시 살아 돌아왔다고 믿는 게 아니라 신에게로 돌아갔다고 믿네. 신이 그를 죽은 자들 가운데서 일으켜냈다는 거야."

"이치에 맞지 않는 소리잖습니까?"

"어째서지? 매 순간 무에서 세계를 창조하는 신을 믿는 것보다는 이치에 맞지 않나? 자네에게 고백해야겠군. 자네에게 무로부터의 창조에 관해 물었을 때 난 이미 예수에 대한 이 질문을 염두에 두고 있었네. 정말 그런 게 가능할까? 죽음으로부터 한 인간을 새롭게 창조해 내는 일이? 그것도 창조가 드러나는 한 과정일까? 하긴 이런 모든 생각은 너무 멀리 가는지도 모르지. 어쩌면 스승의 죽음을 받아들이지 못한 제자들의 반발심에서 나온 반응일지도 모르니까. 아니면 또 다른 어떤 것이거나."

메틸리우스와의 대화는 긍정적이었다. 나는 메틸리우스의 전근과 함께 더는 로마인들에게서 임무를 받지 않기를 바랐다. 언젠가 빌라도도 소환될지 모른다. 그가 크고 작은 갈등들 때문에 더는 자기 지위를 유지하지 못하게 된다면 그런 일은 생각보다 빨리 일어날 수도 있다. 그렇게만 된다면 나는 완전한 자유를 얻게 될 것이다.

친애하는 크라칭어님께,

당신이 보시기에 이번 장은 매우 다른 단편들을 포함하고 있습니다. 먼저 예수를 처형으로 몰아갔던 요소들에 대한 분석이 등장하고 이후엔 '무로부터의 창조'라는 사상을 통한 부활 신앙에 대한 해석이 이어집니다. 네, 저는 당신의 말대로 이를 통해 과거의 신앙을 묘사할 뿐 아니라 현재를 위한 해석을 제시하고자 했습니다.

무로부터의 창조 사상은 BC 2세기부터 존재했습니다. 마카베오 하권 7:28에 처음으로 나타나지요. 필론 역시 이 사상을 잘 알고 있었고 바울도 자신의 이야기를 전하며 이 사상을 전제하고 있습니다(로마 4:17). 그는 거기서 창조신앙을 통해 다마스쿠스(다메섹)에서 예수를 만난 '환상' 사건을 암시하는 것 같습니다.

당신은 제가 '덴마크의 창조신학'에 의존하고 있다고 하십니다. 맞습니다. 저는 창조와 부활에 관한 부분을 적을 때 그 신학에 많이 의지했습니다. 그 신학을 통해 저는 존재와 비존재, 창조와 파괴가 시간 속에서 항상 같이 존재한다는 것을 깨닫게 되었습니다. 여기서 우리는 '존재하는 것은 어째서 존재하고, 무는 어째서 존재하지 않는가'라는 신학자와 철학자들의 오랜 난제 앞에 서 있습니다. 부활 신앙에서 우리는 이 비밀과 다시 만납니다.

여기서 저의 '내러티브 주석'은 '내러티브 해석학'으로 넘어갑니다. 즉 제게 중요한 것은 언젠가 사람들이 부활 신앙에 부여했던 의미뿐만이 아닙니다. 오늘날 우리가 이를 통해 얻을 의미 역시 제게는 중요합니다.

진심을 담아

당신의 게르트 타이센

제 18 장 · '사람'에 대한 꿈

메틸리우스와의 대화에서 난 모든 그룹과 사람들이 타인의 목숨을 대가로 치르면서까지 자기들의 자리를 유지하려 한다는 것을 깨달았다. 우리는 약자를 보호해야 한다고 배웠건만 갈등이 닥치면 우리 자신을 위해 타인을 희생시킬 충분한 준비가 되어 있다. 우리 자신이 파멸될지도 모른다는 두려움 때문에.

나는 산헤드린을 떠올리며 생각했다. 그들은 이스라엘 백성이 자치권을 잃는 것보다는 한 사람이 죽는 게 낫다고 판단했다. 전체의 이익을 위해 한 사람을 희생한 것이다.[1] 빌라도도 마찬가지다. 그 역시 자신의 통치권이 위협받는 것보다는 한 사람의 죽음이 낫다고 여겼다. 그는 예수를 죽이지 않으면 뒤이어 일어

---

[1] 요한 11:47~50 참조

날 메시아 운동을 통제할 수 없을지도 모른다는 두려움에 휩싸였다. 백성의 생각도 다르지 않았다. 그들은 자신들의 이익을 위해 예수의 십자가 처형을 요구했다. 그들은 순례자들이 몰려드는 성전과 도시가 더는 성소로 여겨지지 않을 때 벌어질 경제적 몰락을 두려워했다. 바라빠 역시 이 법칙에서 이득을 얻었다. 누군가 다른 사람이 그를 대신해 죽었다. 난 타인을 희생하는 대가로, 버림받은 자들과 죄인으로 선언된 이들을 희생하는 대가로 자신의 생존을 확보하는 일에 모두가 뒤엉켜 있음을 보았다.

이 끔찍한 연극에서 난 조연을 맡았을 뿐이다. 그러나 이런 깨달음은 마음의 짐을 조금 덜어주었을 뿐이다. 우리는 본래 더 약한 생명체를 희생시켜 살아가는 동물 아니던가. 그렇다, 우리는 자연의 다양한 종들 사이에서 보이는 저 일들, 서로 먹고 먹히는 그 일을 우리 사이에서 행했던 것이 아닌가? 모두가 타인을 밀쳐내며 산다. 그 누구도 여기서 벗어날 수 없다. 하지만 난 결코 이를 받아들이지 않을 것이다. 하느님께서 이 세계를 그렇게 창조하셨다고 사람들이 천 번을 증명한다 해도 난 결코 이를 받아들이지 않을 것이다!

내가 이 비극에 관여했다는 사실에 구역질이 났다. 그리고 앞으로도 이 비극에 관여해야 한다는 사실이 역겨웠다. 출구가 보이지 않았다. 세상의 근본 질서를 바꿀 수 있다면 모를까. 난 메틸리우스와 세상 질서의 변화에 관해 이야기했었다. 그러나 지금은 그 생각들이 황당하게 여겨진다. 도대체 누가 이 변화를 이루어낸단 말인가. 우리 인간이 창조세계 전체를 바로잡는다는 게 말이 되나? 창조세계를 새롭게 짓는 일은 오직 하느님만 가능할 것이다.

집으로 돌아왔다. 어두워진 생각들을 부여잡고 난 아무 성과 없이 홀로 골똘히 생각에 잠겼다. 내가 여전히 어두움 가운데 있던 저녁에 바룩이 찾아왔다. 우리는 거의 반년 동안 만나지 못했다. 딱 적당한 순간에 그가 찾아왔다. 로마인을 위해 내가 한 활동이 남긴 유일하고도 좋은 결과가 바로 그다. 난 바룩을 죽음에서 건져냈다. 폐인이었던 그가 지금은 내 앞에 건강하게 서 있다. 이번에 갈피를 못 잡고 헤매는 이는 바로 나였다.

우리는 윗방으로 가 앉았다. 날이 어두워졌다. 작은 기름 등잔이 빛을 비추고 있었다. 바룩은 세포리스에서 나를 찾았으나 실패했고 나를 계속 뒤쫓았다고 말했다. 그는 내게 고향으로부터 낯선 이가 보낸 봉해진 편지 하나를 건네주었다. 그리고 맥락 없는 이야기를 쏟아냈다. 그는 새로운 생활 공동체에 가입했다고 했다. 그들은 지하에 살고 있으며 전 재산을 공유한다고 했다. 굶주린 자는 배불리 먹고 슬퍼하는 자는 위로를 받는다고 말했다. 거기서는 남자와 여자, 자유인과 노예가 동등한 권리를 갖는다고도 했다.[2]

바룩이 다시 어떤 종파에 가입했다는 말인가? 나는 여기서도

---

[2] 사도 2:42~47, 4:32~37 그리고 사도 1~6장에 나타나는 초대교회 공동체의 묘사를 참조하라.

실패한 것인가? 그러나 나는 그의 이야기에 온전히 집중할 수 없었다. 다른 무언가가 내 관심을 사로잡고 있었기 때문이다. 편지 겉면에 적힌 글씨가 매우 낯익었다. 바라빠에게서 온 편지인가. 난 흥분해서 편지 봉투를 뜯었다. 바룩은 말을 멈추지 않았다. 이야기하고 또 이야기했다. 공동 식사에 대해, 기쁨과 사랑에 대해, 하느님의 영, 기적, 치유에 대해 말했다. 그가 이렇게 말했을 때 나는 깜짝 놀랐다. "우리 공동체는 나자렛 예수에게서 출발했습니다. 이전에 당신이 관심 가졌던 바로 그분이요."

나는 그의 말을 낚아챘다. "예수는 죽었어. 다른 예언자들처럼 그는 실패했다고!"

"아닙니다. 그분은 죽지 않았어요. 죽은 다음 변화된 모습으로 나타나셨지요!"[3] 난 쏟아지는 바룩의 말을 멈추게 할 도리가 없었다.

난 바룩을 삶의 편으로 건져냈다. 그러나 그 삶이 상인의 삶은 아니었다. 그가 광야공동체에서 찾던 것, 세상의 악에서 벗어난 공동체가 선사하는 보호를 난 그에게 줄 수 없었다.

그가 이렇게 감격한다는 것에 기뻐해야 마땅했을 것이다. 이 감격은 광야에서 그가 보인 자기파괴적인 태도와는 완전히 대조를 이루는 모습이 아닌가? 아니면 이 모습은 에세네파로서 그가

---

[3] 현현에 대한 가장 오래된 전승은 1고린 15:3~7에 포함되어 있다. 바울은 여기서 자신에게 전해진 전승을 인용한다. 그곳에서 언급된 증인인 베드로와 야고보를 바울은 회심한 뒤 3년 후(30년대)에 개인적으로 알게 되었다. 현현 전승에 대한 주관적 진정성에 대해서는 의문의 여지가 없다.

꾸었던 완전히 다른 삶에 대한 꿈으로의 회귀일까? 그는 자신의 꿈을 내게도 전하려 했지만 그가 노력하면 할수록 난 내가 상처받았음을, 깊은 상심에 빠져 있음을 깨달아 갈 뿐이었다. 예수와 관련된 모든 이야기가 내 상처와 고통을 헤집고 들추어냈다. 모든 것은 좋은 의도를 가졌다 해도 재앙으로 가득 찬 관계 속으로 빠지게 될 수 있다는 사실을 떠올리게 했다. 바룩은 내 안에서 벌어지는 일들을 눈치채지 못했다. 어쩌면 바룩은 출구를 발견한 게 아닐까? 최소한 난 그를 다시 삶의 편으로 돌려놓은 셈이 아닐까? 바룩의 장광설을 뒤로하고 나는 편지를 읽었다.

바라빠가 안드레아에게.

샬롬!

이 편지를 읽자마자 태워버리게. 아무도 이 편지를 발견해서는 안 되니까. 누구도 편지 내용을 알아선 안 돼. 무엇보다도 너에게 감사를 전하려 편지를 쓰네. 나를 위해 얼마나 애썼는지 들었어. 나는 가까스로 죽음에서 벗어났어. 대가가 너무 컸어. 다른 이가 나 대신 죽었지. 내 친구 두 사람이 그와 함께 십자가에 못 박혔네. 그 이후 난 스스로 묻고 있네. 왜 내가 아니라 다른 이가 그렇게 된 걸까? 왜 예수가?

네가 예수에 동조한다는 사실을 알고 있어. 너는 그의 부드러운 저항의 길을 옹호하고 내 길을 거부했었지. 이제 난 그와 떨어질 수 없이 연결돼 있어. 이게 무슨 의미인지 줄곧 생각하는 중이야.

그가 나 대신 죽었다면 난 그 대신 살아야 할 의무가 있어. 아마 넌 말할 테지. 내가 그의 길에 동참해야 할 빚을 지고 있다고. 하지만 난 다른 결론에 이르게 됐어. 우리 길은 서로 대치되어 있지만 또 서로에게 의존하고 있음을 깨달았지.

권력자들은 예수의 부드러운 저항이 아니라면 예측할 수 없는 위험이 도사리는 폭력적인 저항이 있을 뿐임을 깨달을 때만 예수의 길을 진지하게 여기게 될 거야. 오직 그 상황에서만 예수 같은 이들에게 기회가 있지. 우리가 배후에 있을 때라야 그런 사람들이 영향력을 가지게 되는 거야.

이건 우리에게도 마찬가지. 다른 길을 갈 가능성이 있을 때라야 우리의 험난한 길에도 기회가 있어. 우린 기존 질서를 흔들 수는 있지. 그러나 우리 방식으로 새로운 질서를 세우지는 못해. 우리는 우리가 저지르는 폭력에 사로잡힐 위험이 있어. 폭력은 다시 폭력을 낳으니까. 언젠가 우리가 우리 뜻을 관철하게 된다면 그때 우리는 용서와 화해에 의존하게 될 거야.

각자 자신의 입장을 대변하며 그 길을 가야 해. 두 길은 다르고 자주 부딪히지. 난 예수가 우리의 길을 인정하지 않으리라는 것을 알아. 하지만 우리는 서로 의존하고 있어. 그의 길이 권력자들에게 이용당할 위험에 처해 있다면 우리의 길은 목표를 잃을 위험에 처해 있지.

우리가 가는 두 길은 결국 우리를 만나게 할 거야. 그래, 두 길은 이미 하나가 되었어. 내 두 친구가 예수와 함께 십자가에 못 박혔지. 그들은 이미 예수에게 속한 거야. 예수는 '유대인의 왕'으로 죽었고 내 친구들은 그의 수행원으로 죽었지.[4] 난 그가 우리보다 낫다는 걸 인정해. 하지만 그에겐 우리가 필요해. 우리의 더러운 작업이 필요하지. 수행원이 필요한 거야. 그의 제자들이 그를 버리고 떠났을 때 우린 그의 곁에 있었지. 언젠가 나도 로마인의 손에 붙잡혀 그와 같은 운명을 겪게 된다면 그때 난 그와 하나가 될 거야.

하느님께서 우리 모두에게 은총 내리시기를!

너의 친구, 바라빠.

내가 편지를 읽는 동안에도 바룩은 계속 말하고 있었다. 내 주의는 분산돼 있었다. 멀리 있는 바라빠의 목소리가 곁에서 울렸고 바룩의 목소리는 멀어져갔다. 하지만 바룩의 목소리 역시 내게는 중요했다. 그가 여기 없었더라면 난 무기력한 절망에 압도당했을 것이다. 난 바라빠가 예수와 같은 최후를 맞게 되리라는 것을 깨달았다. 그의 길도 예수의 길도 내가 갈 수 있는 길이 아니었다. 내 생각 역시 환상이었다. 난 개혁을 꿈꿨었다. 이를 위해서는 힘이 필요했는데 그 힘은 로마인들에게 있었다. 그들이 모든 불만을 군대로 억누를 수 있다고 믿는 한 상황을 개선하는 데는 관심이 없을 것이다. 가능한 게 없었다. 모든 게 무의미했다.

---

[4] 예수와 함께 두 명의 '강도'가 십자가에 못 박혔다(마르 15:26 이하).

아무것도 할 수 없었다.

슬프게도 내가 이 순간에 할 수 있는 일이란 편지를 태우는 일뿐이었다. 난 편지를 기름 등잔 위로 가져갔다. 불꽃이 위로 타올랐고 불안한 불빛이 방 안에 일렁였다. 바룩의 놀란 얼굴이 그림자들 속에서 흔들렸다. 그는 이제야 내가 다른 일에 몰두해 있었다는 사실을 알아차렸다.

"뭐 하는 거예요?" 그가 당황하며 물었다.

"편지를 태우지." 내 안에는 역겨움과 혐오가 활활 타오르고 있었고 모든 믿음은 재로 변해 있었다. 모든 걸 파괴하고 싶다는 욕망이 나를 덮쳤다.

"바룩, 때로는 편지를 태워버려야 해. 거기다 자신의 신앙도 함께 태워야 하지."

"무슨 뜻이에요?"

우리는 서로 각자의 생각에 빠져 얼마나 멀리 떨어져 있던 걸까. 우리는 이 밤의 대화 어디쯤에서 서로를 발견하게 될까.

"바룩, 에세네파가 자네를 내쫓은 이유를 잊지 마. 자네는 그들의 보물에 대한 명성이 환상이라고 폭로했어. 사람들이 그 명성 때문에 자기 소유를 공동체에 바치게 된다는 걸 간파했고. 예수의 추종자들도 비슷한 환상을 가지고 있음을 모르겠나?"

"그들 중 아무도 예수에게 숨겨진 보물이 있다고 주장하지 않아요."

"대신 하늘에 있는 보물에 대해 말하지. 그들은 자신들을 위해 하늘에서 권력을 장악한 죽은 사람을 믿는 거네. 이런 믿음 없이는 아무도 자발적으로 자기 재산을 공동체에 내놓지 않을 테니까."

"살아계신 분이 하늘과 땅에서 우리를 위해 권세를 잡으신 겁니다. 하느님께서 죽은 이를 살리실 수 있다면 우리의 죽은 마음 또한 살아 있는 영으로 채우실 수 있을 겁니다. 모두가 불가능하다고 생각했던 일들을 우리에게 펼쳐 보이실 수도 있지요."

"대체 땅에 숨겨진 보물과 하늘에 숨겨진 대리인 사이에 무슨 차이가 있나? 둘 다 확인할 수 없는 환상이야! 모든 종교 집단은 구성원들을 결집하기 위해 정체성과 관련한 거짓말을 하지. 에세네파도 자네들과 똑같았네!"

"한 가지 차이점을 간과하고 계시네요. 에세네파 사람 중에 그 누구도 보물을 본 사람은 없었습니다. 하지만 많은 이가 예수를 보았어요. 많은 이가 예수의 말씀을 통해 진리를 발견했고요. 그분은 죽은 다음에도 여러 사람에게 나타나셨어요."

"그게 공상이나 환각이었다면?"

"왜 하느님께서 우리에게 메시지를 전할 때 공상과 환각을 사용하시겠습니까?"

"무슨 메시지 말인가?"

"하느님께서 예수의 편에 서 계신다는 것 말이지요. 그가 죽은 이후에도 말입니다."

"좀 더 정확히 말해야 하는 것 아닌가? 제자들이 예수의 편에

섰다고?"

"하느님의 영이 그렇게 하도록 이끄십니다."

"무엇으로 하느님의 영을 알아볼 수 있지?"

"하느님은 언제나 우리와 함께 활동하시니까요. 그분은 언제나 약한 자와 버림받은 자를 택하셨습니다. 마찬가지로 그분은 지금 십자가에 달린 자를 선택하셨습니다."

"난 하느님의 영이 특정한 인간 모임에 영감을 준다는 걸 믿지 못하겠어. 어떤 모임이든지 희생자와 버림받은 자가 필요해. 이제 자네들은 내 회의적인 의심 때문에 나를 광야로 내쫓지 않을까? 에세네파 사람들이 자네에게 했듯이 말이야."

바룩이 반박했다. "우리에겐 사람들을 유인하기 위해 감춰둔 보물이 없어요. 언젠가 어떤 부부가 약간의 보물을 실제로 감췄다가 발각되긴 했었죠."

"그들에게 무슨 일이 일어났지?"

"그들은 밭을 팔아 얻은 돈 전부를 공동체에 바쳤다고 말했지만, 실제로는 수익의 절반은 갖고 있었어요. 공동체 회의는 그들이 우리 공동체 정신을 위반했다고 결정했어요."[5]

"사람들이 그들을 용서했나?"

"심판이 벼락처럼 그들에게 떨어졌지요. 두 사람 모두 죽었습니다."

---

[5] 사도 5:1 이하 참조

난 흥분해 자리를 박차고 일어나 소리 질렀다. "사람들이 공동체의 거룩한 정신을 위반했을 때 어떤 일을 겪는지 너도 겪어 봤잖아? 굶주림 속에 내던져졌지. 그런데 바라는 만큼 완벽하게 선을 행하지 못했다고 그들을 죽음으로 내몰다니!"

"아무도 그들이 죽기를 바라지 않았습니다. 모든 게 저절로 일어난 일이에요."

"바룩!" 난 소리 질렀다. "자네가 어떻게 그런 공동체에 가입할 수 있지? 그게 어떻게 예수의 영을 통해 일어난 일인가! 그는 돈을 착복하던 세리와도 함께 식사하지 않았나? 그가 사람들을 죽게 하려고 힘을 동원한 적이 있느냐 말이야."

바룩은 당황하며 잠시 침묵했다.

그리고 조용히 말했다. "어쩌면 당신 말이 맞을지도 모르죠. 우리도 완전하지 않아요. 그렇지만 우리는 사랑을, 다른 사람을 기꺼이 도우려는 마음을 가지고 있어요. 왜 당신은 저희에 대해 그토록 가혹하게 말씀하시는 겁니까? 이번에도 저를 그들에게서 구해내고 싶으신 겁니까?"

그랬던 걸까? 나는 왜 그렇게 열정적으로 바룩의 신앙에 상처를 입히려 했던 걸까? 나도 상처받았기 때문일까? 대답하기까지 긴 시간이 필요했다. "자네를 에세네파 공동체에서 끌어냈을 때는 모든 게 달랐어. 자네는 정말 형편없는 상황에 처해 있었지. 오늘은 내게 문제가 있어. 예수와 함께 내 안의 뭔가가 무너졌어. 나는 그에게 많은 걸 기대했었지. 내 개인적인 문제의 해결까지 말이야. 지금은 모든 걸 잃어버렸어. 더는 새로운 환상에 빠지고 싶지 않아."

이 말은 바룩이 이해하기 어려운 말이었을 것이다. 하지만 그가 "우리에게 오세요"라고 말했을 때 마음이 편해졌다.

난 고개를 저었다. "난 자네의 공동체에 어울리지 않아. 난 부자 상인이지 않나. 재산을 불리는 일을 경멸하고 자기 회원을 그토록 가혹하게 다루는 공동체에서 내가 무얼 할 수 있겠나?"

바룩의 열정과 내 비애 사이에는 서로 다른 세계가 놓여 있었다. 우리는 내용이 엇나간 대화를 나눴다는 씁쓸함을 달래려 일상적인 이야기를 나누며 분위기를 바꾸려 노력했다. 깊어가는 밤에도 우리의 대화는 이어졌다. 그러다 헤어져 잠자리에 들었다. 난 곧바로 잠들 수 없으리라는 걸 알고 있었다. 오랫동안 어둠을 응시했다.

별이 총총한 맑은 하늘이 내 위에서 넘실대고 있었다. 수백만 개의 별들이 먼 곳에서 끝없이 반짝이고 있었다. 내 인생은 이 땅의 작은 먼지처럼 그렇게나 작았다. 이 세계는 무엇일까? 이 세계는 오물과 먼지, 빛과 어둠, 흙과 물을 모아놓은 것에 지나지 않는 걸까? 먼지로 만들어진 구성물들이 이 세계에 살면서 서로에 대한 생존 경쟁으로 신음하고 있다. 서로를 억압하고 착취하며 무시하고 희생양으로 삼았다. 이를 깨달은 사람들은 절망했고 저항했다. 아귀다툼에서 벗어나기를 바랐다. 어떤 이들은 폭력으로 저항했고 그로 인해 폭력과 보복 폭력의 순환에 빠져들었다. 어떤 이들은 이 세계가 화염에 휩싸여 멸망하리라는 열렬한 환상에 빠져 세상을 저버렸다. 그러면서 세상이 받아야 할 마땅한 벌보다 더 큰 고통을 선포하고 있었다. 또 다른 이들은 광야로 물러나 세상과는 구별된 세계를 세우고 엉망진창인 세상에서 홀로 거룩한 성인이고자 했다. 하지만 그들 역시 꼭 필요하다고 생각하면 속죄양들을 광야로 내보냈다. 이 희생자들이 거기서 배운 것은 아무것도 없었다. 그들은 다른 이가 속죄양이 될 때 이를 막지 않았다. 이 끔찍한 비극에 가담한 사람들 모두는 그럴듯한 이유를 내세웠다. 첫 번째 사람들은 안정과 평화를 지키려 했다고 말하고 두 번째 사람들은 의를 관철하려 했다고 말한다. 세 번째 사람들은 하느님의 명령을 이행한 것이라 말한다. 모두 정당한 이유가 있었다. 동시에 모두 이 세계의 끔찍한 논리에 사로잡혀 있었다.

다시 구역질이 올라왔다. 성서 속 말씀이 갑자기 떠올랐다.

그리고 나는 다시 해 아래서 벌어지는
모든 압제를 보았다.
억압당한 자들의 눈물이 흐르는 것을 보았다.
그런데 아무도 위로해주는 이 없구나.
압제하는 이들의 손으로 폭력을 당하고 있건만,
아무도 위로해주는 이 없구나.
그 때에 내가 죽은 자들을,

이미 오래전에 죽은 자들을 칭송했노라.
그들이 지금 여전히 살아 있는 자들보다 복되구나.
그러나 이 두 사람보다,
해 아래서 벌어지는 악한 일을 아직 보지 못한
태어나지 못한 자가 더 복되구나.
그리고 나는 모든 노력과 성공이
결국은 한 사람이 다른 사람에 대해
지니는 시기일 뿐이라는 것을 보았다.
그것 또한 헛되니, 바람을 잡는 것이구나.[6]

이것은 진리일까? 이것이 진리라면, 이것만이 진리라면 사람들은 왜 이 의미 없는 연극에 참여해야 할까? 왜 저항하지 않는가? 이따위 삶을 더는 원하지 않는다고 왜 말하지 않는가? 나는 스스로 이 삶에서 벗어나야 했다. 죽은 자가 산 자보다 더 행복하다면 그것이 당연한 논리적 귀결 아닌가?

손을 들여다보며 죽은 이의 손은 어떨까 하고 상상했다. 내 안에 뼈 모양을 짐작해보기 위해 내 얼굴을 더듬어보았다. 차갑고 생명 없는 육체를 상상해보려 했다. 그러나 내 몸을 만졌을 때 난 거기서 따스함을 느꼈다. 내 심장은 규칙적으로 뛰고 있었다. 숨은 들어오고 나갔다. 눈은 별이 빛나는 하늘을 보고 있었

---

[6] 전도 4:1~4 참조

다. 귀는 바다의 파도 소리를 듣고 있었고 코는 모래와 바닷물의 짠 내를 맡고 있었다. 나는 보고 듣고 냄새 맡고 있었다. 나는 살아 있었고, 숨 쉬고 있었으며, 느끼고 있었다. 먼지와 흙이 살고 생각하며 느낄 수 있다면, 의심하고 절망할 수 있다면, 이것이야말로 기적이 아닌가? 내가 이 순간을 경험하기 위해서 얼마나 복잡한 과정이 내 안에서 조율된 채 진행되고 있는 것일까? 이것이 단지 흘러가는 순간에 불과하다 해도 이 순간이 무가치할 수 있을까?

바라빠를 생각했다. 틀림없이 그도 이 비슷한 생각 앞에 서 있지 않을까? 아직 살아 있지만 사형이 확정된 그의 육체는 장차 어떻게 될까? 다시 한번 그는 삶을 선물로 받았다. 여기까지 그의 삶을 몰고 온 모든 것이 무의미해 보이더라도 삶을 선물로 받는 것은 얼마나 기쁜 일인가? 다툼으로 세상의 모든 이들과 찢겼다 하더라도 이 삶은 정말 좋은 것 아닌가?

나는 내 삶이 어딘가로부터 한 조각 빌린 것이라고 느꼈다. 모든 이의, 행복한 이와 불행한 이의, 자유로이 갈릴래아를 떠도는 예수와 십자가에 못 박힌 희생자들의 무언가가 계속 내 안에 살아가는 중이었다. 이러한 삶을 지키는 것이 내 의무처럼 여겨졌다. 이 의무를 저버린다면 그것이야말로 배신이 아닌가? 로마인의 지하 감옥에서든 테러리스트들의 동굴에서든 어디에선가 내 생명이 희생된다 할지라도, 삶은 타인의 목숨을 희생시키는 대가로만 가능하다는 생각에 저항하는 저 사람들 안에서 내 생명은 계속되지 않을까? 내 안 깊은 곳에는 타인에 대항해서가 아니라 타인과 함께 삶의 완성에 도달할 수 있다는 예감이 존재하는 게 아닐까? 행복한 이와 불행한 이가 모두 한 몸을 이루는 지체들처럼 서로 밀접하게 연결되어 있는 곳이라면 그것이 가능하지 않을까? 모든 이가 모든 것을 공유한다는 바룩의 꿈이 실현된 곳이라면?

드디어 잠이 들었다. 잠자는 동안 나는 그토록 오랫동안 나를 뒤쫓던 그 꿈을 다시 꾸었다. 이제까지 파편들로 이루어진 그 꿈들은 이제 하나의 온전한 꿈으로 합쳐져 나타났다.[7]

나는 바닷가에 서 있었다. 폭풍이 바다를 세차게 뒤집고 있었다. 거품으로 뒤덮인 큰 물결이 사납게 울부짖으며 해변을 때렸다. 그때 혼돈에서 한 형상이 나타났다. 처음에는 흐릿했으나 이윽고 확실해졌다. 갈기에서 물이 뚝뚝 떨어지는 사자 한 마리가 해변으로 걸어 나와 앞발을 들고 으르렁거렸다. "이 땅은 내 것이다. 내가 주인이다!" 나는 겁에 질린 채 짐승 앞에서 설설 기는 수많은 사람을 보았다. 몇몇 사람은 꼿꼿하게 서 있었다. 그러자 사자는 그들에게 와락 달려들어 한 사람을 낚아채고는 이빨로 물어뜯고 찢어버렸다. 애처로운 비명이 단숨에 사그라졌

---

[7] 이 꿈은 다니엘서 7장을 자유롭게 개작한 것이다. 이곳에서 묘사된 네 마리 짐승은 다니엘서에 등장하는 제국, 즉 바빌로니아, 메디아, 페르시아, 그리스를 가리킨다. 이른바 에즈라(에스라) 4서라고 불리는 1세기 말의 한 유대 묵시문헌은 이 꿈을 새롭게 이야기한다. 거기서 꿈은 로마인들로 끝난다.

다. 다른 이들은 곧바로 엎드려 은총을 구걸했다. 사자는 의기양양하여 사람들이 경의를 표하는 걸 즐겼다. 사자는 이번엔 무릎 꿇지 않은 사람들의 무리를 발견했다. 사자는 격분해 그들을 향해 으르렁거렸다. 사자가 가까이 다가왔을 때 그들 중 두 사람이 도망치려 했다. 하지만 그들은 곧 따라잡혔고 살해당했다. 사자는 목적을 달성했다. 모두 자신 앞에 무릎을 꿇었던 것이다. 사자는 몸을 세우고 울부짖었다. "나는 극악무도하지 않다! 나는 평화를 세운다. 이 땅에 평화를!" 그리고 그 형상은 사라졌다.

나는 다시 출렁이는 바닷가에 서 있었다. 밀려오는 파도에 새로운 짐승이 몸을 일으켰다. 어깨가 떡 벌어진 곰 한 마리가 뚜벅뚜벅 걸어 나왔다. 곰은 사람들을 향해 달려가 그들을 두 그룹으로 떨어뜨려 놓았다. 한 그룹은 채찍을 받았고 다른 그룹은 사슬로 묶였다. 채찍을 가진 이들이 다른 이들에게 노동을 강요하기 시작했다. 사슬에 묶여 있던 사람들 가운데 하나가 기진맥진하여 쓰러지면 곰은 달려들어 그를 먹어치웠다. 그러다 어떤 이들이 자기 사슬을 푸는 데 성공했다. 그들은 숲속으로 도망치려 했다. 그러나 곰은 빠른 걸음으로 그들에게 다가가 그들을 죽였다. 어떤 때는 양쪽 사람들이 연합해 채찍과 사슬을 던져버리고 도망치려 했다. 그러나 곰은 재빨랐다. 격분한 몸짓으로 살육을 저질렀다. 그리고는 몸을 일으켜 울부짖었다. "나는 질서를 만든다. 질서로 충만한 세계를!"

다시 노호하는 바닷가에 서 있었다. 하늘로 범람할 듯이 파도가 높게 치솟았다. 거기서 새로운 짐승 하나가 나타났다. 바다에서 독수리 한 마리가 떠올랐는데 발톱에 둥근 공을 쥐고 있었다. 공 아래쪽에는 꼬챙이처럼 구부러진 십자가가 달려 있었다. 독수리는 날개를 펼치고 온 땅을 그늘로 덮었다. 사람들은 혼란에 빠져 뿔뿔이 내달렸다. 그들은 소리를 지르며 동굴과 구덩이에 피난처를 찾았지만 모든 이가 피난처를 발견한 건 아니었다. 몇몇 사람은 동굴이나 구덩이에 있는 이들에게 기어가려 시도했다. 그러나 피난처에 있던 사람들은 그들을 받아들이려 하지 않았다. 그렇게 사람들은 탁 트인 평지 위에서 헤매고 있었다. 남자, 여자, 아이, 노인 할 것 없었다. 헤매는 사람들을 자기 은신처로 끌어들여 보호하는 이도 간혹 있었다. 그러나 독수리는 방황하는 사람들이 공포에 어찌할 줄 모를 때까지 위협적으로 그들 위를 날았다. 그리고는 자기가 쥐고 있던 공을 떨어뜨렸다. 굉음이 평지 위에 울려 퍼졌다. 썩은 내와 피 냄새가 났다. 연기가 잦아들었을 때 평지에는 살점과 뼈가 가득했다. 독수리는 날카롭게 외쳤다. "나는 삶을 위한 터전을 만들었다. 삶을 위한 터전을!" 그리고는 사라졌다.

그것으로 끝이 아니었다. 바다가 땅을 향해 미친 듯이 날뛰었다. 격동이 멈춘 뒤에 새로운 짐승들이 해안으로 밀려왔다. 이번에는 두 마리의 거대한 문어 모양의 괴물, 크라켄이었다. 괴물들은 서로를 마주 보고 앉아 길게 뻗은 다리로 세계 전체를 끌어안으려 했다. 그들 다리 끝마디에는 각각 크고 작은 두 개의 구명이 있었는데 그 곁에 관리자들이 서 있었다. 사람들은 관리자들의 독촉을 받으며 돈을 모아 큰 구멍 속에 쑤셔 넣었다. 크라켄들은 돈을 탐욕스럽게 빨아들였다. 작은 구멍에서는 관리자를 위한 약간의 돈이 굴러 나왔다. 관리자들은 이를 위해 사람들을 몰아붙여 크라켄을 배 불렸다. 많은 이가 굶주렸고 병들었으며 이국땅에서 방황했다. 억눌려 있던 사람들은 죽을힘을 다해 관리자들을 공격했다. 그때 크라켄들은 검과 창을 관리자들에게 보냈고 그들은 이를 가지고 다시 옛 상태를 복원했다. 저항한 이들 중 많은 이가 감옥에 처박혔고 살해됐다. 그리고 크라켄의 다리는 다시 시중을 받았다. 때로 관리자 그룹 중 하나가 다른 그룹에 의해 쫓겨나는 일도 발생했다. 그러면 위기에 처한 크라켄은 자기 다리를 거둬들여 다른 크라켄이 그 빈틈에 다리를 밀어 넣을 수 있도록 만들었다. 두 괴물은 서로의 몸을 맞대고 우뚝 서서 위협했다. 그들은 다른 수많은 작은 괴물들을 떠오르게 했다. 먼저 주둥이가 긴 관처럼 생긴 괴물, 묵직한 몸통 위로 천천히 둥근 머리를 돌리는 괴물이 보였다. 육지로 기어오르고 있던 것은 용과 거대한 거북이었다. 그들은 두 그룹으로 나뉘어 자리 잡았다. 한쪽에 거대한 거북이가 합류하면 다른 쪽에도 거북이 한 마리가 더해지는 식이었다. 갈수록 더 많은 갑옷을 두른 괴물들이 서로를 마주 보고 섰다. 그들이 쉭쉭 불 소리를 냈다. 모든 관에서 붉은 불꽃이 활활 타올랐다. 화염이 땅을 집어삼킬 듯했다. 갑옷을 두른 괴물들 뒤에 숨어 있던 사람들은 극심한 혼란에 빠졌다. 나는 대재앙을 보았다.

갑자기 사방이 흑암으로 뒤덮였다. 바다와 땅도, 별과 달도, 나무와 숲도 더는 보이지 않았다. 사람들의 비탄이 그쳤고 짐승들이 사라졌다. 그때 땅 저쪽에서 찬란한 빛이 새어 나왔다. 사람의 형체가 보였다. 그는 자기 주위로 따스한 빛을 발하고 있었다. 이 빛으로 고통받던 세상의 모습이 드러났다. 괴물들은 땅 위에 죽어 있었다. 크라켄들은 자기 다리를 거둬들인 채 쓰러져 있었고 갑옷을 두른 괴물들은 부서져 조각나 있었다. 사람들이 일어났고 안도의 한숨을 쉬었다. 그리고 기대에 찬 눈으로 하늘에 있는 사람의 형체를 올려다보았다. 그 사람이 누구인지 알아볼 수 없었다. 하지만 그 형체는 낯설지 않았다. 불현듯 생각 하나가 떠올랐다. 그는 내가 빌라도의 지하 감옥에서 꾼 꿈속의 인물이었다. 짐승의 발톱에서 나를 풀어준 사람도 바로 그였다. 그의 목소리를 들었을 때 내 눈에서는 비늘이 벗겨지는 듯했다.

> 평화를 이룩하는 사람들은 복되다.
> 그들이 하느님의 아들이라 일컬어질 것이기 때문이다.
> 내 아버지의 축복을 받은 너희여, 이리로 오라.
> 왕국을 상속받으라!
> 내가 굶주렸을 때, 너희가 내게 먹을 것을 주었기 때문이다.
> 내가 목말랐을 때, 너희가 나로 마시게 했기 때문이다.
> 내가 나그네 되었을 때, 너희가 내게 숙소를 내주었기 때문이다.

내가 헐벗었을 때, 너희가 내게 옷을 입혔기 때문이다.

내가 병들었을 때, 너희가 나를 방문했기 때문이다.

내가 감옥에 있었을 때, 너희가 나를 찾아왔기 때문이다!⁸

그는 예수, 변화된 예수였다. 나는 그를 딱 한 번 보았었다. 예루살렘의 성벽 위에서였다. 그는 십자가에 죽은 채 매달려 있었다. 하지만 지금 그는 생명을 발하고 있다. 평화와 자유를 발하고 있다. 짐승들의 통치는 끝났다. 난 행복감과 당혹감이 섞인 채로 잠에서 깨어났다.

침대에서 몸을 일으켜 밖으로 나갔다. 2층 창가에서 바다를 내려다보았다. 하얀 모래 선 뒤로 더욱더 짙어지던 어둠이, 혼란스러운 꿈들이 올라왔던 그 어둠이 물러가고 있었다. 이제 그 어둠은 고요히 긴장을 풀고 있었다. 어떤 괴물도 땅으로 기어 나오지 않았다. 어떤 폭풍도 수면을 뒤덮지 않았다. 어떤 파도도 해안을 향해 밀려오지 않았다. 뭔가 다른 일이 일어나고 있었다. 땅 위로 빛이 점점 더 강렬하게 비춰왔다. 하늘과 바다가 서로를 향해 미끄러져 들어간 곳에 희미한 수평선이 나 있었다. 태양의 옅은 빛이 주변을 밝히고 곧이어 강렬한 빛줄기가 육지의 심연에서 솟아났다. 그리고는 태양이 언덕 너머에서 나타나 찬란한 빛을 바다 위에 뿌렸다. 도시가 수줍게 그 첫 번째 광명을 반사

---

⁸ 마태 5:9과 25:34~36 참조

했다. 거리의 어스름한 빛 속에서 건물들이 점점 더 선명하게 드러났다. 성전과 회당, 유대인과 이방인의 집, 모든 것이 깨어나 빛 속에 떠올랐다. 태양은 선한 이와 악한 이, 의로운 이와 불의한 이 위로 비추고 있었다. 내 안도 어느새 밝고 따뜻해졌다.

혼돈의 밤, 그 괴물들은 정복되었다. 삶에 대한 냉혹한 두려움은 지나갔다. 짐승들의 통치는 종말을 고했다. 참 사람이 내게 나타났다. 그리고 난 그 안에서 예수의 모습을 보았다. 그는 나를 땅으로 되돌려주었다. 땅은 변함이 없었다. 어제처럼 오늘도 생존 가능성을 둘러싼 투쟁이 계속될 것이다. 그러나 그것이 전부는 아니다. 이 투쟁이 나의 행동과 생각을 더는 지배할 수 없다. 나는 삶과 새로운 동맹을 맺었다.

이 삶과의 동맹은 내게 만물이 전하는 음성을 분명하게 알아듣도록 해주었다. 나는 더는 땅을 저주하지 않을 것이다. 더는 삶을 부정하지 않을 것이다. 심연의 짐승들이 나를 정복하도록 내버려 두지 않을 것이다. 나는 그 음성을 들었다. 그 음성은 예수의 음성과 일치했다. 나는 확신했다. 내가 어디로 가든지 그 음성은 나와 동행할 것이다. 그 어디에서도 나는 그 음성에서 벗어날 수 없을 것이다. 그 소리에 나는 기도로 응답했다.

주여, 당신께서는 나를 환히 아십니다.
내가 앉아도 아시고 서 있어서도 아십니다.
멀리 있어도 당신은 내 생각을 꿰뚫어 보시고,

걸어갈 때나 누웠을 때나 환히 아시고,
내 모든 행실을 당신은 매양 아십니다.
입을 벌리기도 전에 무슨 소리 할지,
주께서는 다 아십니다.
앞뒤를 막으시고
당신의 손 내 위에 있습니다.
그 헤아리심이 놀라워 내 힘이 미치지 않고
그 높으심 아득하여 엄두도 나지 않습니다.
당신 생각을 벗어나 어디로 가겠습니까?
당신 앞을 떠나 어디로 도망치겠습니까?
하늘에 올라가도 거기에 계시고
지하에 가서 자리 깔고 누워도 거기에도 계시며,
새벽의 날개 붙잡고 동녘에 가도,
바다 끝 서쪽으로 가서 자리를 잡아 보아도
거기에서도 당신 손은 나를 인도하시고
그 오른손이 나를 꼭 붙드십니다.
어둠 보고 이 몸 가려 달라고 해보아도,
빛 보고 밤이 되어 이 몸 감춰 달라 해보아도,
당신 앞에서는 어둠도 어둠이 아니고
밤도 대낮처럼 환합니다.
당신에게는 빛도 어둠도 구별이 없습니다.
당신은 나를 만들어 주시고

어머니 뱃속에 나를 빚어 주셨으니

내가 있다는 놀라움, 하신 일의 놀라움, 이 모든 신비,

그저 당신께 감사합니다.

내 영혼이 이 사실을 너무도 잘 압니다.[9]

나는 2층 창가에 오랫동안 서 있었다. 꿈에서 본 그를 계속해서 마음에 새겼다. 짐승들의 지배는 영원하지 않다. 언젠가 그 사람이, 참 사람이 나타날 것이다. 그리고 모두가 예수의 모습을 알아보게 될 것이다.

나는 아래층으로 내려가 바룩을 깨웠다. 우리는 함께 빵을 나누고 같은 잔으로 음료를 나누어 마셨다. 우리가 함께 있다는 사실을 기뻐했다. 이제 새로운 날이 밝았다.

---

[9] 시편 139:1~14 (공동번역을 중심으로) 참조

후기를 대신하여

친애하는 크라칭어님께,

당신은 저술을 끝낸 후 참고문헌을 알려줄 수 있는지 물으셨습니다. 예수와 그의 시대에 대한 제 견해가 어떤 문헌들에 의존하는지 궁금해하시는 거겠죠. 가장 중요한 저서 몇 가지를 언급하고자 합니다.

제 생각에 예수에 관한 가장 최고의 묘사를 담고 있는 저작은 여전히 보른캄Bornkamm의 『나자렛 예수』Jesus von Nazareth입니다. E. P. 샌더스E. P. Sanders의 책 『예수와 유대교』Jesus and Judaism도 매우 중요한 책이었지요. 저는 이 책에서 많은 것을 배웠습니다. 고대 유대교를 종교사와 사회사라는 관점에서 잘 요약한 책은 베네딕트 오첸Benedikt Otzen의 『고대 유대교』Den antike jodedom입니다. 팔레스타인 시대사에 대해서는 마르틴 헹엘Martin Hengel의 연구를 대체할 만한 것이 없습니다. 저는 특별히 그의 책 『젤롯당』Die Zeloten과 방대한 그의 작품 『유대교와 헬레니즘』Judentum und Hellenismus을 추천합니다. 제가 제 동료들의 사회사적 연구로부터 매우 많은 것을 배웠던 것처럼 이 책에 담긴 예수 운동과 원시 그리스도교에 관한 사회사적 고찰들에 저는 큰 빚을 지고 있습니다.

저는 예수에 관한 제 책의 초고를 비평적으로 읽어주신 많은 독자분께도 감사를 전해야겠습니다. 다니엘 부하르트Daniel Burchard,

게르하르트Gerhard와 울리케 라우Ulrike Rau, 엘리자베트Elisabeth와 카타리나 제바스Katharina Seebaß, 군나르Gunnar와 올리버 타이센Oliver Teißen, 그리고 누구보다 제 아내에게 감사를 전합니다. 베가 슈미트-토메Wega Schmidt-Thomeé는 여러 차례 제 원고에 대해 비평적인 논평을 해주었습니다. 다비드 트로비쉬David Trobisch는 문체와 서사에 관하여 귀중한 제안을 해주었습니다.

친애하는 크라칭어님, 물론 당신께도 감사를 전해야 하겠지요. 당신은 제가 책을 쓰는 동안 제 내러티브적 상상을 역사비평 연구의 엄격한 학문 정신과 마주보게 하셨습니다. 역사적인 것과 고안된 것, 진리와 창작은 혼동되어서는 안 된다고 끊임없이 일깨워 주셨지요. 제가 마지막으로 당신이 제 상상의 산물이라고 독자들에게 밝힌다면 이건 정말로 당신의 뜻을 따르는 일일 겁니다. 또한 이 자체가 허구의 형상이 진리를 구현할 수 있다는 좋은 본보기가 되겠지요. 감사했습니다.

무고하시길 빕니다.

게르트 타이센

부록: 예수와 그의 시대에 관한 주요 자료들

1. 복음서와 복음서 근원 자료들

1) 마르코 복음

마르코 복음은 가장 오래된 복음서다. 마태오와 루가는 마르코 복음을 토대로 자신들의 복음서를 기록했다. 기록 시기는 유대전쟁(AD 66~70년) 개시 후, 또는 종전 직후인데 그 근거는 마르코 복음 13:1 이하에서 성전 파괴의 예언을 전쟁 사건의 예언과 연결하고 있기 때문이다. 기록 장소에 대해서는 논쟁의 여지가 있다. 고대 교회 전승은 로마를 기록 장소로 본다. 그러나 나는 오히려 시리아에서, 정확히 말하자면 바울이 머물던 시리아 그리스도교 지역에서 기원했다고 본다. 마르코 복음은 바울 서신과 마찬가지로 모든 음식이 정결하다는 입장을 대변하고(7:18 이하), 비교될 만한 성찬 제정사를 인용하며(14:22~24), 바울처럼 (주어진 관용어를 명백하게 받아들이면서) 복음을 '유앙겔리온'εὐαγγέλιον 이라는 단어로 표시하지만(1:1), 신학적으로는 바울에 의존하고 있지 않다. 마르코 복음은 사도는 아니지만 복음서를 썼다고 여겨지는 '요한네스 마르코스'(요한 마르코)가 속하던 공동체들에서 기원한다. 요한네스 마르코스는 주로 동쪽에서 활동했고(사도 12:12, 12:25, 13:5 참조), 바울이 처음 근거로 삼았으나 결별하게 되었던(사도 15:37, 갈라 2:11 이하 참조) 공동체에 바르나바(바나바)와 함께 속해 있었다. 마르코 복음 공동체에는 이방 그리스도교인들이 상당수를 차지하고 있었음이 분명하다. 유대교의 관습이 설명되고 있고(7:3), 한 이방인 백인대장(백부장)은 최초로 예수가 '하느님의 아들'이라는 고백을 한다(15:39).

2) 로기온자료 Quelle(약어 Q)

로기온자료는 마태오 복음과 루가 복음으로부터 재구성된 것이다. 이 두 복음서에는 (공동으로 사용한 마르코 자료 이외에) 말의 내용이나 순서에 있어서 너무나 두드러지게 일치하여 둘이 함께 참조한 공통 문서나, 확고하게 고정된 형태의 공통 구술 전승이 있다고밖에 전제할 수 없는 일련의 예수 어록들이 들어 있다. 나는 첫 번째 경우가 더 개연성이 있다고 생각한다. 어록들의 언어적 배경이 아람어이므로 자료는 아마도 아람어권의 시리아-팔레스타인 지역에서 발생 되었을 것이다. 이 자료는 그리스도교가 아직 유대교로부터 분리되어 나오지 않은 상태를 반영하고 있다. 모든 어록은 이스라엘을 향한 것으로 이해할 수 있다. 이 예수 어록 모음집은 유대 전쟁 이전에 생성되었다. 한 평화로운 세상에서 예수가 사람의 아들로 도래할 것을 기대한다(루가 17:26 이하). 성전의 파괴가 예언되는 대신 성전이 (하느님으로부터) '버림받게' 될 것이라고 예언한다(루가 13:34 이하, 마태 23:37 이하). 다른 한 편으로 가파르나움의 백인대장 이야기와 더불어 Q에서 유일하게 어록이 아닌 이야기 형태로 제시되는 광야의 유혹 이야기는 가이우스 칼리굴라Gaius Caligula(AD 37~41년)가 자신을 신격화했던 사건을 전제하고 있다. 그는 사람들에게 자기 발 앞에 엎드리라고 강요한, 하느님을 거슬렀던 세계의 지배자였다. 로기온자료는 AD 40~65년 사이에 저술된 것으로 추정된다. AD 46/48년 경에 열렸던 사도회의에서 공식적으로 인정된 이방인 선교가 아직 드러나지 않는다는 점으로 미루어 볼 때 발생 연도는 추정 시기 중 초기일 가능성이 크다.

3) 마태오 복음

마태오 복음은 시리아에서 기록되었을 것이 거의 확실하다. 마태오 복음은 예수의 소문이 '시리아'까지 퍼지게 한다(4:24). 저자는 북동쪽으로부터 팔레스타인을 바라보고 있는 것처럼 보인다. 저자에게 유대는 '요르단 강 건너편'에 위치해 있다(19:1). 혼인 잔치의 비유 속에 마태오가 삽입시킨 22:7이 보여주는 것처럼 성전은 파괴된 상태다. 마태오 복음은 마르코 복음으로부터 생겨났지만 AD 110년경 (시리아의) 안티오키아에서 사용되었던 것이 틀림없다. 안티오키아 출신의 감독 이그나티우스Ignatius는 마태오 복음을 인용하고 있다. 따라서 마태오 복음은 AD 80년에서 100년 사이에 기록되었을 것이다. 복음서 기자는 유대 그리스도교 전통에 입각해 있는 공동체를 위해 이 문서를 기록하고 있다. 마르코와 Q를 넘어서는 여러 부분(마태오의 '특수자료')은 유대 그리스도교의 흔적이 깊이 새겨져 있다. 예를 들어 마태 5:17~19은 토라의 영원한 유효성을 확증하고 있다. 이 유대 그리스도교적 공동체들은 이방인 선교에 열려 있었으나 바울처럼 토라에 대한 비판을 주된 방법으로 사용하지는 않았다. 이방인을 향한 개방적 태도는 책의 구조에 반영되어 있다. 생전에 예수는 이방인 선교를 거부하나(10:6), 부활한 예수는 제자들을 모든 민족에게 보낸다(28:18 이하). 사도 마태오가 저자일 가능성은 거의 없다. 그러기에 그는 너무 나이가 들었을 것이 틀림없다. 여러 복음서가 존재하게 되었을 때야 비로소 사람들은 복음서 기자들을 위해 다양한 저자들을 구별하여 할당했을 것이다. 마태오 복음은 공관복음서(마태오, 마르코, 루가) 중 가장 많은 사랑을 받았다. 오직 이 복음서만이 요한 복음과 함께 사도의 저작으로 여겨지기도 했다.

4) 루가 복음

루가 복음은 동쪽에서 기록된 것일 리 없다. 저자에게 있어 뜨거운 광야의 바람은 팔레스타인에서처럼 '동풍'이 아니라, 팔레스타인 서쪽에 위치한 모든 지중해 지역에서처럼 '남풍'이다 (루가 12:55 참조). 저자는 여러 번 여행했음이 거의 확실하다. '우리'(를 주어로 하는) 문체로 기록된 사도행전의 여행 보고는 소아시아에서 시작하여(16:11 이후) 예루살렘을 거쳐 로마로 이어진다. 저자는 성전을 놀라울 정도로 잘 알고 있다. 그는 언젠가 가이사리아 쪽에서 와서 (사마리아를 통과해) 예루살렘으로 여행했을 것이다. 사마리아인들에 대한 그의 긍정적인 태도는 이것으로 설명될 수도 있다(9:51 하, 10:30 이하, 17:11 이하 참조). 그가 바울의 동반자였다는 사실은 바울의 편지를 보아서는 상상하기 힘들지만 그렇다고 완전히 불가능한 것도 아니다. 기록 시기에 대해서는 논쟁의 여지가 있다. 그가 예루살렘 파괴를 알고 있었다는 점은 확실하다. 루가 21:20~24에는 다른 복음서보다 더욱 상세하게 예루살렘의 파괴가 예언되고 있다. 저자는 도시의 운명에 깊은 충격을 받았다. 저자에게 있어 예수는 예루살렘에 대해 울고 (19:41) 예루살렘의 여인들에게 자신들의 운명에 대해 울기를 권한다(23:27 이하). 이것은 시간적 간격이 AD 70년과 그렇게 멀리 떨어져 있지 않음을 가리킨다. 루가 복음은 마태오 복음과 비슷한 시기에 기록되었을 것이다(AD 80~100년). 마태오 복음이 이방인들에게 개방적인 유대 그리스도교를 대표하는 반면, 루가 복음은 자신들의 유대교적 근원을 기억하는 이방인 공동체를 위한 문서다.

5) 공관복음 이전 전승[1]

루가 1:1~3과 소아시아의 감독 파피아스Papias(2세기 초)는 구전으로 된 예수 전승의 존재에 대해 증언한다. 문서 자료(마르코, Q)로 소급될 수 없는 한, 복음서들은 이 구전 전승을 문자로 고정한 것이다. 이 모든 전승은 그 자체 각각에 대해 연대와 출처, 전승의 중요성이 연구되어야 한다. 이제는 왜 우리가 이 예수 전승들의 역사적 배경을 부인할 수 없는가에 대한 몇 가지 논증을 언급하려 한다.

i) 예수 전승의 발생 지역 추정에 관하여: 예수에 관한 많은 전승에는 팔레스타인의 환경이 각인되어 있다. 팔레스타인의 지방색을 보여주는 예로는 다음의 것들을 들 수 있을 것이다. '광야에 있는 세례자'(마르 1:5)라는 표현은 요르단 강이 곧바로 광야를 통해 흐르고 있다는 사실을 알고 있을 때만 말할 수 있다. 그렇지 않다면 '광야'에서 어떻게 세례를 베풀 수 있을지 상상하기 어렵다. 시로페니키아(수로보니게) 여인 이야기는 갈릴래아-띠로 국경 지역의 상황을 알고 있다는 사실이 전제되어 있다. 자녀들(유대인들)에게 줄 빵을 개들에게 던져줄 수 없다(마

---

[1] 공관복음이란 처음 세 복음서인 마태오, 마르코, 루가 복음을 가리키는 명칭이다.

르 7:27)며 언급된 '개들'(이방인들)이라는 냉혹한 단어는 갈릴래아의 유대인들이 부유한 띠로에 빵을 공급했었다는 사실을 안다면 이해할 수 있다.

ii) 예수 전승의 연대 추정에 관하여: 많은 예수 전승들의 연대는 도달 가능한 가장 오래된 문서 자료들을 넘어 그 이전의 시대로 소급된다. '흔들리는 갈대'(마르 11:7)라는 표현은 헤로데 안티파스가 AD 19/20년에 동전에 새겨 넣었고 그 후에 한 번도 바꾸지 않았던 동전 문양을 전제하고 있을지 모른다. 마르코의 수난 이야기는 알렉산더와 루포(마르 15:21)가 누구였는지, 마르 15:40에 언급된 두 번째 마리아의 가족관계가 어떠했는지, 그녀가 야고보와 요셉 모두의 어머니로 소개되는지 아니면 야고보만의 어머니로 소개되는지, 바라빠가 체포되었던 '그' 폭동이 어떤 것이었는지 등을 정확히 알고 있는 청중을 전제로 한다.

iii) 예수 어록을 전승받은 사람들은 부분적으로 예수의 유랑하는 생활 방식을 계승한 방랑선교사들과 방랑설교자들이었다. 그들은 예수의 정신 안에 있는 극단적 계명들을 보존해주었다. 예수 자신과 같은, 고향도 재산도 가족도 없는 방랑설교자만이 '시민적' 삶에 순응할 필요 없이 그 계명들을 신뢰할 만하게 대변하고 전승시킬 수 있었다. 반면 지역 공동체들의 필요가 예수 전승에 미친 영향은 사람들이 가정하는 것보다 훨씬 적다. 그 어디서도 예수의 말을 통해 지역에 상주하는 권위자들(주교, 사제, 부제)이 정당화되지 않는다. 그 어디서도 공동체 '입회예식'으로 세례를 요청하지 않는다. 또한 이방인의 입회 조건인 할례를 거부하는 말씀도 없다.

iv) 예수 전승의 내적 일치: 우리는 예수 전승이 Q와 마르코로부터, 마태오의 특수자료와 루가의 특수자료로부터, 또한 토마복음으로부터, 다양한 전승의 통로들로부터 유래하고 있음을 가정할 수 있을 것이다. 이 모두는 하나의 통일된 상을 결과로 보여준다. 이것은 예수의 언어 형태에도 동일하게 적용된다. 모든 공관복음서의 형식 안에 담긴 예수의 말 중에 한두 마디 이상은 '진정한' 예수의 말로 입증할 수 있다. 따라서 전승된 말 형식은 예수가 사용한 형식이라는 것, 즉 그가 권고, 격언, 축복, 재앙 선포, 비유 등으로 말했다는 것을 우리는 상당한 정도로 확신한다. 그 외 어디에서도 이런 식의 지혜의 말과 시와 예언의 결합은 존재하지 않는다. 이 결합은 독특하며 하나의 조화된 전체상을 결과로 보여준다.

6) 요한 복음

요한 복음은 예수의 말하는 스타일뿐만 아니라 그의 사역에 대한 묘사에 있어서 다른 세 복음서와 상당한 정도로 어긋난다. 따라서 우리는 여기서 일반적으로 유포된 예수상이 아니라 특별한 집단의 관점이 강력하게 반영된 예수상을 볼 수 있다. 예를 들어 공관복음서의 이야기들은 알고 있는 것으로 전제되며(예를 들어 세례자의 체포(3:24)나 열둘의 선택(6:70)), 심지어는 복음서들 전체(루가 복음?)를 전제하는 것 같기도 하다. 복음서의 시작과 끝에 자신들을 드러내는 '우리'(1:14 이하, 21:24)는 예수에 대한 심오한 이해로 공동체를 이끈다. 예수는 아버지에게서 왔다가 아버지에게로 돌아가는, 선재先在하며 보냄 받은 자로 여겨진다. 요한 복음은 1세기에서 2세기로 넘어가는 전환기에 생성되었다. 한 파피루스 사본이 보여주는 것처럼(P 52), 요한 복음은 2세기 전반부에 이미 이집트에 알려져 있었다. 또한 베드로의 죽음(AD 64년)이 전제되어 있다(21:18 이하 참조). 한 '제자'가 베드로보다 오래 살아남았는데 그에 관해서는 예수가 다시 오실 때까지 죽지 않을 것이라는 소문이 있었다. 하지만 그 역시 죽었다(21:20~23). 이 모든 것이 1세기 말을 가리키고 있다. 기록 장소는 확정하기 힘들다. 고대 교회의 전승은 에페소를 언급한다. 하지만 이 해안 도시에서 작은 갈릴래아 '호수'를 '바다'라고 말할 수 있다고는 상상하기 어렵다(요한 6:16 이하, 21:1 이하). 따라서 많은 이가 시리아를 발생 지역으로 추측한다. 사마리아에서 복음이 긍정적으로 받아들여졌다는 것을 보면 사마리아 선교와 관계가 있을 수도 있다. 하지만 그것은 요한 복음의 전역사에 속한다.

2. 요세푸스

요세푸스의 저작은 팔레스타인 시대사를 이해하기 위해 가장 중요한 자료다. 그는 AD 37/38년 예루살렘에서 태어났고 64~66

년에 로마에 있었으며 귀국 후에는 갈릴래아의 군사령관으로 북 팔레스타인의 유대 봉기를 이끌었고 67년에 로마의 포로가 되었다. 그는 로마 장군 베스파시아누스Vespasianus의 황제 즉위를 예언했기에 관대한 취급을 받았다. 그 후 베스파시아누스가 황제가 되었을 때 그는 자유를 얻었다. 그의 가장 중요한 저작들은 다음과 같다.

1) 『유대 전쟁사』De Bello Judaico 또는 '유대 전쟁에 대하여'는 AD 66~70년에 일어난 유대 봉기에 관한 역사서로 73년에 처음 출간되었다. 작품은 BC 2세기부터의 유대 역사에 대한 묘사도 포함하고 있다. 이 책은 로마의 세계 지배에 대항하는 것은 의미 없는 일이라고 주장한다. 『유대 전쟁사』에는 빌라도가 언급되어 있으나 예수는 언급되지 않는다. 예수나 그리스도교인들에 대한 그의 침묵은 이해할 만하다. 그리스도교인들은 AD 66년에 로마에서 방화를 빌미로 박해를 당했다. 요세푸스는 팔레스타인의 메시아 운동에 대해서도 언급하지 않는다.

2) 『유대 고대사』Antiquitates Judaicae 또는 '유대의 고대'는 AD 1세기인 90년대에 등장한 유대인들의 역사서로 창조에서 시작하여 유대 전쟁 직전 시기까지를 다룬다. 예수에 대한 단락(『유대 고대사』, 18권 3장, 64 이하)은 요세푸스의 그리스도

교인 필경사들에 의해 삽입된 것이거나, (나는 이것이 좀 더 개연성 있다고 생각하는데) 그리스도교적으로 수정된 것이다. 실제로 그가 처음 예수를 언급한 부분은 20권 9장, 200이다. 여기서 그는 AD 62년 예루살렘에서 처형된 '그리스도라고 불리는 예수의 형제 야고보'를 언급한다. 이것은 예수에 대한 신빙성 있는 언급이며 요세푸스가 예루살렘 사람으로 야고보의 처형을 확실하게 증언할 수 있었던 만큼 신뢰할 만하다.

3) 『자서전』Vita 또는 '요세푸스의 전기'는 요세푸스의 청년기에 대한 짧은 개요만을 포함하고 있으며 무엇보다 유대 전쟁에서 갈릴래아 군사령관으로 활동한 일에 대해 보고하고 있다. 여기서 그는 여러 비난에 맞서 자신을 변호한다. 이 문서는 우리가 AD 1세기 갈릴래아에 살던 당사자로부터 직접적인 정보들을 얻을 수 있기에 매우 중요하다. 이 정보들은 사실 예수 사후 40년이 지난 시기에 적힌 것이기는 하다. 하지만 전반적인 사정들은 예수 시대에도 유효할 것이다.

4) 『아피온 반박문』Contra Apionem 또는 '아피온에 대항하여'는 아피온이라는 이름의 작가가 퍼뜨린 유대교에 대한 공격을 변호하는 내용이다.

요세푸스 저작의 역사적 사료 가치는 그가 어떤 자료를 사용했는지에 따라 다르다. 그가 직접 목격자이며 동시대인인 곳에서 그는 자주 당사자로서 보고한다. 그의 진술 중 많은 것들이 발굴(예를 들어 마사다의 발굴)을 통하여 확증되었다. 특히 『유대 고대사』는 빌라도 시대의 갈등에 대한 귀중한 보고를 포함하고 있다. 이 보고는 빌라도에 관한 다른 자료들(필론의 자료, 신약성서, 동전, 비문)과도 잘 들어맞는다. 하지만 요세푸스의 친親로마적인 의도를 반드시 염두에 두어야만 한다(이는 『유대 고대사』보다 『유대 전쟁사』에서 더욱 강하게 드러난다). 긴장감 있는 전개하는 그의 이야기 솜씨 덕에 요세푸스 작품들에 대한 독서는 추천할 만하다. 그의 작품들은 공관복음서에 대한 최고의 주석이다.

3. 필론

필론은 고등교육을 받은 유대교 신학자 겸 철학자로 BC 15/10년경부터 AD 40년까지 알렉산드리아에서 살았다. 그는 고대의 철학적 통찰을 성서 안으로 끌어들인 구약성서에 대한 심원한 주석들을 썼다. 그는 정치가로도 활동했다. AD 40년 그는 반유대주의적 폭력 행위를 저지하기 위해 알렉산드리아 유대인들의 사절단을 가이우스 칼리굴라Gaius Caligula 황제에게로 이끌었다. 이 사절단에 대해 그는 매우 흥미로운 문서, 「가이우스에게 보내는 사절단」Legatio ad Gaium을 저술했다. 우리가 에세네파에 대한 정보들과 더불어 빌라도에 대한 중요한 정보를 얻을 수 있었던 것도 필론 덕분이다. 그러나 그는 예수에 대해 언급하지 않는다. 하지만 그도 빌라도 치하에서 자행된 부당한 처형들에 대해서는 언급하고 있다(알고 있었더라면 분명 예수의 처형도 함께 포함했을 것이다). 예수에 대한 그의 침묵이 많은 것을 말해주는 것은 아니다. 예를 들어 그는 세례자 요한에 대해서도 침묵하고 있다.

4. 쿰란 문서

1947년 사해 연안 동굴에서 고대의 두루마리 문서들이 발견되었다. 후에 발굴된 쿰란 인근의 거주지로부터 유래한 것이었다. 그것은 광야에 공동체를 건설한 소위 '에세네'(아마도 '경건한 자들'이란 뜻일 것이다)파 사람들의 거주지였다. 문서들은 동굴에 붙인 일련번호를 따라 Q(Qumran)와 제목의 시작 알파벳과 함께 인용되고 있다.

1) 1QS는 첫 번째 동굴에서 발견된 쿰란 공동체의 종파규율이다. 공동체 가입에 대한 엄격한 규정들과 추방에 이르는 다양한 처벌들이 포함되어 있다. 쿰란 공동체는 자신들을 하느님의 '성전'으로 이해했다. 그들은 하느님에 직접 맞닿아 있는 성전에 살듯 항상 거룩하기를 원했다.

2) 1QM은 첫 번째 동굴에서 발견된 전쟁두루마리를 뜻한다 (전쟁을 뜻하는 히브리어 '밀카나'를 따라 M으로 표기한다). 그것

은 쿰란 사람들이 하느님과 천사들의 보호 가운데 로마인과 사탄에 대항하여 싸우게 될 큰 전쟁을 묘사한다.

3) CD_{Cairo Documents}는 이른바 다마스쿠스 문서를 지칭한다. 이것은 이미 쿰란 발굴에 앞서 카이로의 한 회당에서 발견되었다. 무엇보다 이 문서는 쿰란에 살지 않고 엄격한 법에 그다지 예속되어 있지 않은 에세네파 사람들의 생활규칙들을 포함하고 있다.

4) 1QpHab는 첫 번째 동굴에서 발견된 하박국 예언서에 대한 주석이다('p'는 'pesher', 즉 주석을 뜻한다). 하박국 주석으로부터 우리는 BC 2세기에 쿰란 공동체를 창설한 의의 교사에 대한 몇 가지 정보를 알게 되었다.

쿰란 문서들은 예수와 그리스도교인들을 그 어디서도 언급하지 않는다(예를 들어 헤로데와 그의 아들들이나 빌라도에 대해서도 마찬가지다). 하지만 예수 연구에 있어서 이 문서들은 예수 선포에 대한 대조 자료로 중요하다. 쿰란에서처럼 예수 역시 많은 유대교의 계명들을 첨예화시킨다. 그러나 예수는 이 첨예화를 바로 죄인을 향한 하느님의 은총과 연결한다. 그에 반해 쿰란 문서들에서 우리는 시종일관 율법의 엄격함을 만나게 된다.

4. 타키투스

로마의 역사가 타키투스는 55/56년경 태어나 2세기로 진입할 때까지 살았다. 그의 『역사』Historiae에서 그는 유대 봉기에 대해서도 보고한다. 유대인들에 대한 그의 진술은 1세기 유대인들을 연구하는 데 매우 중요하다.

『연대기』Annales에서 그는 AD 66년에 일어난 로마 방화를 계기로 '크레스티아노스'(그리스도교인들)에 대해 보고한다. "이 일파의 명칭의 유래가 된 크리스투스라는 자는 티베리우스 치세 하에 본티오 빌라도에 의해 처형되었다. 그 당장은 이 해롭기 짝없는 미신이 일시 잠잠해졌지만, 최근에 이르러 다시 세계에서 마음에 안 드는 파렴치한 것들이 해악의 발상지인 유대에서뿐만 아니라 모든 것이 흘러들어오는 이 수도에서조차 극도로 창궐하고 있었다."(『연대기』, 제15권 44)

| 옮긴이의 말 |

역사소설은 실제 사건을 허구화한 것이 아니라 실제 역사를 더 잘 이해할 수 있게 해주는 허구다. - 움베르토 에코 Umberto Eco

수많은 역사소설을 집필한 기호학자 움베르토 에코는 한 인터뷰를 통해 자신이 저술한 역사소설의 본질을 이렇게 설명한 바 있다. 그에게 '소설'이라는 단어가 내포하는 허구성은 허황함을 의미하지 않는다. 그의 소설은 철저한 시대 고증을 거쳐 있을 법한, 즉 개연적인 배경을 구축한 후 창조된 허구의 인물을 통해 시대의 본질을 선명하게 드러낸다. 우리가 그의 대표작 『장미의 이름』Il Nome della Rosa을 읽을 때 우리는 단순히 추리소설이 주는 쾌감을 넘어 그의 말처럼 실재론과 유명론의 대결을 포함한 중세의 다양한 사상과 신학 논쟁을 더 잘 이해할 수 있게 된다. 허구를 통해 역사의 본질에 한 걸음 더 깊이 다가서게 되는 것이다. 게르트 타이센이 소설 형식을 빌려 전달하고자 했던 것 역시 이와 비슷한 성질의 것이다. 그는 이를 그리스도교 신앙의 근원인 예수에게서 시도한다.

친애하는 크라칭어님, 물론 당신께도 감사를 전해야 하겠지요. 당신은 제가 책을 쓰는 동안 제 내러티브적 상상을 역사비평 연구의 엄격한 학문 정신과 마주보게 하셨습니다. 역사적인 것과 고안된 것, 진리와 창작은 혼동되어서는 안 된다고 끊임없이 일깨워 주셨지요. 제가 마지막으로 당신이 제 상상의 산물이라고 독자들에게 밝힌다면 이건 정말로 당신의 뜻을 따르는 일일 겁니다. 또한 이 자체가 허구의 형상이 진리를 구현할 수 있다는 좋은 본보기가 되겠지요. 감사했습니다.

"허구의 형상이 진리를 구현할 수 있다." 마지막 편지에서 크라칭어가 가상의 동료였음을 밝히며 타이센이 하는 이 말은 역사소설에 대한 에코의 말과 결을 같이 한다. 그가 도달하려 했던 지점은 바로 '진리', 더 정확히 말하자면 '역사적 예수'의 진리였다. 그리스도교 신앙의 대상인 예수는 부활하신 후 하느님 우편에 앉아 계신 분이기도 하지만, 이천 년 전 로마제국의 속국이었던 팔레스타인 땅을 걸으며 아람어로 설교했던 '사람'이기도 했다. 역사적 예수에 관한 연구는 바로 이 역사 한복판에 있던 실체적 사람으로서의 예수를 정확하게 발견하려는 시도다. 예수의 부활 이후 발생한 그리스도교의 여러 분파는 다양한 이유에서 자신만의 안경으로 예수를 바라보려 시도했다. 이를 통해 예수 그리스도에 대한 폭넓은 신학 이해들이 생겨났다는 장점도 있지만, 역사적 실재였던 예수의 모습이 흐려지거나 채색되었다는 단점도 피할 수 없었다. 신학적인 덧칠을 벗겨낸 예수, 역사 한복판에 서 있던 예수는 어떤 존재였을까? 역사비평 방법론의 도입과 함께 오랜 세월에 걸쳐 진행된 역사적 예수 연구의 결과물을 타이센은 '이야기'란 참신한 형식으로 우리에게 소개한다.

유대교의 성서는 우리가 가진 구약성서의 순서와 달리 역대기하, 즉 페르시아 황제 고레스의 칙령으로 막을 내린다. 그 이후 500년이 지나 예수가 팔레스타인에 등장할 때까지 무슨 일이 일어났는지 성서 자체만을 통해서는 알아낼 길이 없다. 신약성서, 특히 복음서들은 예수 이야기를 전하며 느닷없이 바리사이파, 사두가이파, 에세네파, 젤롯당 등의 유대교 여러 분파를 언급하거나 암시한다. 이들은 언제 어떻게 생겨난 분파들이며 그들이 보여주는 신학적 차이는 어떤 것일까? 각 분파는 어떤 계층에게 지지받고 있었을까? 예수와 갈등하며 논쟁을 벌였던 분파를 이해하는 일은 예수의 메시지를 정확하게 이해하는 데 필수적이다. 더 나아가 우리는 복음서의 예수 이야기에서 보다 더 중요하고 심대한 정치적 변화를 발견한다. 이 세계는 로마제국의 시대, 로마 황제의 시대인 것이다. 역사·시대적 배경을 모르고서 예수의 삶과 사역을 이해하기란 거의 불가능하다. 정치, 경제, 종교 상황을 포함한 예수 시대의 역사 배경을 연구하는 분야를 신약학에서는 '신약성서 배경사'라고 부른다. 그리고 이 배경사를 이해하기 위해서는 성서 외적인 자료들의 도움이 절대적으로 필요하다.

간단히 말해 타이센의 『갈릴래아 사람의 그림자』는 신약학의 주요 주제인 '역사적 예수 연구'와 '신약성서 배경사'를 하나로 합쳐 소설 형식으로 제공한 것이라 말할 수 있다. 타이센은 이 책에 자신이 연구하고 발견한 역사적 예수에 대한 결과물들을 엮어 신약성서 시대에 관한 배경 지식, 역사적 예수에 대한 진리에 독자들이 한 걸음 더 다가서도록 돕는다. 생생한 허구의 인물들, 그러나 역사적 개연성을 벗어나지 않도록 세심하게 가공된 인물들을 통해 타이센은 예수가 살았던 시대의 모습을 우리가 생생하게 체험할 수 있도록 한다. 팔레스타인의 경제 상황이 얼마나 열악했는지, 세리들은 어떤 존재였고, 젤롯당과 에세네파는 어떤 분파였는지, 그리고 이 맥락에서 예수의 메시지가 지닌 뜻과 힘은 무엇이었는지를 그는 딱딱한 교과서의 말이 아니라 소설의 말을 빌려 흥미롭게 펼쳐 놓는다.

그는 당시 자료들을 적극적으로 사용하여 예수 이야기를 재현한다. 이 책의 가장 큰 장점은 바로 이와 같은 적절하고도 폭넓은 역사 자료들의 사용이다. 복음서라는 그리스도교 자료를 넘어 요세푸스의 저작을 비롯한 동시대 비그리스도교 역사 자료들을 적극적으로 사용하는 그의 시도는 독자들이 예수가 살던 시대를 입체적이고 다면적으로 이해할 수 있도록 돕는다.

이 책을 읽을 때 우리는 어떤 유익을 얻게 될까? 무엇보다 이 책을 읽는 독자들은 예수의 말과 행적을 담은 복음서, 이를 포함한 성서 전체를 이제까지와는 달리 더 풍부한 전망 속에서 읽게

옮긴이의 말 | 425

될 것이다. 또 역사적 예수의 참모습이 어떠했을지에 대해 더 깊은 관심을 가질 게 분명하다. 예수가 구체적인 역사의 인물이었다는 사실을 자각하는 일은 우리 역시 역사적 존재임을 분명하게 깨닫게 할 것이다. 복음은 역사적이며 구체적이다. 이 책을 읽는 독자들은 그 사실을 은연중에, 그리고 분명하게 깨닫게 될 것이다.

이 모든 과정이 이야기의 힘, 내러티브의 힘을 통해 구현되도록 했다는 점은 타이센의 재능과 노력의 결과다. 학문의 주제를 학문적 용어로 설명하고 주장하는 일은 학자라면 누구나 할 수 있다. 그러나 난해한 학문 주제를 전문분야에 익숙하지 않은 이들을 위해 쉽게 풀어내는 일은 모든 학자가 할 수 있는 일이 아니다. 그는 바로 이 일을 해냈다. 교회로 모인 성도들에 대한 관심과 애정 없이는 불가능했을 일이다. 그는 신약학의 성취들이 학계의 전유물로 남기를 원치 않았다. 그리스도교인이라면 누구나, 예수에 관심 있는 사람이라면 누구나 그 성취에 쉽고 즐겁게 다가서기를 그는 바랐던 것 같다. 타이센의 재능과 수고를 통해 귀한 학문적 열매를 맛볼 사람들을 생각하며 그의 노고에 감사를 보낸다.

2019년 7월

이진경

작중 지명·인명 표기

작중 표기	공동번역	개역개정
가자 Gaza	가자	가사
갈릴래아 Galilee	갈릴래아	갈릴리
게르게사 Gergesa	게르게사	거라사
다마스쿠스 Damascus	다마스쿠스	다메섹
데카폴리스 Decapolis	데카폴리스	데가볼리
도르 Dor	도르	돌
리따 Lydda(Lod)	리따	룻다
메디아 Media	메대	메대
바빌로니아 Babylonia	바빌론	바벨론
베타니 Bethany	베타니	베다니
베싸이다 Bethsaida	베싸이다	벳새다
벳호론 Beth-Horon	벳호론	벧호론
세바 Sheba	세바	스바
시나이 산 Mt. Sinai	시나이 산	시내산
예리고 Jericho	예리고	여리고
요르단 강 Jordan River	요르단 강	요단강
요빠 Yoppa(Jappa)	요빠	욥바
가이사리아 Caesarea	가이사리아	가이사랴
가파르나움 Capernaum	가파르나움	가버나움
띠로 Tyre	띠로	두로
티베리아 Tiberias	티베리아	디베랴
페레아 Peraea		
페르시아 Persia	페르시아	바사
프톨레마이스 Ptolemais	프톨레마이스	돌레마이
겐네사렛 Gennesaret	겐네사렛	게네사렛
시로페니키아 Syrophoenicia	시로페니키아	수로보니게
고르넬리오 Cornelius	고르넬리오	고넬료
마따디아 Mattathias	마따디아	맛다디아
마티아 Matthias	마티아	맛디아
바르나바 Barnabas	바르나바	바나바
바르톨로메오 Bartholomaeus	바르톨로메오	바돌로매
아레타스 Aretas	아레다	아레다
아우구스투스 Augustus	아우구스토	아구스도
에즈라 Ezra	에즈라	에스라
가리옷 사람 유다 Judas Iscariot	가리옷 사람 유다	가룟 유다
쿠자 Chuza	쿠자	구사
티베리우스 Tiberius	티베리오	디베료
본티오 빌라도 Pontius Pilate	본티오 빌라도	본디오 빌라도
헤로데 필립보 Herod Philip	필립보	빌립
아그리빠 Herod Agrippa	아그리빠	아그립바
아르켈라오스 Herod Archelaus	아르켈라오	아켈라오
헤로데 안티파스 Herod Antipas	헤로데	헤롯 (안디바)
엘르아잘 Eleazar	엘르아잘	엘르아살
파라오 Pharaoh	파라오	바로
멜카르트 Melqart	몰록	몰렉
바리사이파 Pharisees	바리사이파	바리새파
사두가이파 Sadducees	사두가이파	사두개파
백인대장 Centurion	백인대장	백부장

갈릴래아 사람의 그림자
- 이야기로 본 예수와 그의 시대

초판 1쇄 | 2019년 7월 31일
    2쇄 | 2021년 9월 30일

지은이 | 게르트 타이센
옮긴이 | 이진경

발행처 | 비아
발행인 | 이길호
편집인 | 김경문
편 집 | 민경찬 · 양지우
검 토 | 방현철 · 손승우
제 작 | 김진식 · 김진현 · 이난영
재 무 | 강상원 · 이남구
마케팅 | 이태훈 · 유병준
디자인 | 민경찬 · 손승우

출판등록 | 2020년 7월 14일 제2020-000187호
주 소 | 서울시 강남구 봉은사로 442 75th Avenue 빌딩 7층
주문전화 | 010-3532-8060
팩 스 | 02-395-0251
이메일 | innuender@gmail.com

ISBN | 978-89-286-4574-9 04230
ISBN(세트) | 978-89-286-3798-0
한국어판 저작권 ⓒ 2019 ㈜타임교육C&P

* 값은 뒤표지에 있습니다. 잘못된 책은 구입하신 곳에서 바꾸어 드립니다.
* 비아는 ㈜타임교육C&P의 단행본 출판 브랜드입니다.